城市轨道交通岗位技能培训教材

自动售检票系统检修工

ZIDONG SHOUJIANPIAO XITONG JIANXIUGONG

人力资源和社会保障部教材办公室
广 州 市 地 下 铁 道 总 公 司 组织编写

中国劳动社会保障出版社

图书在版编目(CIP)数据

自动售检票系统检修工/人力资源和社会保障部教材办公室，广州市地下铁道总公司组织编写. —北京：中国劳动社会保障出版社，2014

城市轨道交通岗位技能培训教材

ISBN 978 - 7 - 5167 - 0700 - 5

Ⅰ. ①自… Ⅱ. ①人…②广… Ⅲ. ①城市铁路 - 旅客运输 - 售票 - 铁路自动化系统 - 检修 Ⅳ. ①U293. 2

中国版本图书馆 CIP 数据核字(2014)第 041448 号

中国劳动社会保障出版社出版发行

（北京市惠新东街1号　邮政编码：100029）

*

北京市艺辉印刷有限公司印刷装订　新华书店经销

787毫米×1092毫米　16开本　13印张　297千字

2014年3月第1版　　2020年7月第6次印刷

定价：28.00元

读者服务部电话：(010) 64929211/84209101/64921644

营销中心电话：(010) 64962347

出版社网址：http://www.class.com.cn

城市轨道交通岗位技能培训教材
——自动售检票系统检修工
编 审 人 员

主　编　王　瑛

副主编　曾震宇

编　者　黄梓钊　黄少斌　刘鹏飞　胡锦强
　　　　张黝黝　霍旭辉　刘贻展　李林蔚
　　　　李　琦　刘　勇　呼　明

主　审　胡铁军

参　审　桓素娟

序

我国城市轨道交通自1965年北京地铁一期工程建设开始，经过40余年的建设和发展，取得了显著成就，截至2007年年底全国已有11个城市开通了城市轨道交通，总运营里程达761千米。当前城市轨道交通正处于大规模高速发展时期，其中以北京、上海、广州为代表的特大城市已进入网络化建设阶段，尚有沈阳、哈尔滨、杭州、西安、成都等33个城市正在建设或规划中。实践证明，发展城市轨道交通是解决大城市交通问题的必由之路，对拉动城市经济的持续发展也起到了重要的作用。

城市轨道交通作用的发挥，依靠系统的安全和高效运营。然而，城市轨道交通系统设备先进、结构复杂，高新技术应用越来越普及，要保障这样庞大系统的安全和高效，必须依靠与之相协调的高素质的人员。轨道交通行业职工队伍中一半以上是技术工人，他们是企业的主体，他们的素质高低直接关系到企业的生存和发展。因此，企业必须拥有一支高素质的技术工人队伍，培养一批技术过硬、技艺精湛的能工巧匠，才能确保安全生产，提高工作效率，提升非正常情况下的应急应变能力。

岗位技能培训是人才培养的重要途径，是提高企业核心竞争力的重要手段，而岗位技能培训的过程和结果需要适合的培训教材作为技术支撑，广州地下铁道总公司在多年的实践中对这方面有深切的感受。教材的缺乏使我们下定决心依靠自己的力量编写教材，于是从1997年至2007年我们陆续编印了51种岗位技能培训内部教材，对广州地下铁道总公司的职工开展技术培训、职业技能鉴定提供了强有力的技术支持。

2006年底国家劳动和社会保障部张小建副部长在看到我们的自编教材后积极肯定，并鼓励我们充分发挥企业的优势把教材推向全国以飨国内同行，为我国城市轨道交通事业的发展作出贡献。为了落实部领导的指示，我们与人力资源和社会保障部教材办公室合作，在对国内城市轨道交通行业进行广泛调研的基础上，按照相关国家职业标准的要求，推出了系列“城市轨道交通岗位技能培训教材”，涉及站务员、列车司机、车辆检修工、机电设备检修工、变电设备检修工、接触网检修工、通信检修工、信号检修工、自动售检票系统检修工 9 个岗位，同时配备《城市轨道交通概论》《城市轨道交通运营安全》等通用教材。

“城市轨道交通岗位技能培训教材”由广州市地下铁道总公司组织从事城市轨道交通建设和运营管理的专家编写。在教材内容方面，力求技术和操作的全面完整，在注重操作的基础上，尽可能将理论问题讲解清楚，并在表达上能够深入浅出。该系列教材既可作为各技能鉴定单位开展城市轨道交通行业工种鉴定的依据，又可作为轨道交通管理部门运营和设备检修人员的岗位技能培训教材，还可作为大、中专院校相应专业师生用书。

在全国普遍缺乏轨道交通行业岗位技能培训教材的情况下，广州市地下铁道总公司带着时代赋予的使命感和高度的责任感，填补了这一空白，祝愿每位立志于轨道交通事业的同仁都能学有所获、握有所长，在自己的岗位上创出优异的业绩。

城市轨道交通岗位技能培训教材　编委会

前言

随着我国经济社会的发展，城市化进程步伐的加快，人们越来越认识到城市轨道交通对改善现代城市交通困扰局面、调整和优化城市区域布局、促进国民经济发展、改善人们生活的重要性。进入21世纪以来，我国各大城市的轨道交通事业如雨后春笋般迅速发展起来，进入了或即将进入一个前所未有的大发展时期，迎来了我国城市轨道交通千载难逢的超常规发展的契机。

众所周知，自动售检票系统是城市轨道交通重要的组成部分，其状态好坏直接影响城市轨道交通的服务质量。为了适应我国城市轨道交通快速发展及当前日益壮大的轨道交通自动售检票系统检修队伍的迫切需要，我们组织编写了城市轨道交通岗位技能培训教材《自动售检票系统检修工》，以满足城市轨道交通行业发展的需要。

本教材按自动售检票系统设备分类编写，主要介绍了城市轨道交通自动售检票系统设备的基本工作原理，设备、软件的基本操作，日常的检修，自动售检票系统维修专业的基础知识，故障处理的应知应会等。

本教材为自动售检票系统岗位培训教材，主要供自动售检票系统岗位培训用，亦可供有关专业技术人员参考。

由于城市轨道交通自动售检票技术发展快、技术新，资料收集齐全较为困难，加之编写人员技术水平和实践经验的局限性，错误与不足之处在所难免，敬请广大使用单位和个人不吝赐教，提出宝贵意见。

广州市地下铁道总公司

目录

第一章

电工电子基础知识及用电安全

第一节　电工电路技术基础

一、电路的基本定律

1. 欧姆定律

欧姆定律：流过电阻的电流与电阻两端的电压成正比，用公式表示为 $R=U/I$。

电阻的单位是欧姆（Ω），电流的单位是安培（A），电压的单位是伏特（V）。它表明：

（1）当 U 一定时，电阻 R 越大，则电流越小，因此，电阻 R 具有对电流的阻碍作用。

（2）流过电阻的电流与电阻两端的电压成正比；它表明电阻对电流具有阻碍作用；把遵循欧姆定律的电阻称为线性电阻。

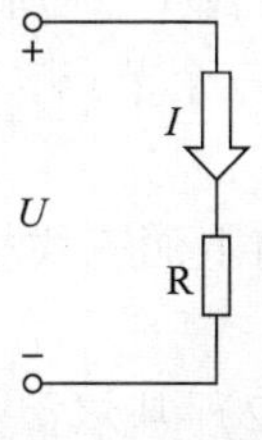

图 1—1　欧姆定律

电压和电流是具有方向的物理量，因此，欧姆定律有多种形式，具体如图 1—1 所示。

2. 基尔霍夫定律

（1）基尔霍夫电流定律。在任一瞬时，流向某一节点的电流之和应该等于由该节点流出的电流之和，即在任一瞬时，一个节点上电流的代数和恒等于零。

电路中三条或三条以上的支路相连接的点称为节点。电路中的每一分支称为支路，支路是构成节点的基础，一条支路流过同一个电流，称为支路电流。在图 1—2 所示的电路中共有三条支路，分别为：ab、acb、adb。图 1—2 中节点 a 的节点方程为：$I_1+I_2-I_3=0$，图 1—2 中有 a 和 b 两个节点。

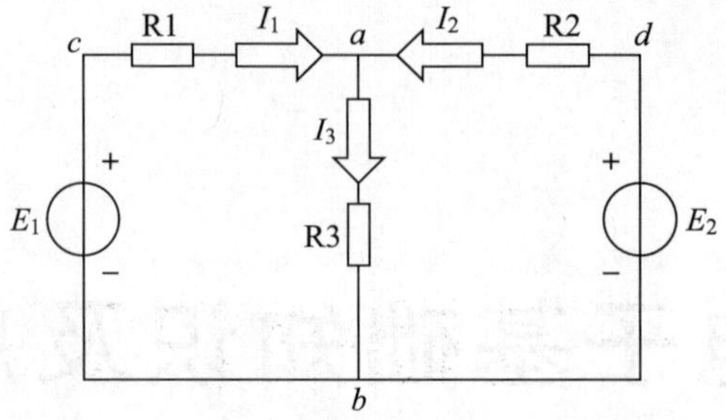

图 1—2　基尔霍夫电流定律举例（1）

基尔霍夫电流定律通常应用于节点，但也可以应用于包围部分电路的任一假设的闭合面。实例如图 1—3 所示，具体表述如下：在任一瞬时，通过任一闭合面的电流的代数和恒等于零，或者说，在任一瞬时流向某一闭合面的电流之和等于由闭合面流出的电流之和。

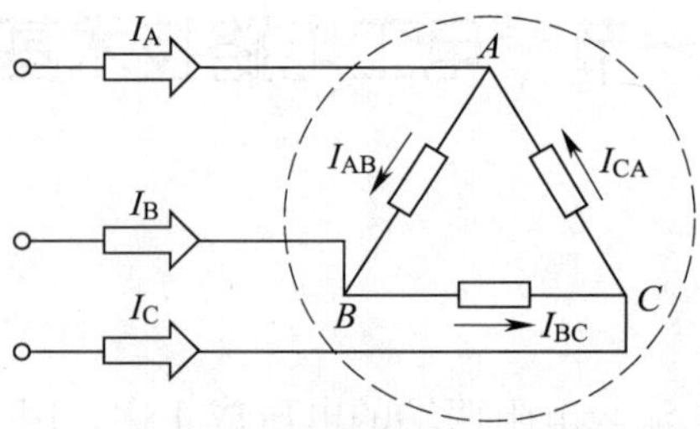

图 1—3　基尔霍夫电流定律举例（2）

在图 1—3 所示的电路中，闭合面包围的是一个三角形电路，从节点定义出发，它有 A、B、C 三个节点，分别应用基尔霍夫电流定律如下：

$$I_A = I_{AB} - I_{CA} \qquad I_B = I_{BC} - I_{AB} \qquad I_C = I_{CA} - I_{BC}$$

将上面三式相加，便得：

$I_A + I_B + I_C = 0$（注意 I_A、I_B、I_C 均为流入各节点的电流）

（2）基尔霍夫电压定律。在任一瞬时，沿任一回路循环方向（顺时针方向或逆时针方向），回路中各段电压的代数和恒等于零。

3. 戴维南定理

戴维南定理：任何一个有源二端线性网络（见图 1—4a）都可以用一个电动势为 E 的理想电源和内阻 R_0 串联来表示（见图 1—4b），且电动势 E 的值为负载开路电压 U_o，内阻 R_0 为除去有源二端线性网络中所有电源（电流源开路、电压源短路）后得到的无源网络 a、b 两端之间的等效电阻。如图 1—4 所示，支路电流方程为：

$$I = \frac{E}{R_0 + R_L}$$

用戴维南定理求解电路的解题步骤如下：

（1）分析电路，选取待求支路，设定待求支路的参考电压或电流方向。

（2）将待求支路开路，画出电路图，求出开路电压 U_o。

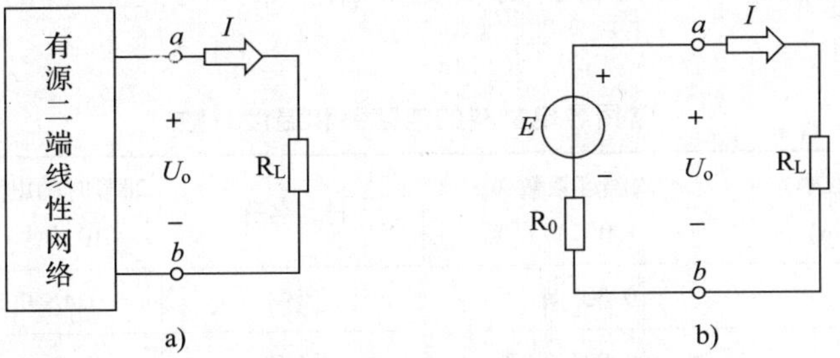

图 1—4 戴维南定理举例

a）有源二端线性电路 b）有源等效电路

（3）将待求支路开路，断开所有电源（电流源开路、电压源短路），画出电路图，求出无源网络 a、b 两端之间的等效电阻 R_0。

（4）画出戴维南等效电路，求支路电流 I，计算最终结果。

4. 诺顿定理

诺顿定理：任何一个有源二端线性网络都可以用一个电流为 I_s 的理想电源和内阻 R_0 并联来表示，如图 1—5 所示。等效电源的电流 I_s 为有源二端线性网络的短路电流，内阻 R_0 为除去有源二端线性网络中所有电源（电流源开路、电压源短路）后得到的无源网络 a、b 两端之间的等效电阻。

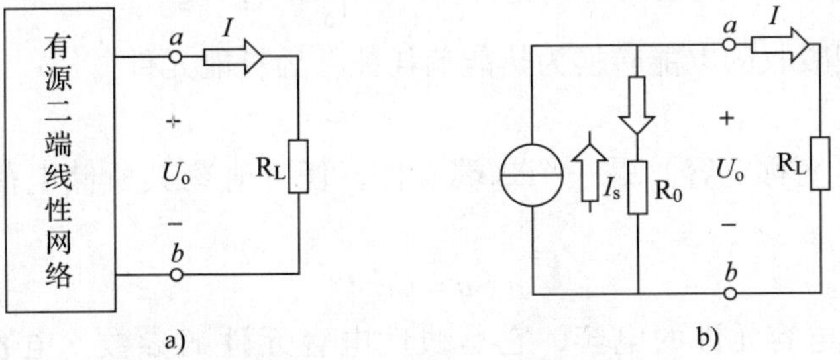

图 1—5 诺顿定理举例

a）有源二端线性电路 b）有源等效电路

图 1—5 的支路电流 I 为：

$$I = \frac{I_s R_0}{R_0 + R_L}$$

二、三种基本电路元件

1. 电阻元件

电阻表示导体对电流阻碍作用的大小，用大写字母 R 表示，单位为欧姆（Ω）。其值与电阻率及材料的尺寸有关，即：

$$R = \rho \times \frac{l}{S}$$

式中，ρ 为电阻率，是描述这种材料对电流起阻碍作用的物理量，单位为欧 · 米

（Ω·m）；l 为材料的长度；S 为材料的横截面积。常用导电材料的电阻率和温度系数见表 1—1。

表 1—1　　常用导电材料的电阻率和温度系数

材料名称	20℃时的电阻率 ρ（10^{-6}Ω·m）	平均温度系数 X（0～100℃）1/℃	材料名称	20℃时的电阻率 ρ（10^{-6}Ω·m）	平均温度系数 X（0～100℃）1/℃
银	0.015 9	0.003 8	康铜	0.4～0.51	0.000 005
铜	0.016 9	0.004 6	锰铜	0.42	0.000 006
铝	0.026 5	0.004 23	黄铜	0.07～0.08	0.002
铁	0.097 8	0.005 0	镍铬合金	1.1	0.000 15
钨	0.054 8	0.004 5	铁铬铝合金	1.4	0.000 28
钢	0.13～0.25	0.006			

电阻的倒数称为线性电阻元件的电导，用 G 表示，即 $G=1/R$，电导的单位是西门子，简称西（S），R、G 都是线性电阻元件的参数。

任一时刻电阻元件两端电压和电流的关系服从欧姆定律，即 $U=RI$。

电阻元件消耗的功率为：$P=ui=Ri^2=u^2/R$

电阻元件从 0 到 t 的时间吸收的电能为：$W=\int_0^t Ri^2(\xi)\,\mathrm{d}\xi$

电阻元件一般把吸收的电能转换为热能消耗掉，为耗能元件。

2. 电容元件

线性电容元件（简称电容）是一个二端元件，任一时刻其所储电荷 q 和端电压 u 之间具有以下线性关系：

$$q=Cu$$

式中，C 为线性电容元件的电容，它是线性电容元件的参数。电容的单位为法［拉］（F）。由于法［拉］单位太大，工程上常采用微法（μF）或皮法（pF）。它们的关系为：

$$1\text{ F}=10^6\ \mu\text{F}\qquad 1\ \mu\text{F}=10^6\text{ pF}$$

电容伏安关系为：

$$i(t)=\frac{\mathrm{d}Cu}{\mathrm{d}t}=C\frac{\mathrm{d}u}{\mathrm{d}t}\qquad R=1/(\mathrm{j}\omega C)$$

3. 电感元件

电感元件是线圈的理想化模型，线性电感元件定义如下：

线性电感元件（简称电感）是一个二端元件，任一时刻，其磁通量 Φ 与电流 i 之间具有以下线性关系：

$$\Phi=Li$$

式中，L 为线性电感元件的电感，它是线性电感元件的参数，电感的单位是亨［利］（H）或毫亨［利］（mH）。

电感的伏安特性如下：

$$u=\frac{\mathrm{d}\Phi}{\mathrm{d}t}=\frac{\mathrm{d}\ (Li)}{\mathrm{d}t}=L\frac{\mathrm{d}i}{\mathrm{d}t}\qquad R=\mathrm{j}\omega L$$

电感元件不消耗所吸收的能量，是一种储能元件。

三、三相电路基本知识

1. 三相交流发电机的组成

目前，交流电在动力方面的应用几乎都属于三相制。工业用的交流电动机多数是三相交流电动机，日常生活用的单相电动机也是三相交流电的一部分。

三相交流发电机的原理如图 1—6 所示。

三相交流发电机主要由定子与转子两部分组成。定子是发出电力的电枢，转子是磁极。这种三相交流发电机称为旋转磁极式发电机。

转子以角速度 ω 旋转。定子是不动的，在定子的槽中嵌有三组同样的绕组（线圈），即 UX、VY、WZ，每组称为一相，分别为 U 相、V 相和 W 相。它们的始端标以 U、V、W，末端标以 X、Y、Z，绕组的始端之间或末端之间彼此相隔 120°。同时，工艺上保证定子与转子之间磁感应强度沿定子内表面按正弦规律分布。最大值在转子磁极的北极 N 和南极 S 处。

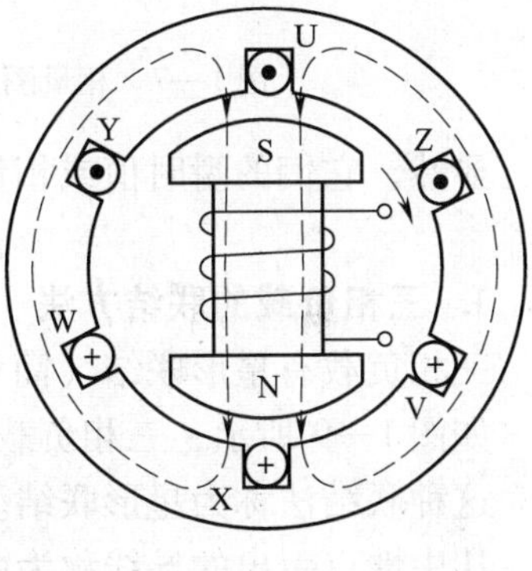

图 1—6　三相交流发电机的原理

2. 三相电压及其特点

当转子以角速度 ω 顺时针旋转时，在各相绕组的始端和末端都产生随时间按正弦规律变化的感应电压。

这些电压频率相同、幅值相同，彼此间的相位相差 120°，相当于三个独立的正弦电源。三相电压分别为：

$$u_{\mathrm{U}}=\sqrt{2}U\sin\omega t$$

$$u_{\mathrm{V}}=\sqrt{2}U\sin\ (\omega t-120°)$$

$$u_{\mathrm{W}}=\sqrt{2}U\sin\ (\omega t+120°)$$

以 U 相电压 U_{U} 作为参考相量，则它们的相量为：

$$\dot{U}_{\mathrm{U}}=U\angle 0°$$

$$\dot{U}_{\mathrm{V}}=U\angle -120°=U\left(-\frac{1}{2}-\mathrm{j}\frac{\sqrt{3}}{2}\right)$$

$$\dot{U}_{\mathrm{W}}=U\angle 120°=U\left(-\frac{1}{2}+\mathrm{j}\frac{\sqrt{3}}{2}\right)$$

三个频率相同、幅值相同、彼此相位相差 120° 的电压称为对称三相电压。其相量图及波形分别如图 1—7、图 1—8 所示。

上述三相电压到达正幅值（或相应零值）的先后次序称为相序。

图 1—7 所示三相电压的相序为 U→V→W，称为正序或顺序。与此相反，如果 V 相超前 U 相 120°，W 相超前 V 相 120°，这种相序称为负序或逆序。今后如无特殊声明，均按正序处理。

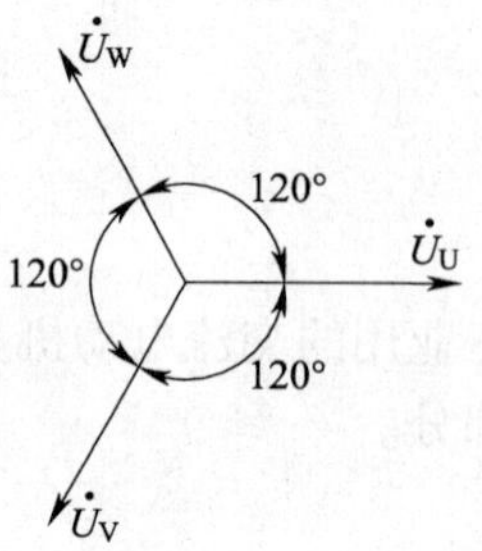

图 1—7　相量图

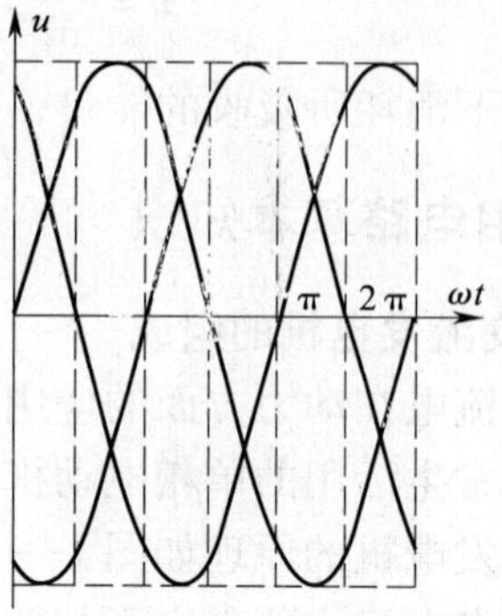

图 1—8　波形图

显然，它们的瞬时值或相量之和为零，即：

$$u_U + u_V + u_W = 0,\ U_U + U_V + U_W = 0$$

3. 三相负载的联结方法

三相负载有星形联结（简称Y联结）与三角形联结（简称△联结）两种联结方式。

如图 1—9 所示，三相负载的三个末端连在一起，这一节点称为中性点或零点，用 N 表示，这种联结法称为星形联结。

从中性点引出的导线称为中性线或零线；从始端 U、V、W 引出的三根导线称为相线，俗称火线。

星形联结的三相电源（简称星形电源）的每一相电压（火线与零线间的电压）称为相电压。其有效值用 U_U、U_V、U_W表示，一般用 U_P 表示。

端线 U、V、W 之间的电压（火线与火线之间的电压）称为线电压，其有效值用 U_{UV}、U_{VW}、U_{WU}表示，一般用 U_l 表示。

相电压、线电压都是同频率的正弦量，其相量图如图 1—10 所示。

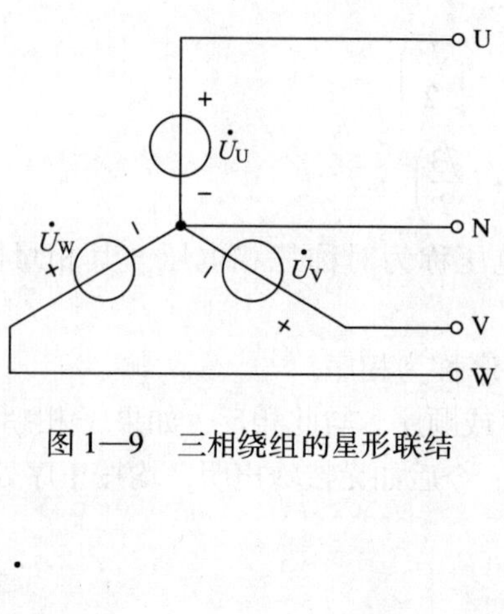

图 1—9　三相绕组的星形联结

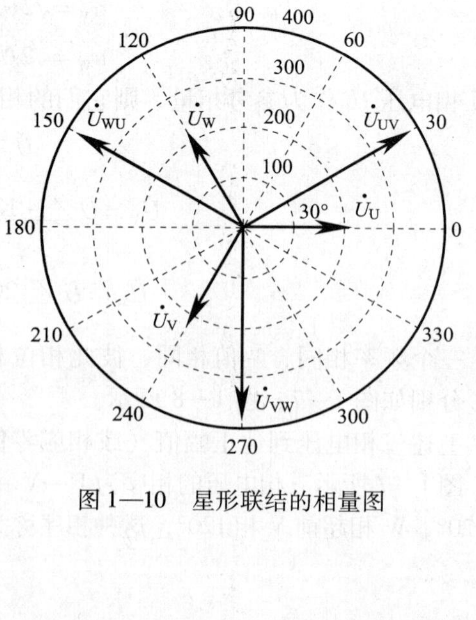

图 1—10　星形联结的相量图

从相量图可以得出，线电压超前相电压30°；线电压是相电压的$\sqrt{3}$倍，即：

$$\frac{1}{2}U_1 = U_P\cos30° = \frac{\sqrt{3}}{2}U_P$$

当发电机的三相绕组按星形联结时，有三根火线和一根零线，共需四根线，故称这种输电方式为三相四线制。

三相四线制电源系统给负载有两种电压选择，一般在低压配电系统中，相电压 U_P 为 220 V，线电压 U_1 为 380 V。

4. 对称三相电路的电压、电流和平均功率

（1）对称Y—Y联结三相电路的电压和电流。若每相负载都相同，称为对称负载。对称三相电源和对称三相负载相连接，称为对称三相电路（一般情况下，电源总是对称的）。三相电源与负载之间的联结方式有Y—Y、△—△、Y—△、△—Y。Y—Y联结方式即星形电源与星形负载联结，又分为三相四线制（有中性线）与三相三线制（无中性线）。

对称Y—Y联结的三相四线制电路如图1—11所示。

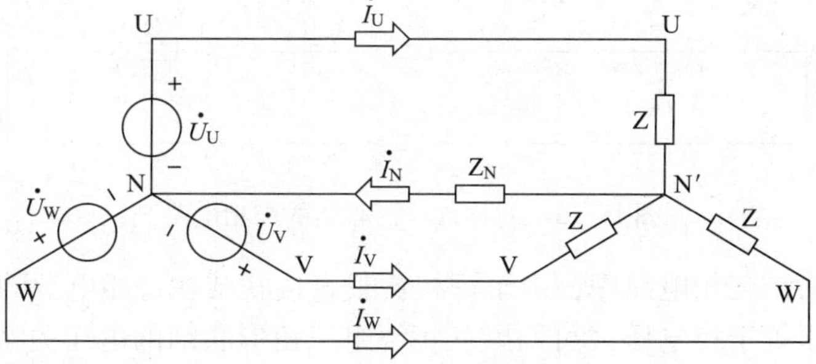

图1—11 对称Y—Y联结的三相四线制电路

在对称Y—Y电路中，每相电源与负载是相互独立的，负载中点与电源中点是等电位点，流过中性线的电流为0，如同开路。

由于 $U_{NN}=0$，各相电路相互独立；又由于三相电源与负载对称，所以三相电流也对称。因此，对称Y—Y三相电路可归结为单相（通常为U相）计算的方法。算出 I_U后，根据对称性可推知其他两相电流 I_V和 I_W。

注意，在单相计算电路中，$U_{NN}=0$ 且与中性线阻抗无关。

由于 $U_{NN}=0$，所以负载的线电压、相电压的关系与电源的线电压、相电压关系相同。

综上所述，在对称Y—Y三相电路中，中性线如同开路，线电流等于相电流；线电压超前相电压30°，有效值为相电压的$\sqrt{3}$倍。线电流、相电流、线电压和相电压都分别是一组对称量。

中性线中既然没有电流通过，就可以不要。如图1—12所示，对称的三相发电机与对称的三相负载之间只有三根线相连，这就是三相三线制电路。

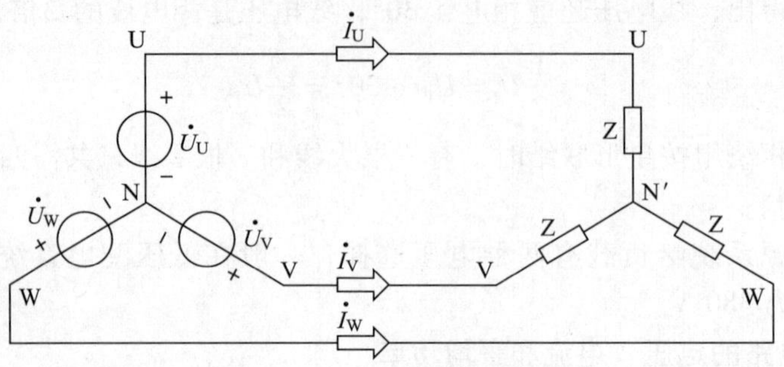

图 1—12　三相三线制电路

（2）对称△—△联结三相电路。对称△—△联结三相电路如图 1—13 所示。

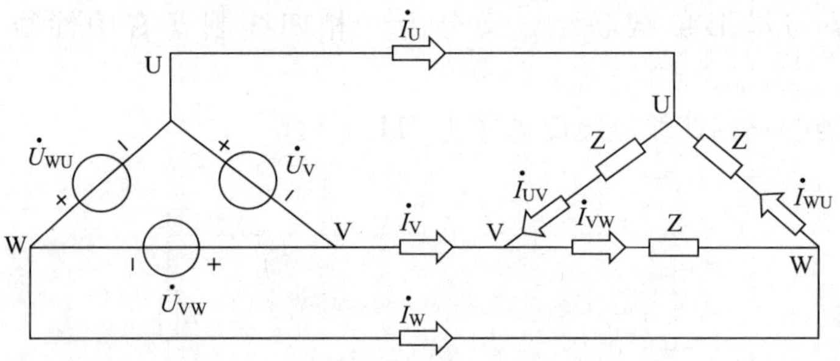

图 1—13　对称△—△联结的三相电路

在对称△—△联结三相电路中，由于每相负载直接联结在每相电源的两端线之间，所以三角形联结的线电压等于相电压（可回顾三相绕组三角形联结的电压关系）。

在图 1—14 所示的对称△—△联结三相电路中，相电流可由相电压相量求出。根据基尔霍夫电流定律的相量形式，可以写出线电流与相电流之间的关系如下：

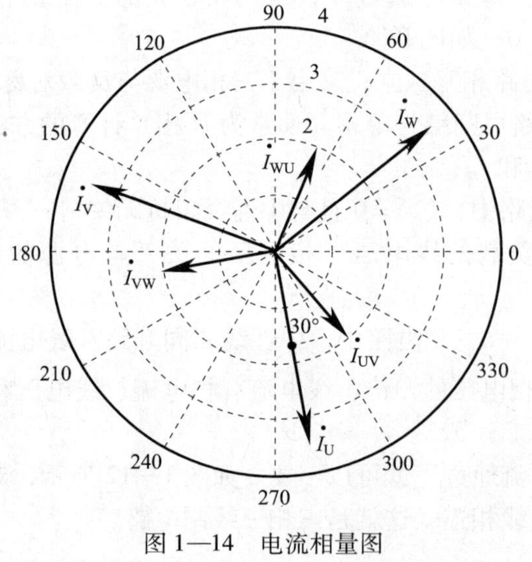

图 1—14　电流相量图

$$I_U = I_{UV} - I_{WU} \quad I_V = I_{VW} - I_{UV} \quad I_W = I_{WU} - I_{VW}$$

由相量图可以看出，三个线电流也是一组对称正弦量。线电流滞后相电流 30°，线电流的有效值为相电流有效值的$\sqrt{3}$倍。即：

$$I_l = \sqrt{3} I_P$$

式中，I_l、I_P 分别代表线电流、相电流的有效值。

综上所述，对称△—△三相电路中，线电压等于相电压，线电流滞后相电流 30°，线电流的有效值等于相电流的$\sqrt{3}$倍。线电压、相电压、线电流和相电流都是一组对称正弦量。

应当注意，在三相电路中，三相负载的联结方式取决于负载每相的额定电压和电源的线电压。例如，三相电动机和额定相电压等于三相电源的线电压应接成三角形。如果两者不相等，额定相电压为 220 V 的三相电动机与线电压为 380 V 的三相电源联结，应接成星形。

（3）三相电路的平均功率。正弦交流电路中功率的守恒性也适用于三相交流电路。

即：一个三相负载吸收的有功功率应等于其各相所吸收的有功功率之和，一个三相电源发出的有功功率等于其各相所发出的有功功率之和，即：

$$P = P_U + P_V + P_W$$

由于对称三相电路中每组响应都是与激励同相序的对称量，所以，每相不但相电压有效值相等，相电流有效值相等，而且每相电压与电流的相位差也相等，从而每相的有功功率相等，三相的有功功率是一相的 3 倍，则三相的有功功率为：

$$P = 3P_P = 3U_P I_P \cos\varphi$$

在实际应用中，上式通常用线电压 U_l 和线电流 I_l 的乘积形式来表示。

对于对称星形接法，有：$U_P = \frac{1}{\sqrt{3}} U_l \quad I_P = I_l$

对于对称三角形接法，有：$U_l = U_P \quad I_P = \frac{1}{\sqrt{3}} I_l$

因此，无论是对称星形接法或对称三角形接法，三相电路总有功功率为：

$$P = \sqrt{3} U_l I_l \cos\varphi$$

必须注意，φ 是某相电压与相电流间的相位差。

无功功率、视在功率守恒性也适用于三相电路。无功功率可表示为：$Q = 3U_P I_P \sin\varphi = \sqrt{3} U_l I_l \sin\varphi$

视在功率可表达为： $S = 3U_P I_P = \sqrt{3} U_l I_l$

四、交流电路的频率特性

电压、电流和相位都是时间的函数，把频率视为不变的常量，称为时域分析。这里，将在频率领域范围内对电路进行分析，故称为频域分析。频域分析是研究响应与频率的关系，电路响应与频率的关系称为电路的频率特性或频率响应。

电容元件的容抗、电感元件的感抗，当激励频率改变时，其电抗值、感抗值将随着改变。RC、RL 电路接不同频率的输入信号（激励）时，将产生不同频率的输出信号（响应）。将这种电路接在输入和输出之间，可让某一频带内的信号容易通过，而其他频率的信号则不容易通过，这种电路称为滤波器。

滤波器通常可分为低通、高通、带通等多种。就 RC 滤波器而言，有 RC 串联、并联和混联组成的各种滤波器。RL 滤波器的组成也有不同的连接方式。

1．RC 低通滤波器

RC 低通滤波器电路如图 1—15 所示。

对任一频率输入电压 u_1，u_1 和 u_2 仍为同频率的正弦量，可画出其任一频率的相量模型，如图 1—16 所示。

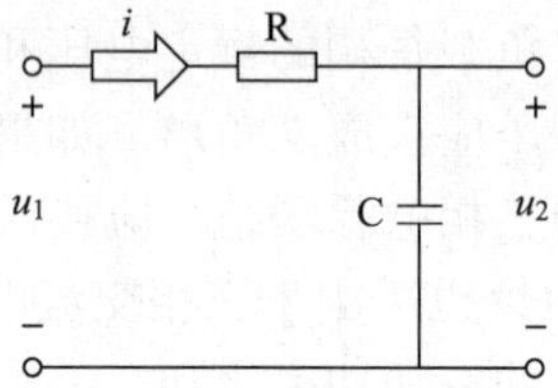

图 1—15　RC 低通滤波器

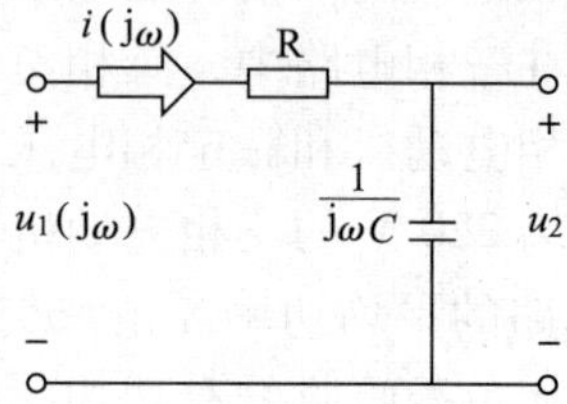

图 1—16　RC 低通滤波器相量模型

电路的幅频特性曲线和相频特性曲线如图 1—17 所示：

（1）幅频特性如图 1—17a 所示。幅频特性表明，对大小相同的输入电压来说，频率越高，输出电压就越小。为直流时，输出电压最大，等于输入电压。因此，低频正弦信号要比高频正弦信号更容易通过这一电路，因此被称为 RC 低通滤波器。

（2）相频特性如图 1—17b 所示。相频特性表明，随着 ω 由 0 向∞趋近，φ（ω）单调地趋向于 $-\frac{\pi}{2}$，φ（ω）总为负，输出电压总是滞后于输入电压，其滞后角介于 $0\sim\frac{\pi}{2}$，具体数值取决于 ω。从相频特性来看，这一电路称为滞后网络。

当 $\omega=\omega_0=\frac{1}{RC}$ 时，$|T(j\omega)|=\frac{1}{\sqrt{2}}$，即输出电压降低到输入电压的 $\frac{1}{\sqrt{2}}$。由于功率与电压的平方成正比，功率为原始值的一半，因此，ω_0 称为半功率点角频率，也称为截止角频率。角频率从 0 到 ω_0 的范围称为 RC 低通滤波器的通频带。

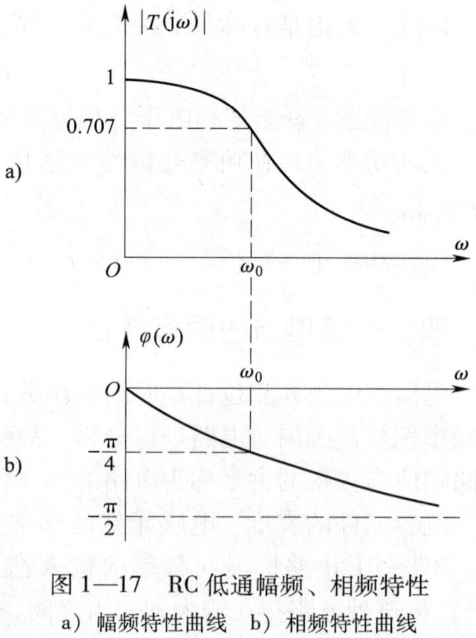

图 1—17　RC 低通幅频、相频特性

a）幅频特性曲线　b）相频特性曲线

2．高通滤波器

RL 高通滤波器电路如图 1—18 所示。

电路的幅频、相频特性曲线如图 1—19 所示。

幅频特性如图 1—19a 所示。从幅频特性可以看出，高频信号比低频信号更容易通过这一电路，因此将这一电路称为高通滤波器。

相频特性如图 1—19b 所示。从相频特性可以看出，φ（ω）总为正，说明输出电压总是超前输入电压，因此这一电路又称为超前网络。在截止

角频率 ω_0 以下，ω 越低，输出电压越小，超前的角度越大，$\omega=0$（为直流）时，输出电压为零，相位差为 $\frac{\pi}{2}$。

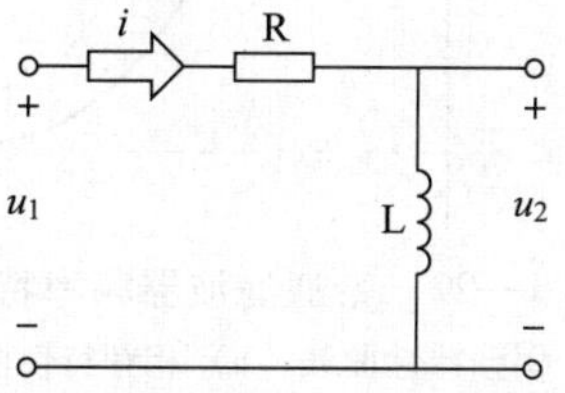

图 1—18　RL 高通滤波器

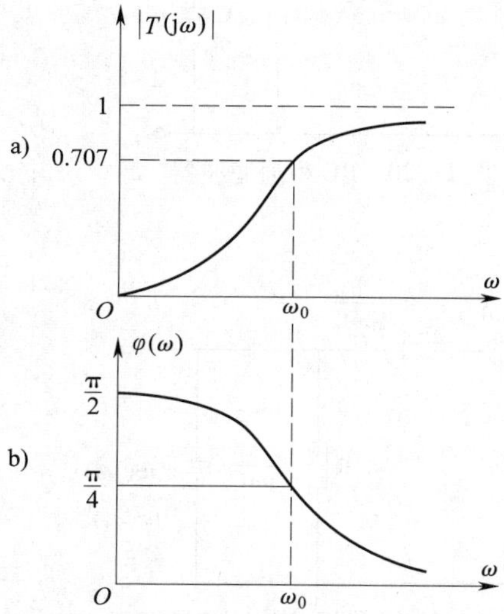

图 1—19　RL 高通幅频、相频特性

a）幅频特性　b）相频特性

从图中的幅频特性曲线可知，只有高频信号可以顺利通过，而低频信号衰减严重，因此称此电路为 RL 高通电路，截止角频率 $\omega_0=\frac{R}{L}$。

3．带通滤波器

RC 带通滤波器电路如图 1—20 所示，相量模型如图 1—21 所示。

由幅频、相频特性函数可做出电路的幅频、相频特性曲线，如图 1—22 所示。

由图可知：当 $\omega=\omega_0$ 时，输入电压与输出电压同相，且 $|T(j\omega)|=1/3$；当 $\omega=\omega_1$ 及 $\omega=\omega_2$ 时，$|T(j\omega)|=1/3\times0.707$，即为 $|T(j\omega)|$ 最大值的 1/3；所以，此滤波器的通频带为 ω_2 与 ω_1 之差，即 $\Delta\omega=\omega_2-\omega_1$。从特性曲线可以看出，$\omega$ 在通频带内的信号容易通过这一电路，故称为带通滤波器。图 1—20 所示电路可作为 RC 振荡器的选频电路。

4．串联谐振

（1）RLC 串联谐振及其固有频率。由三种基本元件组成串联（或并联）电路时，电路可能呈感性（或容性），还可能呈电阻性。一般说来，在具有电感和电容的不含独立源的电路中，在一定条件下，形成端电压与端电流同相的现象，称为谐振。

谐振时电路的阻抗角（或导纳角）为零，即阻抗（或导纳）的虚部为零。

图 1—23 所示 RLC 串联电路中，当 ω 变动时，感抗 X_L 随 ω 成正比变化，容抗 X_C 随 ω 成反比变化，它们的频率特性如图 1—24 所示。

由图 1—24 可看出，当 $\omega<\omega_0$ 时，$X_L<X_C$，$X<0$，电路呈容性；当 $\omega>\omega_0$ 时，$X_L>X_C$，$X>0$，电路成感性。

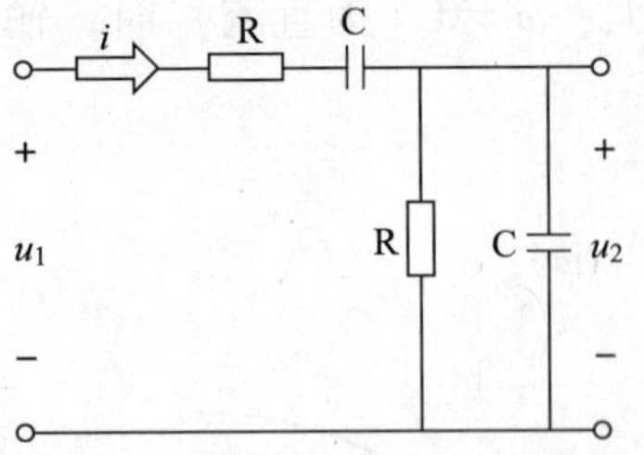

图 1—20　RC 带通滤波器

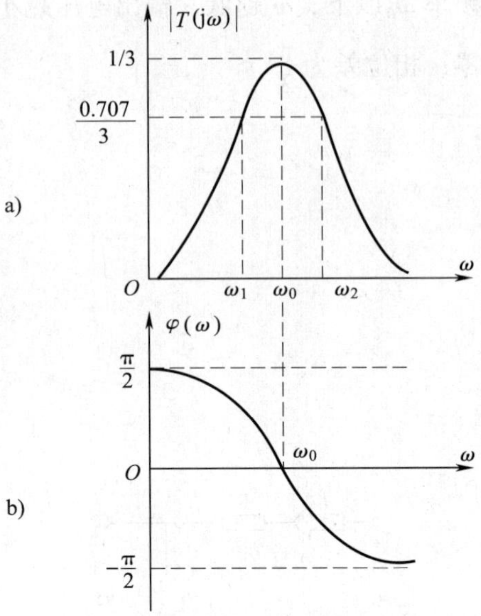

图 1—22　带通滤波器频率特性

a）幅频特性曲线　b）相频特性曲线

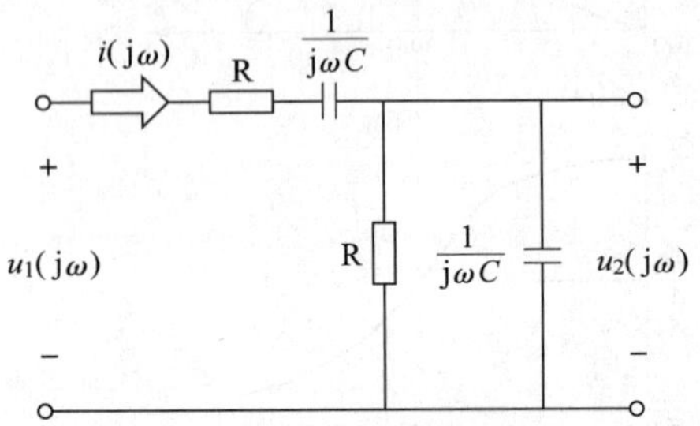

图 1—21　RC 带通滤波器相量模型

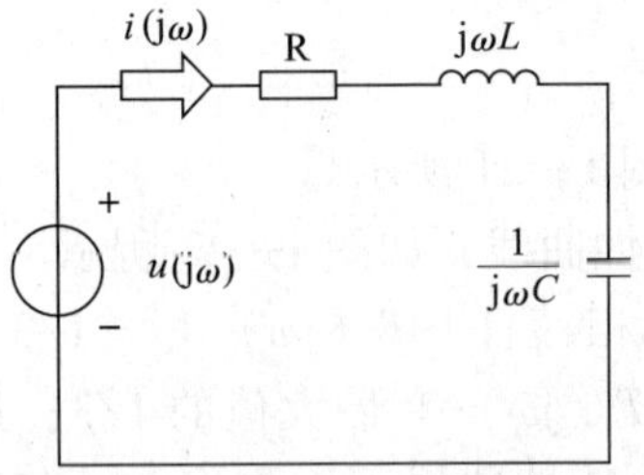

图 1—23　RLC 串联电路

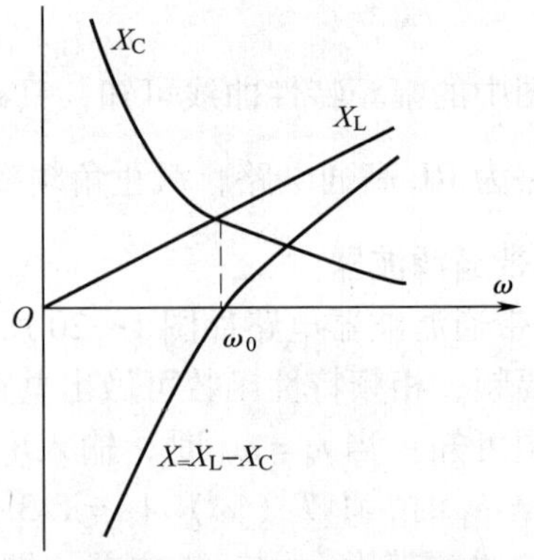

图 1—24　RLC 串联电路电抗曲线

当 $\omega = \omega_0$ 时，

$$X_0 = X_{L0} - X_{C0} = \omega_0 L - \frac{1}{\omega_0 C} = 0$$

$$Z_0 = | Z_0 (j\omega_0) | = R$$

电路呈电阻性，电流 $\dot{I}$ 与电压 $\dot{U}$ 同相，工程上将串联电路的这种工作状态称为串联谐振。

可见，谐振角频率 ω_0（或谐振频率 f_0）仅取决于电路的电感和电容，ω_0（或 f_0）又分别称为电路的固有角频率（或固有频率）。改变电路中的 L 或 C 都可以改变电路的固有频率。

（2）串联谐振的特性。当 ω 为谐振角频率 ω_0 时，图 1—23 所示 RLC 串联电路成电阻性，电流 $\dot{I}$ 与电压 $\dot{U}$ 同相，电路处于谐振状态。电路发生谐振时的角频率 ω_0 为

$$X_{L0}\ (\omega_0 L)\ = X_{C0}\left(\frac{1}{\omega_0 C}\right) \Rightarrow \omega_0 = \frac{1}{\sqrt{LC}}$$

电路处于谐振状态时具有以下特点：谐振时电路的阻抗最小，电压一定时，电流最大。

谐振时电路的阻抗为：

$$Z(j\omega_0)\ = Z_0 = R + \mathrm{j}\left(\omega_0 L - \frac{1}{\omega_0 L}\right) = R$$

$$\dot{I}_0 = \frac{\dot{U}}{Z_0} = U \angle \theta_u / \mathrm{R} = I \angle \theta_u$$

谐振时电感电压 U_{L0} 等于电容电压 U_{C0}，可能大大超过电源电压 U。

5．并联谐振

并联谐振的定义与串联谐振的定义相同，即端电压与端电流同相时的工作状态称为谐振。由于发生在并联电路中，所以称为并联谐振。图 1—25 所示为 RLC 并联谐振电路，是另一种典型的谐振电路。

RLC 并联谐振电路分析方法与 RLC 串联电路相同，并联谐振时角频率 ω_0 和频率 f_0 为：

$$\omega_0 = \frac{1}{\sqrt{LC}} \qquad f_0 = \frac{1}{2\pi\ \sqrt{LC}}$$

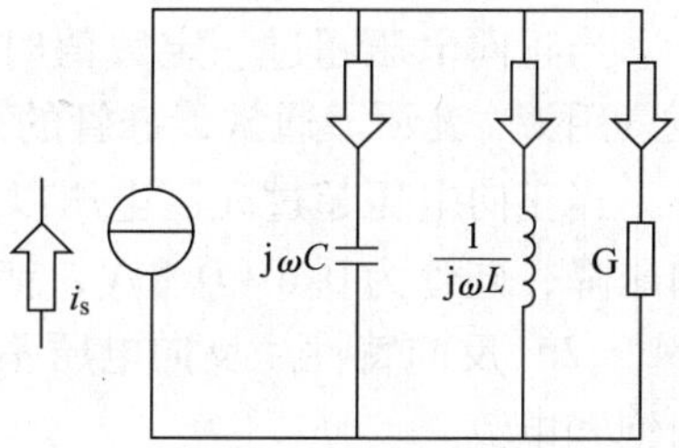

图 1—25　RLC 并联谐振电路

电路处于谐振状态时具有以下特点：

谐振时电路的导纳最小，阻抗最大；电流源电流一定时，电压最大。

$$Y_0 = G_0 \qquad Z_0 = \frac{1}{Y_0} = \frac{1}{G} \qquad U_0 = \frac{I}{G}$$

谐振时电容电流 I_{C0}、电感电流 I_{L0}，可能远大于电流源电流 I。

第二节　电子电路技术基础

一、半导体二极管

将 PN 结加上相应的电极引线和管壳，就构为半导体二极管。其符号如图 1—26 所示，文字符号为 VD。

二极管的主体是 PN 结，因此二极管的伏安特性通常用 PN 结的电流方程来描述。但由于管壳、引线等因素的影响，两者特性仍有区别。典型二极管在常温时的伏安特性如图 1—27 所示。

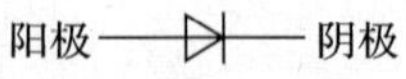

图 1—26　半导体二极管

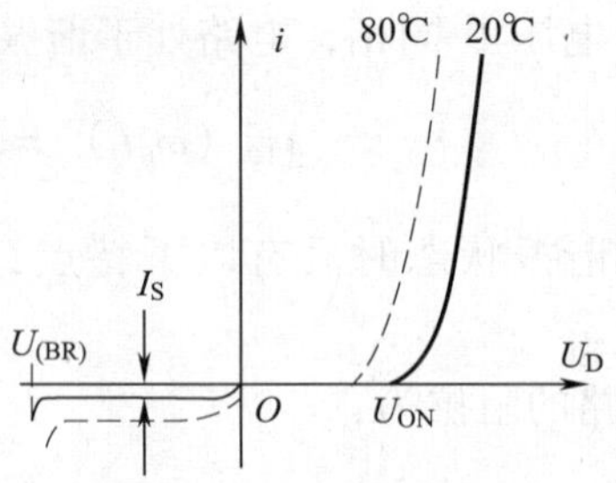

图 1—27　二极管伏安特性曲线

[注：$u_D>0$ 的区域是正向工作区（一般二极管正向导通工作的压降，硅管为 0.6～0.8 V，锗管为 0.2～0.3 V），$U_{(BR)}<u_D<0$ 的区域是反向工作区，$u_D<U_{(BR)}$ 的区域是击穿区。反向击穿电压 $U_{(BR)}$ 一般在几十伏以上。]

1. 特性曲线分三个区：正向工作区、反向工作区、击穿区

（1）正向特性。当正向 u_D 较小时，$i\approx0$。

当正向电压超过一定数值时，电流才明显增大，这个一定数值的正向电压称为死区电压，用 U_{ON} 表示。通常，硅管的死区电压约为 0.5 V，锗管约为 0.1 V。

当正向电压超过死区电压以后，电流与电压的关系基本上是一条指数曲线。导通时的正向压降，硅管为 0.6～0.8 V，锗管为 0.2～0.3 V。

（2）反向特性。反向电压不超过某一范围时，反向电流很小，大小基本恒定，称为反向饱和电流。

当外加反向电压过高时，反向电流将突然增大，二极管失去单向导电性，这种现象称为击穿。

产生击穿时加在二极管上的反向电压称为反向击穿电压 $U_{(BR)}$。

2. 二极管的主要参数

（1）最大整流电流 I_{OM}。最大整流电流是指二极管长时间使用时，允许流过二极管的最大正向平均电流。

（2）反向工作峰值电压 U_{RWM}。它是保证二极管不被击穿而给出的反向峰值电压，一般是反向击穿电压的一半或三分之二。

（3）反向峰值电流 I_{RM}。它是指在二极管上加反向工作峰值电压时的反向电流值。

二极管的应用范围很广，主要都是利用它的单向导电性。可用于整流、检波、限幅、元件保护以及在数字电路中作为开关元件等。

二、半导体三极管

半导体三极管又称晶体三极管，简称三极管、晶体管。它由两块相同类型的半导体中间夹一块异型半导体构成。

根据半导体排列方式的不同，三极管又分为 NPN 和 PNP 两种类型，如图 1—28 所示，文字符号为 VT。

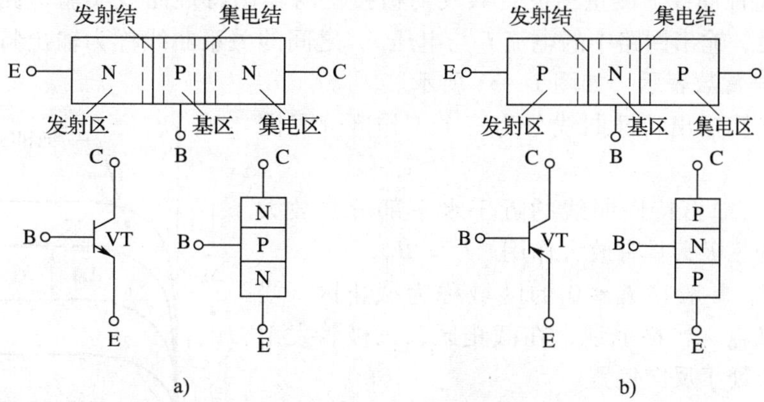

图 1—28　三极管结构示意图和表示符号

a）NPN 型三极管　b）PNP 型三极管

由图可见，每一类都有：

三个区：基区、发射区、集电区。

三个极：基极 B、发射极 E、集电极 C。

两个结：发射结，即基区和发射区之间的 PN 结；集电结，即基区和集电区之间的 PN 结。

1. 三极管的伏安特性

（1）输入特性曲线。三极管的特性曲线是用来表示该三极管各极电压和电流之间相互关系的，它反映了三极管的性能，是分析放大电路的重要依据。

测量三极管共发射极接法时的输入特性曲线实验电路如图 1—29 所示。

当 u_{CE} 不变时，输入回路中的电流 i_B 与电压 u_{BE} 之间的关系曲线称为输入特性曲线可用 $i_B = f(u_{BE})\big|_{u_{CE}}$ = 常数表示，如图 1—30 所示。

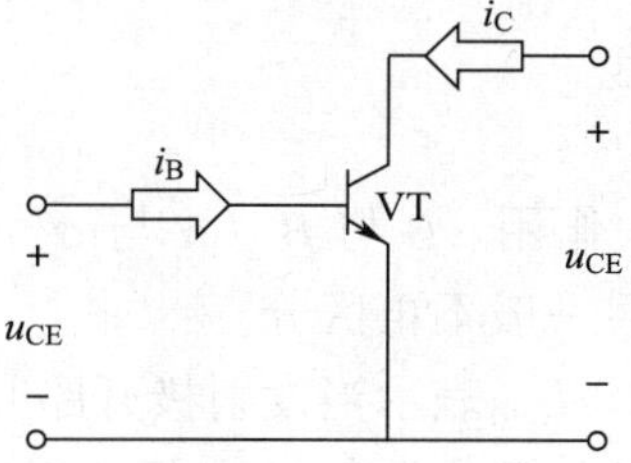

图 1—29　三极管共发射极连接方式

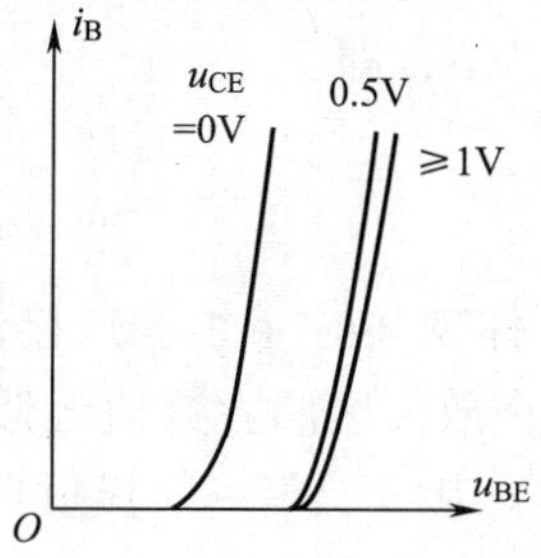

图 1—30　三极管输入特性曲线

对硅管而言，当 $U_{CE} \geqslant 1$ V 时，输入特性曲线基本上是重合的。所以，通常只画出 $U_{CE} \geqslant 1$ V 的一条输入特性曲线。

三极管输入特性也有一段死区。硅管的死区电压约为 0.5 V，锗管的死区电压约为 0.1 V。在正常工作情况下，NPN 型硅管的发射结电压 $U_{BE} = 0.6 \sim 0.7$ V，PNP 型锗管的发射结电压 $U_{BE} = -0.2 \sim -0.3$ V。

（2）输出特性曲线。测量三极管共发射极接法时输出特性曲线实验电路如图1—31所示，当i_B不变时，输出回路中的电流i_C与电压u_{CE}之间的关系曲线称为输出特性曲线，可用$i_C = f(u_{CE})\ |_{i_B}$ = 常数表示，如图1—31所示。

通常把三极管输出特性曲线分为三个工作区（见图1—31）：

1）放大区。输出特性曲线的近于水平部分是放大区，在放大区的三极管具有放大作用。$I_C = \beta I_B$。

2）截止区。一般将$I_B \leqslant 0$的区域称为截止区。当$I_B = 0$时，$I_C = I_{CEO}$。严格上说，在截止区，三极管发射结和集电结都应处于反向偏置。

3）饱和区。图1—31中靠近纵坐标的附近，各条输出特性曲线的上升部分属于三极管的饱和区。在饱和区，三极管失去放大能力。此时，三极管发射结和集电结都处于正向偏置。

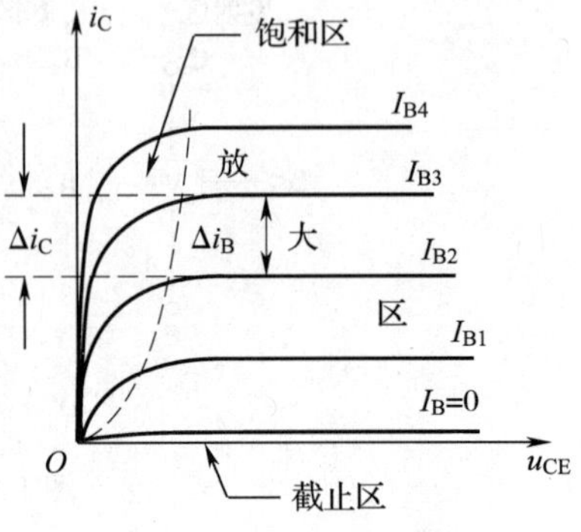

图1—31　三极管输出特性曲线

2. 三极管的主要参数

三极管的特性除用特性曲线表示外，还可用一些数据来说明，这些数据就是三极管的参数。

（1）共射、共基直流电流放大系数$\bar{\beta}$、$\bar{\alpha}$。集电极电流与基极电流的直流量之比称为共射直流电流放大系数，记为$\bar{\beta}$，集电极电流与发射极电流的直流量之比称为共基直流电流放大系数，记为$\bar{\alpha}$，即：

$$\bar{\beta} = \frac{I_C}{I_B} \qquad \bar{\alpha} = \frac{I_C}{I_E}$$

（2）共射、共基交流电流放大系数β、α。集电极电流与基极电流的变化量之比称为共射交流电流放大系数，记为β，集电极电流与发射极电流的变化量之比称为共基交流电流放大系数，记为α，即：

$$\beta = \frac{\Delta i_C}{\Delta i_B} \qquad \alpha = \frac{\Delta i_C}{\Delta i_E}$$

β（α）体现共射（共基）接法三极管的电流放大作用。β与$\bar{\beta}$（α与$\bar{\alpha}$）有交、直流的区别，但在放大区两者数值近似相等，因此在估算时一般不再区分。

（3）集－基极、集－射极反向截止电流I_{CBO}、I_{CEO}。I_{CBO}表示当发射极开路时，集电极与基极之间的反向截止电流。I_{CEO}表示当基极开路时，集电极和发射极之间的反向截止电流，又称穿透电流。

I_{CEO}与I_{CBO}的关系如下：

$$I_{CEO} = (1 + \bar{\beta})\ I_{CBO}$$

三、放大器基础知识

放大器是将微弱电信号（电压、电流、功率）放大到所需要量级，且功率增益大于1

的电子线路，是模拟电子电路最重要的概念和应用之一。

当小信号放大时，根据人们对电压、电流、功率各电量关注的不同，分别称为电压放大、电流放大、功率放大。但不管是何种放大，其实质都是对功率进行了放大。

在小信号时，三极管、场效应管等放大器件都可用线性电路来等效，因此小信号放大器可以看成是一个线性有源二端口网络，具体如图 1—32 所示。

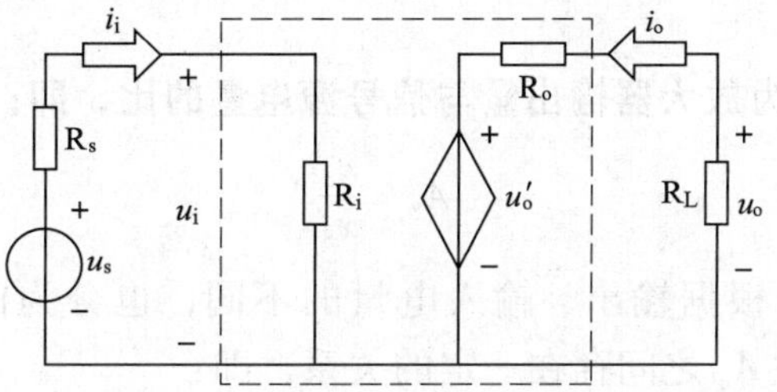

图 1—32　放大器的结构示意图

注：对于输入信号源，放大器可视为它的负载，因此放大器输入口可等效成一个电阻与信号源相连；对于负载，放大器可视为它的信号源，因此放大器输出口可等效成一个电压源与负载相连。

放大器可通过性能指标来描述，通过图 1—32 可看出放大器的主要性能指标有：

1. 输入电阻 R_i

放大器在输入端口的等效电阻称为输入电阻。定义为输入电压与输入电流的比，即：

$$R_i = \frac{u_i}{i_i}$$

由图 1—32 可写出输入电压与信号源电压的关系，即：

$$u_i = \frac{R_i}{R_i + R_s} u_s$$

上式表明，R_i 越大，放大器获取输入电压的能力越强。因此，输入电阻是衡量放大器向信号源获取信号能力的指标。

2. 输出电阻 R_o

放大器在输出端口可等效为一个电源，等效电源的内阻称为输出电阻。可以看出，当负载开路、信号源为零时，在输出端加电压 u_o，与产生的电流 i_o的比，就是输出电阻。即：

$$R_o = \frac{u_o}{i_o}\bigg|_{R_L = \infty, u_s = 0}$$

由图 1—32 可写出放大器带负载的输出电压 u_o与负载开路时的输出电压 u_{ot}的关系，即：

$$u_o = \frac{R_L}{R_L + R_o} u_{ot}$$

上式表明，R_o越小，负载对 u_o的影响就越小。因此，输出电阻是衡量放大器带负载能力的指标。

3. 增益 A

增益又称放大倍数。定义为放大器输出量与输入量的比，即：

$$A = \frac{x_o}{x_i}$$

是衡量放大器放大能力的指标。根据输出、输入电量的不同，又分为以下四种：

$$A_u = \frac{u_o}{u_i} \quad 电压增益; \quad A_i = \frac{i_o}{i_i} \quad 电流增益;$$

$$A_g = \frac{i_o}{u_i} \quad 互导增益; \quad A_r = \frac{u_o}{i_i} \quad 互阻增益。$$

它们分别是衡量电压放大、电流放大、互导放大、互阻放大四种放大器的放大能力的指标。

4. 源增益 A_S。定义为放大器输出量与信号源电量的比，即：

$$A_S = \frac{x_o}{x_S}$$

与增益的定义类似，根据输出、输入电量的不同，也分为四种源增益 A_{uS}、A_{iS}、A_{gS}、A_{rS}。源增益 A_S与电压增益 A_u 之间存在一定的关系，即：

$$A_{uS} = \frac{u_o}{u_S} = \frac{u_o}{u_i} \times \frac{u_i}{u_S} = A_u \times \frac{\frac{R_i}{R_i + R_S}u_S}{u_S} = A_u \times \frac{R_i}{R_i + R_S}$$

上式表明，R_i越大，放大器性能越稳定。

第三节　数字电路基础知识

数字信号是由一系列逻辑“0”和逻辑“1”组成的跃变信号。工作于数字信号的电路称为数字电路。

数字电路广泛应用于电子计算机、通信、电子工程、数字式仪表和数控装置中。

逻辑代数是分析与设计数字电路的数学工具，学习数字电路应掌握一定的逻辑代数的知识。

一、逻辑数制基础

在数字电路中，经常要遇到计数问题。在日常生活中，人们习惯于十进制数，而在数字系统中多采用二进制数，有时也常用八进制数或者十六进制数。

1. 二进制

按照“逢二进一”进行计数的数，称为二进制数。在二进制数中，有 0、1 两个数码。它的计数规律是“逢二进一”，即 1 + 1 = 10（读为壹零）。右边的“0”表示 2^0 位数，左边的“1”表示 2^1 位数，也就是 $10 = 1 \times 2^1 + 0 \times 2^0$。因此，所谓二进制就是以 2 为基数的计数体制。

这样，每一数码处于不同的位置时（数位），它代表的数值是不同的。例如，11010.01 可以写成 $(11010.01)_2 = 1 \times 2^4 + 1 \times 2^3 + 0 \times 2^2 + 1 \times 2^1 + 0 \times 2^0 + 0 \times 1^{-1} + 1 \times 1^{-2}$。

2. 八进制

按照“逢八进一”进行计数的数，称为八进制数。它有八个数码，分别是 0、1、2、3、

4、5、6、7。它是以 8 为基数的计数体制。同样，$(37.5)_8$ 可以写成 $(37.5)_8 = 3 \times 8^1 + 7 \times 8^0 + 5 \times 8^{-1}$。

3. 十六进制

按照“逢十六进一”进行计数的数，称为十六进制数。它有十六个数码，分别为 0、1、2、3、4、5、6、7、8、9、A（对应十进制数中的 10）、B（11）、C（12）、D（13）、E（14）、F（15）。它是以十六为基数的计数体制。同样，$(63.A)_{16}$ 可以写成 $(63.A)_{16} = 6 \times 16^1 + 3 \times 16^0 + A \times 16^{-1}$。

不同的数码不仅可以表示数量的不同大小，还可以表示不同的事物。用若干数码、文字、符号表示特定对象的过程称为编码（编码的方法也叫码制）。

用二进制数码表示 1 位十进制数的 0 ~ 9 的十个状态的编码称为 BCD 码，可查看常见的几种 BCD 码见表 1—2。

表 1—2　常见的几种 BCD 码

编码数码	8421 码	2421 码	余 3 码
0	0000	0000	0011
1	0001	0001	0100
2	0010	0010	0101
3	0011	0011	0110
4	0100	0100	0111
5	0101	1011	1000
6	0110	1100	1001
7	0111	1101	1010
8	1000	1110	1011
9	1001	1111	1100
权	8421	2421	

二、基本逻辑运算

当两个二进制数码用于表示数量的大小时，它们之间可进行数值运算，这种运算称为算术运算。二进制算术运算和十进制算术运算的规则基本相同，唯一的区别在于二进制算术运算是逢二进一。

在数字电路中，1 位二进制数码不仅可以表示数量的大小，还可以表示两种不同的逻辑状态。当两个二进制数码用于表示不同的逻辑状态时，它们之间可以按照指定的某种因果关系进行运算，称为逻辑运算，这便是逻辑代数研究的问题。

逻辑运算与算术运算之间有本质的区别。逻辑代数中的变量为逻辑量，用字母表示，每个变量的取值只有 0 和 1 两种（这里的 0 和 1 已不再是数量的大小，只代表两种不同的逻辑状态），叫作逻辑 0 和逻辑 1。

规定：用逻辑 1 表示高电平（或有电流、开关接通及灯亮）；而用逻辑 0 表示低电平

（或无电流、开关断开及灯灭）。这种规定称为正逻辑。

若规定用逻辑 0 表示开关接通，逻辑 1 表示开关断开；用逻辑 0 表示高电平，逻辑 1 表示低电平；灯泡亮用逻辑 0 表示，灯泡不亮用逻辑 1 表示等。这种规定称为负逻辑。

若不加声明，这里所讨论的逻辑函数关系均指正逻辑。

逻辑代数的基本运算有与、或、非三种。下面进行具体讨论：

1. 或运算

当决定事件发生的所有条件中任一个（或几个）条件成立时，这件事件就会发生，这种因果关系称为或运算，又可称为逻辑加，用“+”号表示。

或运算的代数式为：

$$Y = A + B$$

式中，“+”为运算符号。Y 表示事件，A 和 B 表示事件发生的两个条件。

将逻辑变量 A 和 B 的取值和相应的逻辑函数值用表格表示就得到表 1—3 的或逻辑真值表（条件成立用逻辑 1 表示，条件不成立用逻辑 0 表示；事件发生用逻辑 1 表示，否则用逻辑 0 表示）。

表 1—3　或逻辑真值表

A	B	Y
0	0	0
0	1	1
1	0	1
1	1	1

图 1—33 所示的电路中，由开关 A 和 B 并联连接所组成的电路就是一个能实现或运算的电路。

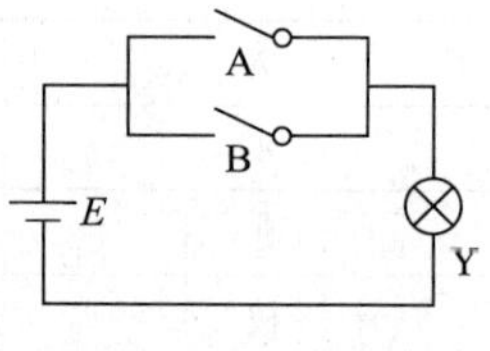

图 1—33　或逻辑电路

2. 与运算

只有当决定事件发生的所有条件都成立时，这件事件才会发生，这种因果关系称为与运算（与逻辑、逻辑乘），用“·”号表示。

与运算的代数式为：

$$Y = A \cdot B$$

式中，“·”为运算符号，该“·”号也可以省略不写。

将逻辑变量 A 和 B 的取值和相应的逻辑函数值用表格表示就得到表 1—4 的与逻辑真值表（条件成立用逻辑 1 表示，条件不成立用逻辑 0 表示；事件发生用逻辑 1 表示，否则用逻辑 0 表示）。

表 1—4　与逻辑真值表

A	B	Y
0	0	0
0	1	0
1	0	0
1	1	1

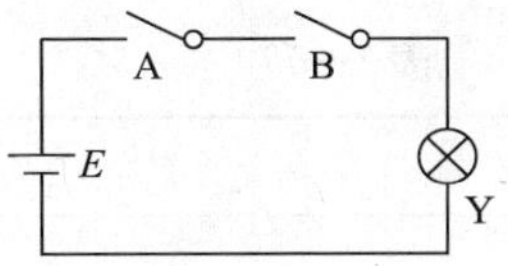

图 1—34　与逻辑电路

图 1—34 所示的电路中，由开关 A 和 B 串联连接所组成的电路就是一个能实现与运算的电路。

3. 非运算

当决定事件发生的条件成立时，这件事件肯定不会发生。这种因果关系称为非运算（非逻辑、逻辑非、逻辑反），用“¯”号表示。

若用正逻辑表示，非运算的代数式可写为：

$$Y = \overline{A}$$

式中，“¯”为运算符号。

将逻辑变量 A 的取值和相应的逻辑函数值用表格表示就得到表 1—5 的非运算真值表（条件成立用逻辑 1 表示，条件不成立用逻辑 0 表示；事件发生用逻辑 1 表示，否则用逻辑 0 表示）。

表 1—5　　非逻辑真值表

A	Y
0	1
1	0

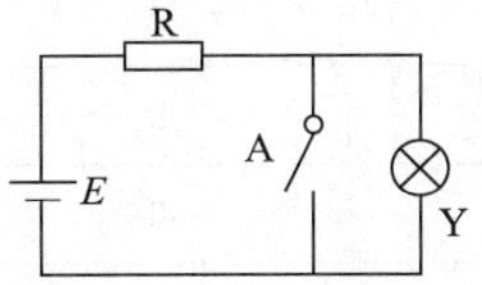

图 1—35　非逻辑电路

图 1—35 所示的电路中，当开关 A 闭合时，灯亮这件事件就不会发生；反之，开关 A 断开时，灯就会亮。这是一个能实现非运算的电路。

三、导出逻辑运算

在逻辑代数中，除了或、与、非三种基本逻辑运算外，其他的逻辑运算均称为导出逻辑运算。导出逻辑运算又称复合逻辑运算。

常用的导出逻辑运算有：

1. 与非运算

与运算和非运算的组合称为与非逻辑运算，简称与非运算。其真值表见表 1—6，它的表达式为：$Y = \overline{AB}$。

表 1—6　　与非运算真值表

A	B	Y
0	0	1
0	1	1
1	0	1
1	1	0

2. 或非运算

或运算和非运算的组合称为或非逻辑运算，简称或非运算。其真值表见表 1—7，它的表达式为：$Y = \overline{A + B}$。

表 1—7　　或非运算真值表

A	B	Y
0	0	1
0	1	0
1	0	0
1	1	0

3. 异或逻辑运算（简称异逻辑）

异或逻辑运算是只有两个输入变量的函数。只有当两个输入变量 A、B 的取值不相同时，输出才为 1，否则为 0。这种逻辑关系称为异或逻辑运算，简称异逻辑。其真值表见表 1—8，它的表达式为：

$$Y = A\overline{B} + \overline{A}B = A \oplus B$$

式中，符号⊕为缩写符号。

表 1—8　　异或逻辑运算真值表

A	B	Y
0	0	0
0	1	1
1	0	1
1	1	0

第四节　电工安全

一、触电危险

1. 电流对人体的作用

由于不慎触及带电体，产生触电事故，将使人体受到各种不同的伤害。根据伤害性质的不同，可分为电击和电伤两种。

电击是指电流通过人体，使内部器官组织受到损伤。如果受害者不能迅速摆脱带电体，则最后会造成死亡事故。

电伤是指在电弧作用下或熔丝熔断时，对人体外部的伤害，如烧伤、金属溅伤等。

电击所引起的伤害程度与下列三个因素有关。

（1）人体电阻的大小。人体的电阻越大，通入的电流越小，伤害程度也就越轻。当皮肤有完好的角质外层并且很干燥时，人体电阻为 $10^4 \sim 10^5\ \Omega$。当角质外层被破坏时，则电阻降到 800 ~ 1 000 Ω。

（2）电流通过时间的长短。电流通过人体的时间越长，则伤害越严重。

（3）电流的大小。如果通过人体的电流在 0. 05 A 以上时，就有生命危险。一般来说，接触 36 V 以下的电压时，通过人体的电流不致超过 0. 05 A，故把 36 V 的电压规定为安全电压。如果在潮湿的场所，安全电压还要规定得低一些，通常为 24 V 和 12 V。

此外，电击后的伤害程度还与电流通过人体的路径以及带电体接触的面积和压力等因素有关。

2. 触电方式

人体触电方式主要有以下两种：

（1）接触正常带电体

1）电源中性点接地的单相触电，如图 1—36 所示。这时人体处于相电压之下，危险性较大。如果人体与地面的绝缘较好，危险性可以大大减小。

2）电源中性点不接地的单相触电，如图 1—37 所示。这种触电也有危险。初看起来，似乎电源中性点不接地时，不能构成电流通过人体的回路。但要考虑到导线与地面间的绝缘可能不良（对地绝缘电阻为 R′），甚至有一相接地，在这种情况下人体就有电流通过。在交流的情况下，导线与地面间存在的电容也可构成电流的通路。

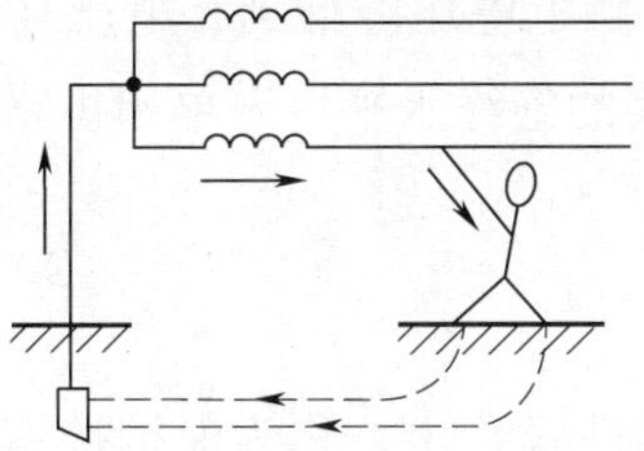

图 1—36　电源中性点接地的单相触电

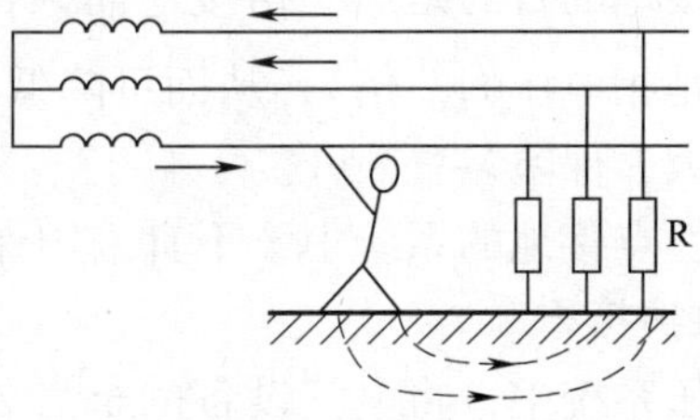

图 1—37　电源中性点不接地的单相触电

3）两相触电最危险，因为人体处于线电压之下，但这种情况不常见。

（2）接触正常不带电的金属体。触电的另一种情形是接触正常不带电的部分。例如，电动机的外壳本来是不带电的，由于绕组绝缘损坏而与外壳相接触，也使它带电。手触及带电的电动机（或其他电气设备）外壳，相当于单相触电。

大多数触电事故属于这一种。

为了防止这种触电事故，对电气设备常采用保护接地和保护接零（接中性线）的保护装置。

二、接地防护

为了人身安全和电力系统工作的需要，要求电气设备采取接地措施。将与电力系统的中性点或电气设备金属外壳连接的金属导体埋入地下，并直接与大地接触，称为接地。

按接地目的的不同，可分为保护接地、工作接地和保护接零三种。

1. 保护接地

在中性点不接地的低压系统中，将电气设备不带电的金属外壳接地，称为保护接地，如图 1—38 所示。

人体接触不带电金属而触电时，因存在保护接地，人体电阻与接地电阻并联，通常人体电阻远大于接地电阻，所以通过人体的电流很小，不会有危险。

若没有实施保护接地，当人体触及外壳时，人体电阻与绝缘电阻串联，故障点流入地的电流大小决定于这一串联电路。当绝缘下降时，其绝缘电阻减小，就有触电的危险。

2. 工作接地

出于运行及安全的需要，常将电力系统的中性点接地，这种接地方式称为工作接地，如图 1—39 所示。

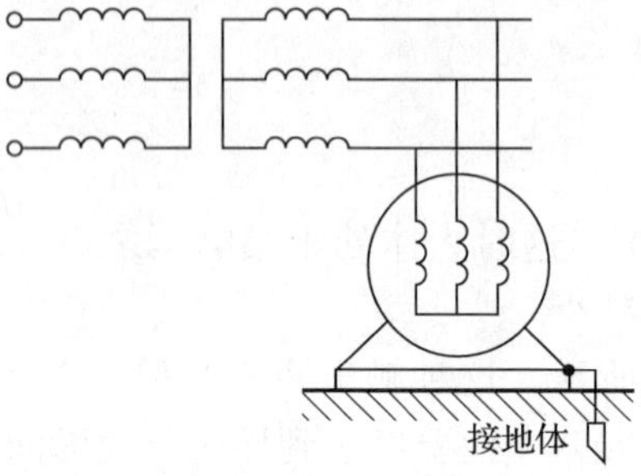

图 1—38 保护接地

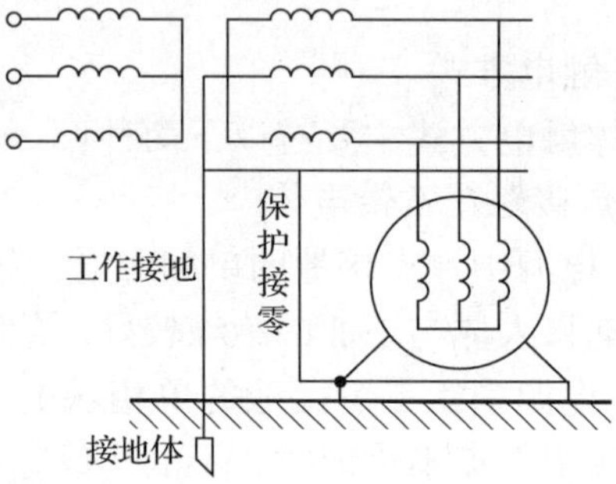

图 1—39 工作接地

工作接地的目的是当一相接地而人体接触另一相时，触电电压降低到相电压（不接地的系统中是相电压的$\sqrt{3}$倍），从而可降低电气设备和输电线的绝缘水平。当单相短路时，接地电流较大，保险装置断开。

在中性点接地的系统中，不宜采用保护接地。

3. 保护接零

在低压系统中，将电气设备的金属外壳接到零线（中性线）上，称为保护接零，如图 1—40 所示。

当正常不带电的电气设备金属外壳带电时，将形成单相短路将熔丝熔断，因而外壳不带电。即熔丝熔断前人体触及外壳，流过人体的电流很微弱（因为人体电阻远大于线路电阻）。

此外，在工作接地系统中还常常同时采用保护接零与重复接地（将零线相隔一定距离多处进行接地）。

在三相四线制系统中，为了确保设备外壳对地电压为零而专设一根保护零线。工作零线在进入建筑物入口处要接地，进户后再另专设一根保护零线。这样三相四线制就成了三相五线制。

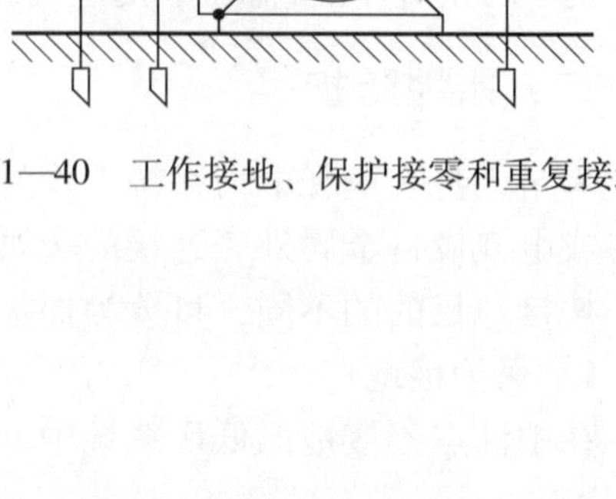

图 1—40 工作接地、保护接零和重复接地

三、维修电工基本安全知识

1. 维修电工人身安全知识

（1）在进行电气设备安装和维修操作时，必须严格遵守各种安全操作规程和规定，不

得玩忽职守。

（2）操作时要严格遵守停电操作的规定，要切实做好防止突然送电时的各种安全措施，如：挂上“有人工作，不许合闸”的警示牌，锁上刀开关或取下总电源熔断器的熔体，不准约定时间送电等。

（3）在操作邻近带电部分时，要保证有可靠的安全距离。

（4）操作前应仔细检查工具的绝缘性能，绝缘鞋、绝缘手套等安全用具的绝缘性能是否良好，有问题的应立即更换，并应定期进行检查。

（5）登高工具必须安全可靠，未经登高训练的，不准进行登高作业。

（6）如发现有人触电，要立即采取正确的抢救措施。

2. 设备运行安全知识

（1）对于已出现故障的电气设备、装置及线路，不应继续使用，以免事故扩大，必须及时进行检修。

（2）必须严格按照设备操作规程进行操作，接通电源时必须先合上隔离开关，再合上负荷开关；断开电源时，应先切断负荷开关，再切断隔离开关。

（3）当需要切断故障区域电源时，要尽量缩小停电范围。有分路开关的，要尽量切断故障区域的分路开关，尽量避免越级切断电源。

（4）电气设备一般都不能受潮，要有防止雨雪、水汽侵袭的措施。电气设备在运行时会发热，因此必须保持良好的通风条件，有的还要有防火措施。有裸露带电的设备，特别是高压电气设备，要有防止小动物进入的措施，以免造成短路事故。

（5）所有电气设备的金属外壳，都应有可靠的接地措施。凡有可能被雷击的电气设备，都要安装防雷设施。

3. 防止触电应做到以下几点

（1）不得随便乱动或私自修理车间内的电气设备。

（2）经常接触和使用的配电箱、配电板、刀开关、按钮、插座、插销以及导线等，必须保持完好，不得有破损或将带电部分裸露出来。

（3）不得用铜丝等代替熔丝，并保持刀开关、磁力开关等盖面完整，以防短路时发生电弧或熔丝熔断伤人。

（4）经常检查电气设备的保护接地、接零装置，保证连接牢固。

（5）在使用手电钻、电砂轮等手持电动工具时，必须安装漏电保护器，工具外壳进行防护性接地或接零，并要防止移动工具时导线被拉断。操作时应戴好绝缘手套并站在绝缘板上。

（6）在移动电风扇、照明灯、电焊机等电气设备时，必须先切断电源，并保护好导线，以免磨损或拉断。

（7）在雷雨天，不要走近高压电杆、铁塔、避雷针的接地导线周围 20 m 之内。当遇到高压线跌落时，周围 10 m 之内，禁止人员入内；若已经站在 10 m 范围之内，应单足或并足跳出危险区。

（8）对设备进行维修时，一定要先切断电源，并在明显处放置“有人工作，不许合闸”的警示牌。

第五节　AFC 专业安全要点

城市轨道交通 AFC 系统的安全直接影响到运营，AFC 系统的设备操作和检修人员必须熟悉自动售检票设备的安全关键点：设备操作安全、设备检修及防护安全和收益安全注意事项。

一、设备操作安全、设备检修及防护安全

1. 设备操作安全

（1）操作 AFC 系统设备，首先输入个人的登录号和系统密码后，才能对设备进行操作。

（2）严格按 AFC 系统设备操作手册内容进行设备操作，AFC 系统设备监测有非法操作时，AFC 系统将进行详细的记录，同时发出警报。

（3）未经允许，任何人不得对 AFC 系统设置降级模式和紧急模式。

（4）检修测试，必须在运营结束后才能进行。

（5）保管好个人登录号和密码，不能盗用他人的 AFC 系统个人登录号和密码在 AFC 系统中使用，注意定期更换个人密码。

（6）操作中应轻拉轻推导轨承重模块，防止支架导轨脱落发生危险。

（7）操作、取出设备部件（如钱箱等）时，要轻拿轻放，防止碰撞、摔落造成部件损坏。

2. 设备检修及防护安全

（1）AFC 系统设备维护检修时，必须做好现场设备作业防护工作，作业范围内安放防护设施，作业完成后必须清理好作业现场，确认恢复设备正常运营。

（2）拆卸/安装 AFC 系统设备内部机械部件时，要按部件的拆卸/安装步骤进行，对于拆卸/安装设备内部空间狭窄的部件时，必须戴手套，做好相应的劳动保护。

（3）使用吸尘器对设备内部进行除尘清洁工作时，需戴口罩等劳保用品。

（4）AFC 系统设备内部进行清洁、润滑、检查或维修前，应先断开设备电源、不间断电源（UPS）和后备电源（ 蓄电池电源），禁止按试电按钮来关闭漏电保护开关和用脚接通/断开电源开关。

（5）在检修导轨承重模块时，应先将模块从支架上拉出并确认固定扣已扣牢固，检修完毕应及时将模块推回原位，谨防夹伤、撞伤。

（6）更换电路板时要做好静电防护措施，严禁带电插拔电路板和连接线。

（7）使用液态清洁剂清洁 AFC 系统设备内部时，避免将清洁剂滴到电源线或电路板上而发生短路现象。

（8）检修过程应注意正确使用工器具，避免由于操作不当造成工器具损坏。

二、收益安全注意事项

1. 涉及票务和收益的关键地方，例如，票务钥匙使用、设备内取出现金或有价车票等，

必须遵从双人确认制度。

2. 任何人未经批准，不准删除 AFC 设备上的文件和数据，以及随便修改 AFC 设备上的设置。

3. 严禁私配 AFC 系统设备钥匙及相关票务钥匙。

4. 严禁私拿钱和车票，涉及乘客票务问题时必须按票务规定进行处理，并做好相应记录。

5. 任何人都有权制止损害票务收益的行为。

思考题：

1. 二极管、三极管、放大器这类基本电路元件有哪些特点？
2. 频率特性有哪些？
3. 接地的种类及其防护措施有哪些？
4. 自动售检票设备的安全关键点有哪些？
5. 收益安全注意事项有哪些？

第二章

计算机、网络、机械基础知识

城市轨道交通自动售检票系统的发展与计算机、网络技术的发展息息相关。当今城市轨道交通 AFC 系统的主要特点体现在普遍采用了以电子计算机处理技术为核心的各种自动化设备，本章主要介绍计算机及网络应用的基本知识和操作方法。

第一节　计算机组成

一、计算机硬件

计算机硬件通常分成五个功能模块：即运算器、控制器、存储器、输入设备及输出设备。

根据其外观特征及功能的不同，主要分为主机和外围设备两大部分，如图 2—1 所示。主机包括 CPU（中央处理器）、主存储器、接口电路和总线电路。主存储器包括 ROM 和 RAM 两种。连接主机和外围设备的电路称为“I/O 接口电路”，也称为“输入输出接口电路”。在多个部件间传输数据，或在计算机之间提供信息传送的公共信息通道称为“系统总线”，计算机系统内各部件之间的地址、数据及控制信号都是通过它传递的。外围设备包括输入设备、输出设备、外存储器等。

中央处理器（CPU）：是计算机的运算和控制中心，主要技术指标有：主频、倍频、外频、内存总线速度、工作电压、L1 缓存等。散热风扇是 CPU 的重要配件，普通 CPU 表面温度一般在 40 ~ 60℃，内部高达 80℃以上，如果经常发生莫名其妙的问题，如自动重启、死机、蓝屏错误等，若排除软件问题，一般就是 CPU 过热造成的。

主板（MainBoard）：是系统中最重要最基本的部件，包括：控制芯片组、总线、内存插槽、扩充插槽和接口。

内存：包括 ROM（只读存储器）和 RAM（随机存储器），主要技术指标包括：容量、速度、带宽、延迟时间、存取时间。总延迟时间是反映内存速度最直接的指标。

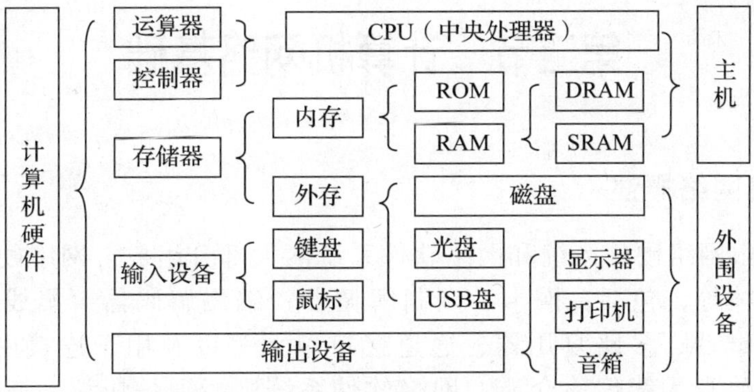

图 2—1　计算机组成结构

硬盘：是最重要的外部存储器，也是最容易损坏的部件之一。主要技术指标包括：数据传输率（Data Transfer Rate）、接口技术、硬盘容量、硬盘转速。

电源：直接影响计算机的工作稳定性和使用寿命。主要技术指标包括：功率、噪声和滤波、瞬间反应能力、过压保护、电源寿命等指标。

二、计算机软件

软件系统是为了方便用户操作使用计算机和充分发挥计算机效率，以及为解决各类具体应用问题的各种程序的总称。

1. 软件系统简介

软件系统分为系统软件和应用软件两大类。

（1）系统软件。为提高计算机效率和方便用户使用计算机而设计的各种软件，又可分为操作系统、支撑软件、编译系统和数据库管理系统等。

（2）应用软件。为了解决各种各样的实际问题而制作的软件，如文字编辑软件、设备操作软件等。

2. 计算机操作系统用户界面

用户一般是用应用软件解决计算机中的问题，然而，在很多情况下，也需要利用操作系统。为了满足这种需要，操作系统也向用户提供了一个操作界面，即常说的操作系统用户界面。这种界面可分为以下两种：

（1）文字界面。最具代表性的微型机操作系统文字界面，是 DOS 操作系统的文字界面和 UNIX 文字操作界面。

（2）图形界面。最具代表性的图形界面即常见的 Windows 界面，其发展经历了 Windows 3.1、Windows 95、Windows 98、Windows NT、Windows 2000、Windows XP 阶段。Windows NT 是第一个完备的 32 位网络操作系统，主要面向服务器和工作站，是一个多用户的操作系统。Windows 2000 也是用 Windows NT 的核心技术，增添了一些新的硬件支持功能，分为 Professional 和 Server 两种版本，分别用于个人机和服务器。

第二节　计算机网络基础

一、计算机网络概述

计算机网络由网络硬件系统和网络软件系统两大部分组成。网络硬件系统指各类网络设备、传输媒体等，包括：网卡、调制解调器、编码解码器、集线器、交换机、路由器、网关、中继器、多路复用器、通道接口单元等以及用于连接网络设备的传输，包括有线传输介质和无线传输介质。网络软件系统则指通信协议、通信软件、网络操作系统等，包括：网络操作系统、协议软件、设备驱动程序、网络管理软件和网络应用软件等。

计算机网络按覆盖范围分类可分为局域网（LAN，Local Area Network）、广域网（WAN，Wide Area Network）和城域网（MAN，Metropolitan Area Network）；按工作原理分类可分为电路交换网、报文交换网、分组（包）交换网；按拓扑结构分类可分为星形网络、总线形网络、环形网络和网状形网络。

二、网络的通用概念

计算机网络的通用概念，主要有：

客户机：即网络中请求其他计算机上的资源或服务的计算机。在有些情况下，它也可以充当服务器或表示客户机工作站的使用者。

服务器：网络上管理共享资源的计算机。通常，服务器比客户机拥有更强的处理能力、更多内存和硬盘空间。

网卡（NIC）：是使工作站连接到网络，并与网络中其他计算机相互通信的设备。

传输介质：即为真正承载数据流动的介质。例如电缆或电话线，也包括无线介质，如无线电波。

集线器：是一个多端口的中继器。它有一个端口与主干网相连，并有多个端口连接一组工作站。在以太网中，集线器通常支持星形或混合形拓扑结构。

交换机：是把一个网络从逻辑上划分成几个较小的段。不同于 OSI 模型第一层的集线器，交换机属于 OSI 模型的数据链路层（第二层），并且它还能够解析出 MAC 地址信息。交换机可以把每一个共享信道分成几个信道。

网络操作系统（NOS）：运行在服务器上，并能使服务器管理数据、用户、用户组、安全、应用程序以及其他网络功能。如：Windows NT、NetWare，以及 UNIX 系统。

网络节点：即网络单元，是网络系统中各种数据处理设备、数据通信控制设备和数据终端设备的统称。网络节点分为转节点和访问节点两类。

拓扑结构：指的是计算机网络的物理布局。通常，网络组织结构有环形、总线或星形；有时为以上三种的混合模型。图 2—2 所示为常见的网络拓扑结构。

图 2—2 常见的网络拓扑结构

协议：是一组规则的集合，是进行交互的双方必须遵守的约定。

数据包：是从网络上某台计算机传送到另一台计算机的分散的数据单元。数据包也称数据报、协议数据单元（PDU）、帧或信元。

编址：是给网络中每台工作站和设备分配唯一标识数字的方案。网络中每台计算机都应该有一个唯一的地址。

三、OSI 模型

OSI 模型将网络结构划分为七层：即物理层、数据链路层、网络层、传输层、会话层、表示层和应用层。每一层均有自己的一套功能集，并与紧邻的上层和下层交互作用。在顶层，应用层与用户使用的软件（如字处理程序或电子表格程序）进行交互。在底层是携带信号的网络电缆和连接器。总的说来，在顶层与底层之间的每一层均能确保数据以一种可读、无错、排序正确的格式被发送。

物理层：是 OSI 模型的最底层或第一层，建立在传输介质的基础上，是系统和传输介质的物理接口，包含物理网络介质，如电缆连接器。物理层的主要任务是实现通信双方的物理连接，以比特流（bits）的形式传送数据信息，并向数据链路层提供透明的传输服务。

数据链路层：控制网络层与物理层之间的通信，它的主要功能是将从网络层接收到的数据分割成特定的可被物理层传输的帧。

网络层：其主要功能是将网络地址翻译成对应的物理地址，并决定如何将数据从发送方路由到接收方。

传输层：主要负责确保数据可靠、顺序、无错地从 A 点传输到 B 点（A、B 点可能在也可能不在相同的网络段上）。

会话层：负责在网络中的两节点之间建立和维持通信。“会话”是指在两个实体之间建立数据交换的连接，常用于表示终端与主机之间的通信。

表示层：如同应用程序和网络之间的翻译官。在表示层，数据将按照网络能理解的方案进行格式化，这种格式化也因所使用网络的类型不同而不同。

应用层：OSI 模型的顶端也即第七层，负责对软件提供接口以使程序能使用网络服务。

四、IEEE 网络规范

IEEE 网络规范，不仅应用于帧类型，还用于连接、网络介质、错误校验算法、加密、融合技术等。表 2—1 描述了 IEEE 802 标准。

表 2—1 IEEE 802 标准

标准	名称	解 释
802.1	网间互联	包括路由、网桥、网间互联通信
802.2	逻辑链路控制	关于数据帧的错误控制及流控制
802.3	Ethernet 局域网	包括 Ethernet 介质和接口所有形式
802.4	TokenBus 局域网	包括 TokenBus 介质和接口所有形式
802.5	TokenRing 局域网	包括 TokenRing 介质和接口所有形式
802.6	MAN（城域网）	包括 MAN 技术、编址和服务
802.7	宽带技术咨询组织	包括宽带网络介质、接口和其他设备
802.8	光纤技术咨询组织	包括光纤介质使用以及不同网络类型技术的使用
802.9	声音/数据集成网络	包括声音和数据通过单一的网络介质传输的集成
802.10	网络安全性	包括网络访问控制、加密、验证或其他安全主题
802.11	无线网络	对于多种广播频率及技术的无线网络标准
802.12	高速网络	包括 100BASEVG—AnyLAN 在内的各种 100Mbps 技术

为允许多个网络节点共享接入（与简单的点对点通信相对），IEEE 将 OSI 模型的数据链路层分割为两个子层：即 LLC（逻辑链路控制子层）和 MAC（介质访问控制）子层。位于数据链路层上部的子层 LLC 提供了一个通用接口，并支持可靠性和流控制服务。下部子层 MAC 通常将目标计算机的物理地址添加到数据帧上。IEEE 关于 Ethernet 和 TokenRing 技术的规范应用于数据链路层的 MAC 子层。

五、网络的协议

对于 OSI 模型各层的任务，实际上是由网络协议执行的。在网络中“协议”用于指示一组联合作用的单个协议。一组中的各个协议均被安排了不同的任务，例如数据翻译、数据处理、错误校验以及编址，这些协议对应于 OSI 模型的不同层。其中有四种主要的联网协议组：TCP/IP、IPX/SPX、NetBIOS 和 AppleTalk。TCP/IP 是目前使用最广泛的协议，其次是 IPX/SPX、NetBIOS 和 NetBEUI，最后是 AppleTalk。TCP/IP 最大的优势之一是其可路由性，即它可以携带被路由器解释的网络编址信息。TCP/IP 还具有灵活性，可在多个网络操作系统或网络介质的联合系统中运行。这里主要介绍 TCP/IP、IPX/SPX。

1. TCP/IP 协议

（1）TCP/IP 协议结构。对应于 OSI 模型的七层结构，TCP/IP 协议组可被大致分为四层。表 2—2 是 TCP/IP 与 OSI 模型的比较。

表 2—2　　　　　　　　　　TCP/IP 与 OSI 模型的比较

<table>
<tr><th>OSI 层</th><th>TCP/IP 协议</th></tr>
<tr><td>应用层</td><td rowspan="2">应用层</td></tr>
<tr><td>表示层</td></tr>
<tr><td>会话层</td><td rowspan="2">传输层</td></tr>
<tr><td>传输层</td></tr>
<tr><td>网络层</td><td>互联网层</td></tr>
<tr><td>数据链路层</td><td rowspan="2">网络接口层</td></tr>
<tr><td>物理层</td></tr>
</table>

应用层：大致对应于 OSI 模型的应用层和表示层，借助于协议，如 WinsockAPI、FTP（文件传输协议）、TFTP（普通文件传输协议）、HTTP（超文本传输协议），SMTP（简单邮件传输协议）以及 DHCP（动态主机配置协议），应用程序通过该层利用网络。

传输层：大致对应于 OSI 模型的会话层和传输层，包括 TCP（传输控制协议）以及 UDP（用户数据报协议），这些协议负责提供流控制、错误校验和排序服务。所有的服务请求都使用这些协议。

互联网层：对应于 OSI 模型的网络层，包括 IP（网际协议）、ICMP（网际控制报文协议）、IGMP（网际组报文协议）以及 ARP（地址解析协议）。这些协议处理信息的路由以及主机地址解析。

网络接口层：大致对应于 OSI 模型的数据链路层和物理层。该层处理数据的格式化以及将数据传输到网络电缆。

（2）TCP/IP 协议编址。网络中的每个节点必须有一个唯一的称之为地址的标识号。网络可以识别两类地址：逻辑地址和物理（MAC）地址。MAC 地址被嵌入一个设备的网络接口卡中，因而是不可变的。逻辑地址是依赖于协议标准所制定的规则。在 TCP/IP 协议群中，IP 协议是负责逻辑编址的核心。因此，在 TCP/IP 网络中，地址常被称为“IP 地址”，IP 地址依据特定的参数进行分配和使用。

每个 IP 地址是一个唯一的 32 位数，被分割成 4 组 Octet，或 8 位字节，每组用句号分开。一个合法的 IP 地址如 168.23.13.100。一个 IP 地址包含两类信息：网络和主机。第一个 Octet 标识网络类。存在三种类型的网络：A 类、B 类、C 类。表 2—3 总结了 TCP/IP 网络通用的三种类型。

表 2—3　　　　　　　　　　常用的 TCP/IP 网络类型

网络类型	开始的 8 位字节	网络数目	每个网络中的主机数
A	1—126	126	16 777 214
B	128—191	>16 000	65 534
C	192—223	>2 000 000	254

网络中的每个主机必须有一个唯一的标识号。假如增加一台主机到一个网络中，它的IP地址已被子网中的另一台主机使用，则在新的客户机上将产生一个错误消息，它的TCP/IP服务也将无效，既存的主机可能也接收到一条错误消息，但它仍然能够继续正常工作。

2. IPX/SPX 协议

IPX/SPX（网级包交换/序列包交换）最初是由Xerox开发的一种协议，在20世纪80年代由Novell进行修改并应用于它的NetWare网络操作系统。IPX/SPX需要确保运行NetWare版本3.2及更低版本的局域网间可以互操作，并能用于运行NetWare操作系统更高版本的局域网上。其他的网络操作系统，如Windows NT和工作站操作系统如Windows 95，能使用IPX/SPX协议与Novell NetWare系统进行网际互联。在Windows NT网络操作系统中，IPX/SPX被称为NWLink。

六、网络介质

当需要决定使用哪一种传输介质时，必须将联网需求与介质特性进行匹配。通常说来，选择数据传输介质时必须考虑5种特性：吞吐量和带宽、成本、尺寸和可扩展性、连接器以及抗噪性。主要网络电缆有：同轴电缆、双绞线（TP）电缆、光缆。

第三节　计算机及网络设备维护

一、系统备份与维护

1. 使用系统自带的维护工具

定期扫描磁盘与优化磁盘。扫描磁盘和整理磁盘碎片是最基本、最常用的磁盘维护操作。

清理磁盘中无用的文件。除了删除安装的各种无用的文件外，还可以使用Windows自带的磁盘清理程序，能够快速有效地清除硬盘各个路径下的无用文件。

2. 使用专门硬盘备份工具 Norton Ghost

Ghost是Symantec公司出品的一款用于备份/恢复系统的软件。Norton Ghost不仅有硬盘复制功能，还附带有硬盘分区、硬盘备份、系统安装、网络安装、升级系统等功能。除了在硬盘间进行数据的备份和恢复外，2002以上版本还支持其他介质，如SCSI磁带机、便携式设备（JAZ、ZIP、MO等）、光盘刻录机（CD－R、CD－RW）等。

二、计算机故障检测的原则

计算机产生故障的原因是多方面的，故障表现的形式也各式各样。许多故障的反应或表现的现象相同，而产生故障的部件可能较多。如显示器黑屏的故障，有可能是显示器坏、也可能是主机内的显示卡或内存条坏，甚至是因病毒所致。因此，一旦出现故障，首先应根据故障现象分析可能产生的原因，判定其性质和故障可能发生的范围，排除故障时应遵循先外后内，先软后硬，先断电后加电的原则逐一检查排除，不要急于盲目拆卸硬件，特别是对有关电源故障的处理，未仔细判断造成硬件损坏的原因之前不要随意接通电源。在计算机故障的检测中一般应该遵循以下原则：

1. 先静后动

维修之前应保持冷静，考虑好维修方案再动手。比如一个明显的软件故障，就不用把计算机拆开维修。

2. 由表及里

故障检测时先从表面现象（如是否有机械磨损，接插件是否接触良好，有无松动等）开始，然后是外部部件（开关、引线、插头、插座等），最后再检查内部部件。在内部检查时，也要按照由表及里的原则，即直观地先检查有无灰尘影响、烧坏器件，以及插接器件的连接情况。

3. 先电源后负载

计算机系统的电源故障影响最大，是比较常见的故障。检查时应该先从供电系统开始，再到稳压电源。检查电压的过压、欠压、干扰、不稳定、接触、熔丝等。若各部分电源电压都正常，再检查计算机系统本身，这时也应该先从计算机系统的直流稳压电源查起，检查各直流输出电压是否正常。确诊供电正常后再检查以后的负载部分，即计算机系统的各部件和外设。

4. 先外围设备再主机

在故障检测时，要先确定是主机问题还是外设问题，或者先脱离计算机系统的所有外设，除 CPU、主板和显卡外，只保留显示器、键盘、硬盘或一个软驱，再进行检查确定。若为外设故障则应该先排除外设故障，再检查主机故障。

5. 先公共性故障再局部故障

计算机系统的某些部件故障影响面大，涉及范围广，如 BIOS 不正常则使其他部件都不能正常工作，所以应该予以首先排除，然后再排除局部性故障。

6. 先主要后次要

计算机系统不能正常工作，其故障往往有主要故障和次要故障，如系统硬盘不能引导和打印机不能打印，在这里，很显然硬盘不能正常工作是主要故障。一般影响计算机基本运行的故障属于主要故障，应该首先解决。

三、计算机故障检测的基本方法

1. 直接检查法

直接检查法是指直接用感观的方法来查看部件的外部状态，比如是否有异味，查找异味所在的元件；用手触摸 CPU、芯片组和硬盘温度，以判断温度是否过高。

开机时看主机系统操作的状况，由开机的基本状态来判断主机系统的故障，从主机外围设备逐渐向主机内部的扩展卡、主板、内存、CPU 等逐个进行检查，其检查的步骤如下：

（1）开机，先听主机喇叭是否有声音，有声音而无屏幕显示一般是外围设备的问题，如显卡、显示器、内存、扩展卡等。开机后无声无图像一般属于主板上的问题。

（2）查看显示器的电源指示灯是否亮以及指示灯的颜色，亮度是否被调至最小，显示器的信号线与主机的显卡接头是否脱落或接触不良，接头内部信号针头是否弯曲或折断。

（3）电源风扇是否转动，电源插头是否插好或无电源。

（4）主板的扩展卡是否插好，看有无接触不良或故障。只要是插在扩展槽上，扩展卡就是主板电路的一部分。

（5）主板上内存条在插槽中是否插好或有故障。

（6）主板上有插座的芯片是否接触不良，重新拔插。

（7）查看手册或对比现有主板与外围设备、跳线等设置是否正确。

（8）更换可活动的部件，测试现有的主板、扩展卡或外围设备，观察其运行状态，看是否有故障或接触不良，或者主板与外围设备接口特性是否匹配。

（9）主板背面的电路与机箱是否短路。拆下主板并置于绝缘机箱上，在不同的环境下开机重试。

2. 拔插法

主机系统产生故障的原因很多，主板自身故障或I/O总线上的各种插卡故障均可导致系统运行不正常。拔插法是确定故障在主板或I/O设备的简洁方法。即关机将插件板逐块拔出，每拔出一块插件板都开机观察机器运行状态，一旦拔出某块插件板后，主板运行正常，那么故障原因就是该插件板故障或相应I/O总线插槽及负载电路故障。若拔出所有插件板后系统启动仍不正常，则故障很可能就在主板上。

另外拔插法还可以确定由芯片、板卡与插槽接触不良造成的故障。

3. 替换法

当故障的疑点集中到某个芯片、插件板或设备时，可以使用同型号、总线方式一致的插件互换，根据故障现象的变化情况判断故障所在。此法多用于易拔插的维修环境，例如内存自检出错，可交换相同的内存芯片或内存条来判断故障部位。无故障芯片之间进行交换，故障现象依旧，若交换后故障现象变化，则说明交换的芯片中有一块是坏的，可进一步通过逐块交换而确定故障的具体部位。

4. 软件诊断法

利用诊断程序、专用维修诊断卡来辅助硬件维修也是行之有效的方法。用软件发送数据、命令，通过读线路状态及某个芯片（如寄存器）状态来识别故障部位。此法往往用于检查各种接口电路故障及具有地址参数的各种电路。但此法应用的前提是：CPU及其总线运行正常、能够运行有关诊断软件、能够运行安装于I/O总线插槽上的诊断卡等。

5. 最小系统法

最小系统法是指保留系统能运行的最小环境，然后逐一加入其他设备，用以查找故障部件。在逐步扩大系统配置的过程中，若发现在加入某一设备后系统出现不正常状况，则说明该设备有问题。

6. 降温法

目前的计算机芯片由于其集成度很高，发热量也很大，在温度过高的情况下，可能会工作不正常，也可能导致插件板受热变形接触不良。这种故障表现在有时计算机工作较长时间或环境温度升高后会出现故障，重新开机后又能正常工作，但一段时间后又出现故障。具体方法是在开机一段时间后，在一些发热量较大的芯片上（如显卡芯片、内存芯片）擦一点无水酒精，观察效果。

7. 仪器检查

用仪器如万用表、示波器、逻辑笔、测试卡等来测试主板和扩展卡的硬件故障。

（1）利用万用表检查。一般用万用表来测量市电电压是否正常、主板的电路是否短路和断路、电源是否短路、各种信号线是否断路和短路，电容内部是否短路等。

（2）利用示波器检查。示波器是测试主板的主要仪器，因为示波器除了能测试静态的信号外，还能测试瞬间的动态信号，而且可立即判断整个主机系统的基本状态是否正常。20～100 MHz 的示波器均可使用。有关常见故障的处理流程，如图 2—3 所示。

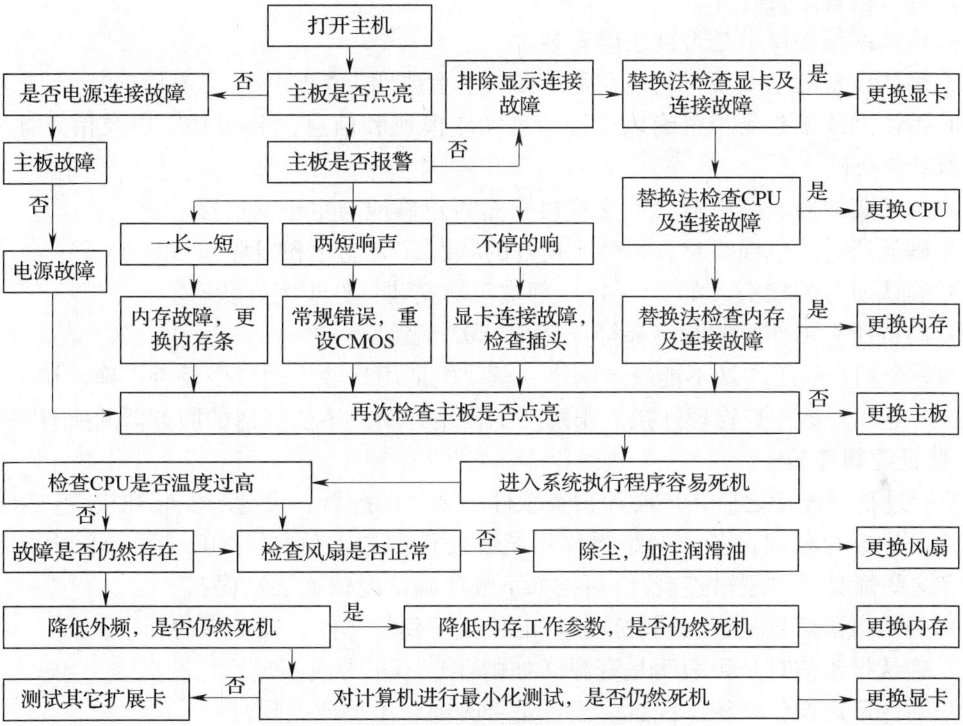

图 2—3 常见故障的处理流程

四、网络故障的检测

1. 简单的网络设备故障处理流程

（1）认清症状。

（2）验证用户权限。例如，确保用户正确输入口令。

（3）限定问题的范围。它是全局性的问题或是只发生在网络上某一区域的问题，是某一特定的工作组还是某一特定的时间段。换句话说，这问题是属于地区性的、工作组性的还是与时间相关的。

（4）重现故障，并且要保证能够可靠地重新产生这个错误。

（5）验证网络物理连接（如网络连线、网卡的插槽、供电电源）的完整性。从受到影响的节点开始，向主干网延伸。

（6）验证网络的软件连接问题（如地址、协议绑定、软件安装等）。

（7）考虑最近的网络变更和可能因此导致的网络问题。

2. 验证物理连接

物理连接包括：从服务器或工作站到数据接口的电缆线，从数据接口到信息插座模块，从信息插座模块到信息插头模块，从信息插头模块到集线器或交换机的各条连接。它可能包括设备的正确物理安装（如网卡、集线器、路由器、服务器和交换机）。

以下是物理连接故障的检查确认顺序：

（1）确认设备是否打开。

（2）确认网络接口卡是否被正确安装。

（3）确认设备的电缆线正确连在网络接口卡上或墙上的插座上（不松动）。

（4）确认网线接头是否正确地连接信息插座模块和信息插头模块，以及信息插头模块和集线器或交换机。

（5）确认集线器、路由器（或交换机）是否正确地与主干网连接。

（6）确认所有的电缆线是否都处于良好的状态（无老化和损坏）。

（7）确认所有的接头（如 RJ－45）都被正确安装且处于完好状态。

（8）确认所有工作组的距离都符合 IEEE 802 规范。

例如一个用户的工作站不能登录网络，就要验证用户输入的口令是否正确，从工作站的网卡和接头电缆开始检查物理连接。跟踪从工作站到用户不能到达的服务器的所有路径。

3. 验证逻辑连接

当检验过物理连接之后，还必须检查软件、硬件的配置、设置、安装和权限。依靠症状的类型，需要查看联网设备、网络操作系统、硬件配置。例如，NIC（网卡）中断类型设置。所有这些都属于“逻辑连接”。可按如下顺序确认逻辑连接错误：

（1）确认报错信息是否表明发现损坏的或找不到的文件、设备驱动程序。

（2）确认报错信息是否表明是资源（如内存）不正常或不足。

（3）确认最近操作系统、配置、设备是否改动、添加或删除过。

（4）确认故障只出现在一个设备上还是多个相似的设备上。

（5）确认故障是否经常出现。

（6）确认故障只影响一台工作站还是一个工作组。

4. 常见错误类型

（1）本地冲突（Local Collisions）。冲突发生在当两个或更多的工作站同时传输的时候，网络上特别高的冲突率经常来自网线或路由问题。

（2）超时冲突（Late Collisions）。冲突发生在它们能够被检测到的时间之外，超时冲突经常由以下两种原因造成。

1）正在工作的已损坏的工作站（如网卡）在没有检测线路状态的情况下发送数据。

2）没有遵循配置指导上的电缆线长度限制，所以导致冲突被发现得太晚。

（3）碎包（Runts）。包比介质允许的最小包还小，例如，把小于 64 字节的以太网包认为是碎包。

（4）巨包（Giants）。包比介质允许的最大值还大，例如，以太网中大于 1518 字节的包被认为是巨包。

（5）CRC 校验出错（Negative frame sequence checks）。因为通过接收到的数据运算得到的检验值与发送端产生的校验值不符而产生的错误。它经常表明在局域网连接或网线上的噪声或传输问题。大量的 CRC 校验错经常是由过量的冲突和工作站传输坏的数据包造成的。

（6）假帧（Ghosts）。并不是真实的数据帧，而是源于线路上中继器的电压波动造成的。和真正的数据帧不同，假帧没有开始的标志。

第四节　机械原理一般基础知识

一、机械制图

1. 图样的概念

准确地表达物体的形状、尺寸和技术要求的图，称为图样。

2. 机械制图的概念

在机械工程中使用的图样称为机械图样。机械制图是以机械图样作为研究对象的，即研究如何运用正投影基本原理，绘制和阅读机械工程图样的课程。

3. 图样的作用

（1）是工厂组织生产、制造零件和装配机器的依据。

（2）是表达设计者设计意图的重要手段。

（3）是工程技术人员交流技术思想的重要工具，被誉为“工程界技术语言”。

4. 图样的形成

（1）立体图。表示物体的大致形状可以用立体图。立体图是从一个方向、用一个图形来表达物体的形状。如图 2—4a 所示，只能看见长方体的前面、上面和左面，后面、下面和右面无法看清；而且长方体是由六个矩形面构成的，但矩形都变形为平行四边形。

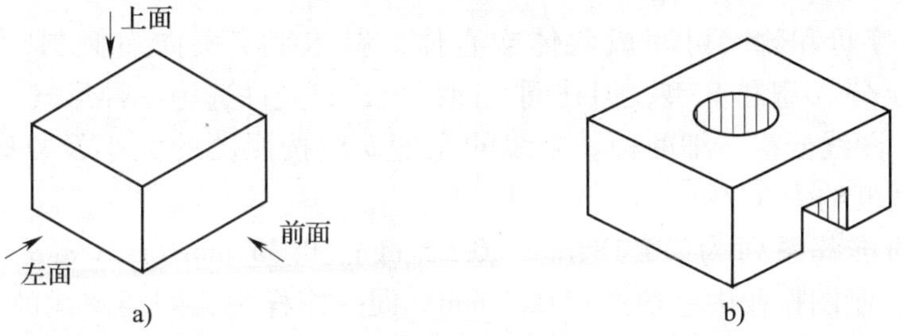

图 2—4　立体图

a）长方体　b）长方体中打圆孔

如果对此长方体做进一步加工，则会发现：圆孔打得多深，方槽是否前后贯通，在立体图中表达不清楚，而圆形也变形为椭圆形。

综上所述，立体图的缺点有：

1）发生变形。

2）物体内部和后面等看不见部分的结构表达不清楚。

3）没有尺寸和技术要求。

可见，立体图不能反映出物体的真实形状，所以，不能直接应用在生产上。

但是，立体图也有独特的优点：立体感强。因此，可以作为生产图样的辅助性说明。

生产中广泛采用的图样是用正投影法绘制的。

（2）正投影法。具体定义后面章节介绍。简单地说，在物体后面放一张图纸，眼睛正对着图纸看物体，把看到的物体形状在图纸上反映出来。这里把平行的视线当作投影线，把图纸看作投影面，画在纸上的图形就是物体的投影，称为视图，这就是正投影法的形象说明。

一般从三个方向对物体投影得到三个图形，称为三视图。长方体的三视图如图 2—5 所示。

立体图产生变形的地方，视图能正确地表达出来；立体图表达不清楚的地方，视图能完全表达清楚，这样就能完全反映物体的真实形状，如果再注上尺寸、技术要求，就构成一张完整的图样。

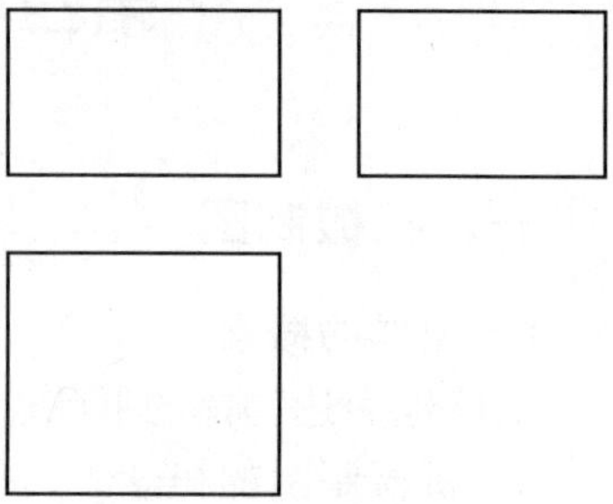

图 2—5　长方体的三视图

5. 国家标准关于制图的一般规定

（1）比例。图样中机件要素的线性尺寸与实际机件相应要素的线性尺寸之比。

1）比例规范化，不可随意确定，按照表 2—4 选取。

2）画图时应尽量采用 1∶1 的比例（即原值比例）画图，以便直接从图样中看出机件的真实大小。

3）图样无论放大或缩小，图样上标注的尺寸均为机件的实际大小，而与采用的比例无关。

4）绘制同一机件的各个视图应采用相同的比例，并在标题栏的比例栏中填写。

（2）字体。图样中的汉字应采用长仿宋体，长仿宋体汉字书写的特点是：横平竖直、起落有锋、粗细一致、结构匀称。

在图样中，字母和数字可写成斜体或直体，斜体字字头向右倾斜，与水平基准线成 75°。字母和数字分 A 型和 B 型，但在同一图样上，只允许选用一种形式。

（3）图线。图线分粗、细两种。粗线的宽度 b 应按照图的大小及复杂程度，在 0.5 ~ 2 mm，细线的宽度约为 $b/2$。

图线宽度的推荐系列为：0.18 mm、0.25 mm、0.35 mm、0.5 mm、0.7 mm、1 mm、1.4 mm、2 mm。制图作业中一般选择 0.7 mm。同一图样中，同类图线的宽度应基本一致。图线的画法参照表 2—5。

1）粗实线——应用于可见轮廓线、表示剖切面起讫的剖切符号。

2）细实线——应用于尺寸线、尺寸界线、剖面线、指引线、重合断面轮廓线。

3）细虚线——应用于不可见轮廓线。应用图例如图 2—6 所示。

①虚线的每个线段长度和间隔应大致相等。

②当虚线成为实线的延长线时，在虚、实线的连接处，虚线应留出空隙。

③虚线与其他图线相交时，都应在线段处相交，不应在空隙处相交。

4）细点画线——应用于轴线、对称中心线。应用图例如图 2—7 所示。

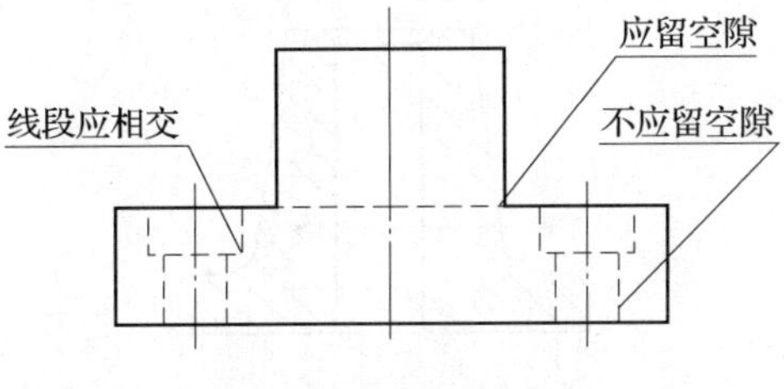

图 2—6　虚线应用图例

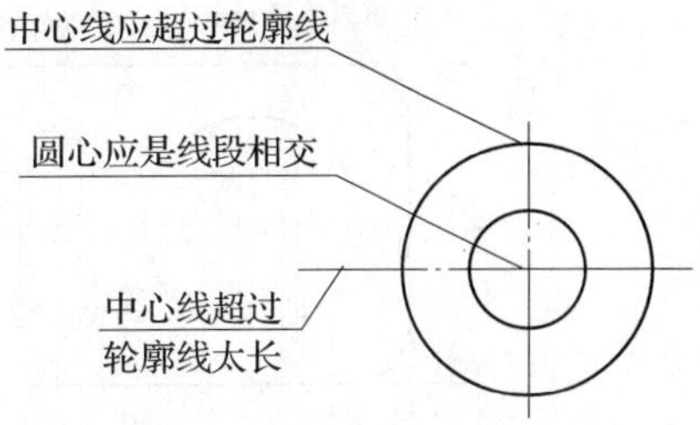

图 2—7　细点画线应用图例

①细点画线的每个线段长度和间隔应大致相等。

②细点画线和双点画线中的“点”应画成约 1 mm 的短划，细点画线的首尾两端应是线段而不是短划。

③细点画线，应超出轮廓线 2 ~ 5 mm。

④细点画线与其他图线相交时，都应在线段处相交，不应在短画处相交。

⑤在绘制圆形时，必须做出两条互相垂直的细点画线，作为圆的对称中心线，线段的交点应为圆心。

⑥在较小的圆形上绘制细点画线有困难时，可用细实线代替。

5）波浪线——应用于断裂处边界线、视图和剖视图的分界线。

6）双折线——应用于断裂处边界线。

7）粗虚线——应用于允许表面处理的表示线。

8）粗点画线——应用于有特殊要求的线或表面的表示线。

9）细双点画线——应用于相邻辅助零件轮廓线、极限轮廓线、假想投影轮廓线。

6. 制图的基本规则

（1）机件的真实大小应以图样上所注的尺寸数值为依据，与图形的大小及绘图的准确度无关。

（2）图样中（包括技术要求和其他说明）的尺寸一般以毫米为单位，以毫米为单位时不注计量单位的代号或名称；如采用其他单位，则必须注明相应的计量单位的代号或名称。

（3）图样中所标注的尺寸，为该图样所表示机件的最后完工尺寸，否则应另加说明。

（4）机件的每一尺寸，一般只标注一次，并应标注在反映该结构最清晰的图形上。为了便于图样的绘制、使用和保管，图样均应画在规定幅面和格内。

7. 标注尺寸的基本规定

完整的尺寸标注包含下列四个要素：尺寸界限、尺寸线、尺寸数字和终端（箭头）。

（1）尺寸界线。表示所注尺寸的起始和终止位置，用细实线绘制。

它由图形的轮廓线、轴线或对称中心线处引出。也可利用轮廓线、轴线或对称中心线本身做尺寸界线。

尺寸界线一般应与尺寸线垂直，必要时允许与尺寸线成适当的角度；尺寸界线超出尺寸线 2 mm 左右，如图 2—8 所示。

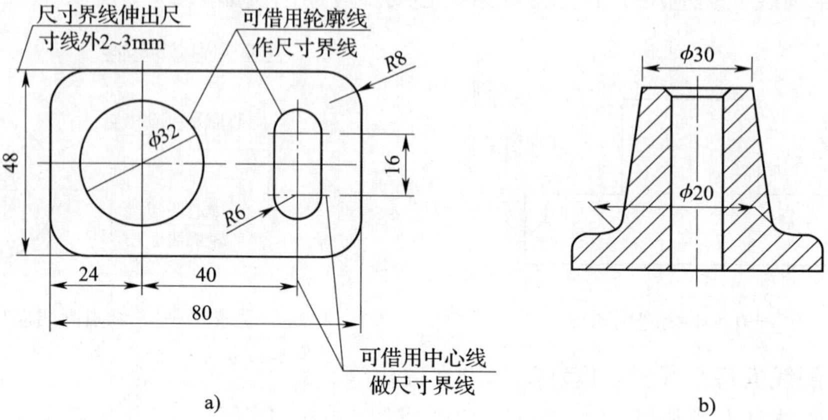

图 2—8　尺寸界线示例

（2）尺寸线。表示所注尺寸的范围，用细实线绘制。

尺寸线不能用其他图线代替，不得与其他图线重合或画在其延长线上，并尽量避免尺寸线之间及尺寸线与尺寸界线相交。

标注线性尺寸时，尺寸线必须与所标注的线段平行，相互平行的尺寸线小尺寸在内，大尺寸在外，依次排列整齐。各尺寸线的间距要均匀，间隔应大于 5 mm，以便注写尺寸数字和有关符号。如图 2—9 所示。

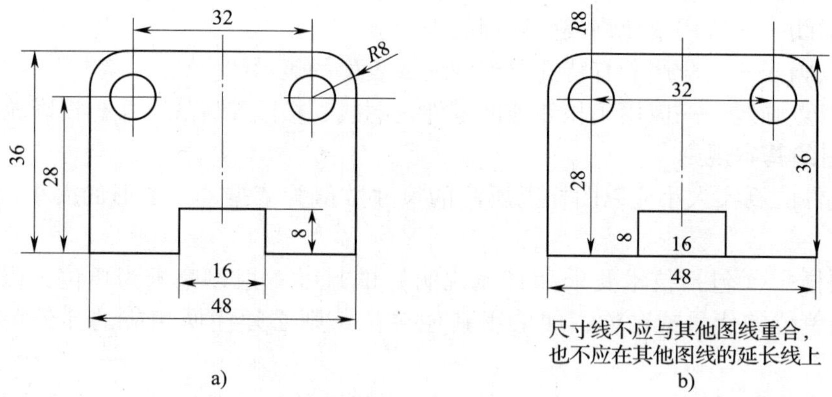

图 2—9　尺寸线示例

a）正确　b）错误

（3）尺寸线终端。尺寸线终端有两种形式：箭头和细斜线。机械图样一般用箭头形式，箭头尖端与尺寸界线接触，不得超出也不得离开，如图 2—10 所示。

当尺寸线太短，没有足够的位置画箭头时，允许将箭头画在尺寸线外边；标注连续的小尺寸时可用圆点代替箭头，如图 2—10 所示。

图 2—10 尺寸线箭头示例

a）用箭头表示 b）用圆点代替箭头

（4）尺寸数字。尺寸数字表示所注尺寸的数值。

1）线性尺寸的数字一般应写在尺寸线的上方、左方或尺寸线的中断处，位置不够时，也可以引出标注。

2）尺寸数字不能被任何图线通过，否则必须将该图线断开。

3）在同一张图样上基本尺寸的字高要一致，一般采用 3.5 号字，不能根据数值的大小而改变。

8. 常用尺寸的标注方法

（1）线性尺寸的标注。线性尺寸的数字应按图 2—11a 所示的方向填写，图示 30°范围内，应按图 2—11b 形式标注。尺寸数字一般应写在尺寸线的上方，当尺寸线为垂直方向时，应注写在尺寸线的左方，也允许注写在尺寸线的中断处，如图 2—11c 所示。狭小部位的尺寸数字按图 2—11d 所示方式标注。

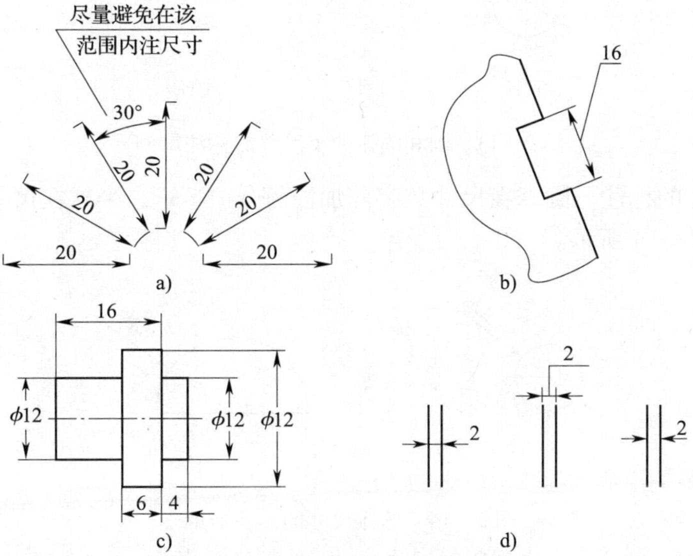

图 2—11 线性尺寸标注示例

a）线性尺寸的数字标注方向 b）图示 30°范围内

c）垂直方向尺寸线标注方向 d）狭小部位尺寸线标注方式

（2）角度尺寸的标注。角度的尺寸界线应沿径向引出，尺寸线是以角的顶点为圆心画出的圆弧线。角度的数字应水平书写，一般注写在尺寸线的中断处，必要时也可写在尺寸线的上方或外侧。角度较小时也可以用指引线引出标注。角度尺寸必须注出单位，如图 2—12 所示。

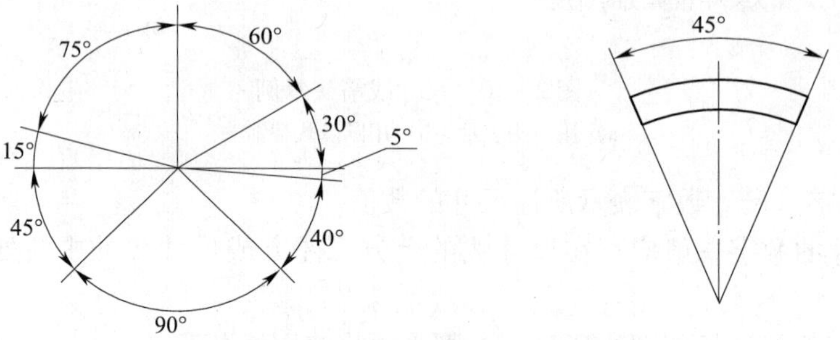

图 2—12　角度尺寸标注示例

（3）圆和圆弧尺寸的标注。标注圆和圆弧的尺寸时，一般可将轮廓线作为尺寸界线，尺寸线或其延长线要通过圆心。大于半圆的圆弧标注直径，在尺寸数字前加注符号“ϕ”，小于和等于半圆的圆弧标注半径，在尺寸数字前加注符号“*R*”。没有足够的空位时，尺寸数字也可写在尺寸界线的外侧或引出标注。圆和圆弧的小尺寸的标注如图 2—13 所示。

直径　　半径

图 2—13　圆和圆弧的小尺寸的标注示例

（4）球体尺寸的标注。圆球在尺寸数字前加注符号“*S*ϕ”，半球在尺寸数字前加注符号“*SR*”。标注如图 2—14 所示。

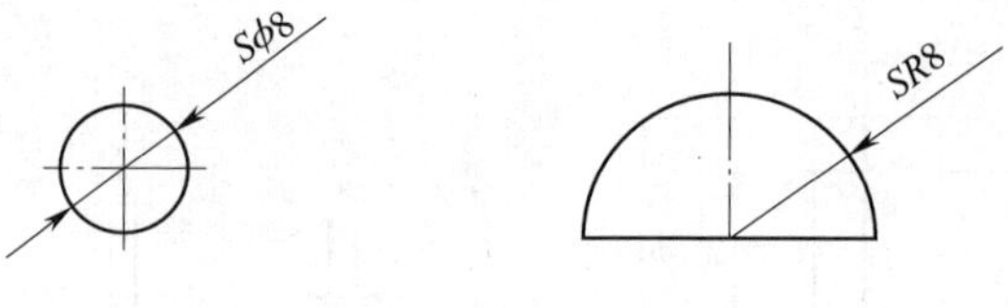

a)　　b)

图 2—14　球体尺寸的标注示例

a）球直径标注方式　b）球半径标注方式

思考题：

1. 计算机硬件功能模块有哪些？

2. 主板包括哪些设备？

3. 硬盘的主要技术指标包括哪些?
4. 计算机网络硬件设备和网络软件设备分别包括什么?
5. 计算机网络按覆盖范围、工作原理和按拓扑结构是如何分类的?
6. 名词解释:客户机、服务器、网络节点、协议、数据包。
7. 简述计算机网络系统与分布式计算机系统的主要区别。
8. 简述 OSI 模型七层协议功能。
9. 简述 TCP/IP 协议。
10. 简述计算机故障检测的原则。
11. 什么是直接检查法?简述其步骤。
12. 画图时应尽量采用几比几的比例画图?

第三章

通用维修工具及仪器、仪表的使用

第一节　常用维修工具

一、螺钉旋具

螺钉旋具又称螺丝刀、螺丝批、起子、改锥等，用来紧固和拆卸各种紧固力较小的螺钉。螺钉旋具由刀柄和刀体组成，刀口形状有“一”字、“十”字、内六角、六角套筒旋具等。根据刀体长度和刀口大小，每种类型都有不同的型号。电气维护所用的螺钉旋具刀体部分用绝缘管套住。

使用时，首先根据螺钉头部槽的形状和大小，选择合适的旋具，否则会损坏旋具或螺钉槽。然后用拇指、食指和中指夹住刀柄，手掌顶着刀柄末端，最后把刀口放入螺钉头部槽内，使用合适的压力旋紧或旋松螺钉。

使用螺钉旋具用力时不能对着别人或自己，以防脱落伤人。除了允许敲击的场合外，一般螺钉旋具不允许用锤子等工具敲击。不允许将螺钉旋具代替凿子或撬棍使用。

二、扳手

扳手是用于旋紧或拧松有角螺钉或螺母的工具。常用的扳手有活动扳手、呆扳手、梅花扳手、两用扳手、套管扳手、内六角扳手、棘轮扳手、扭力扳手和专用扳手等。使用时，手握手柄，手越靠后，扳动起来越省力。不允许将扳手当作撬棍或锤子使用。

三、钳子

钳子按功能和形状可分为克丝钳、尖嘴钳、扁嘴钳、鹰嘴钳、剥线钳、斜口钳、压线钳等。

克丝钳具有较强夹和剪切的功能，常用来夹持器件、剪切金属线、弯绞金属线、紧固和拧松螺钉等。

尖嘴钳的头部尖细，适合在狭小空间操作，可以用来夹持小的器件、剪切细小金属线、修整导线形状、紧固和拧松小螺钉。

扁嘴钳的头部扁平，有带齿和不带齿两种，适合用来夹持和修整器件，不带齿的不会在器件上留下夹压的痕迹。

鹰嘴钳的头部尖细且弯曲，适合用来夹持小的器件。

斜口钳的头部有锋刃，用来剪切金属线。

剥线钳用于剥除截面积在 6 mm^2 以下导线的绝缘层，使用时将导线放在稍大于芯线直径的切口上，以免损伤芯线。

压线钳用来压接各类接头，有机械式和油压式两种。根据压接接头和压接线径的不同，使用不同的压线钳。常用的有网线接头压线钳。

不同的钳子有不同功能，切不可混用。不允许用锤子等工具敲击或当锤子敲击。

四、锤子

锤子是一种敲击工具，为了适应各种不同的工作要求，它们有各种类型、规格和形状。分为羊角锤、圆头锤、钳工锤、泥工锤、除锈锤、安装锤等，不同类型的锤子适用于不同的工作要求，错误地使用不仅会导致打击面破碎，还可能导致眼睛和其他部位受到严重的伤害。

锤子使用时都应注意：

1. 锤子敲击时，敲击面应与工件保持平行。

2. 选用合适大小和质量的锤子来进行工作，不要用平头锤来钉东西，也不要撬东西。

3. 如锤柄松动或损坏，在修复前禁止再使用。

4. 如果锤头出现伤痕、裂纹等情况，请立即更换，不可再使用。

5. 不可将锤子通过焊接等处理后再使用。

五、烙铁

烙铁是锡焊和塑料烫焊的常用工具。烙铁分为电烙铁和燃气烙铁两种。电烙铁分为内热式、外热式和快热式（感应式）三种。

1. 焊接步骤

（1）打磨。把需要焊接的焊接面打磨干净，把粘在焊接面上的碎屑清理掉。

（2）预热。将烙铁头成45°角顶住焊盘和元件脚，预先给元件脚和焊盘加热 1 ~2 s。

（3）上锡。将锡线从元件脚和烙铁接触面处引入，观察锡线熔化情况，当锡熔化后散满整个焊盘时，再拿开。锡线不可直接靠在烙铁头上，防止将助焊剂烧黑。

（4）拿开烙铁。当焊锡只有轻微烟雾冒出时，即可拿开烙铁，待焊点凝固，再拿开烙铁。

2. 电烙铁使用注意事项

（1）要根据焊接内容选择合适的烙铁。

（2）电烙铁通电后不能任意敲击、拆卸及安装其电热部分零件，拆卸烙铁头时，要关掉电源。

（3）电烙铁应保持干燥，不宜在潮湿或淋雨环境中使用。

（4）关闭电源后，利用余热在烙铁头上上一层锡，以保护烙铁头。

（5）当烙铁头上有黑色氧化层时，可用砂布擦去，然后通电，并立即上锡。

（6）焊接过程时间不宜过长，否则容易损坏元件或接线。

3. 焊接工艺问题

（1）焊接时锡线形成锡球，使其不能散布整个焊盘。原因是烙铁温度过低（有可能功率不够）、烙铁头太小或焊盘未打磨干净。

（2）拿开烙铁时形成锡尖。原因是烙铁头温度过低或过高，助焊剂没起作用或焊接时间太长。

（3）锡表面不光滑，起皱。原因是烙铁头温度过高，焊接时间过长。

（4）松香散布面积大。原因是烙铁头拿得太平。

（5）形成锡珠。原因是锡线直接从烙铁头上加入、加锡过多、烙铁头氧化。

（6）电路板离层。原因是烙铁头温度过高且焊接时间过长，烙铁头碰在电路板上。

（7）松香变黑色。原因是温度过高。

六、游标卡尺

1. 用途

游标卡尺是常用的高精度长度测量工具，可以用它测量零件的内径、外径、长度、深度等。

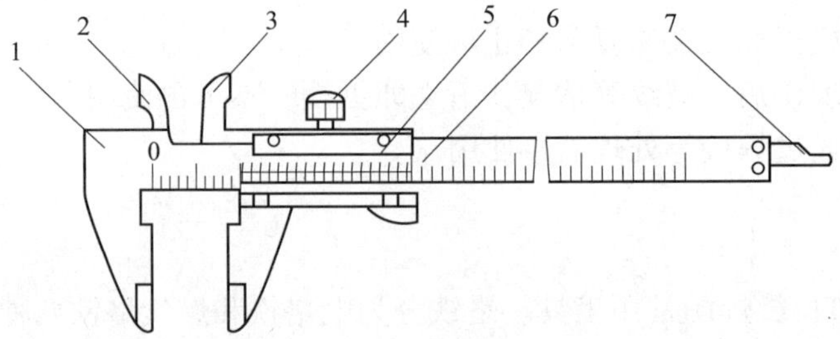

图 3—1　游标卡尺结构示意图

1—尺身　2—量爪　3—游标量爪　4—游框紧固螺钉　5—游框　6—游标　7—测深直尺

2. 使用方法

（1）测量外尺寸时，应先把量爪张开得比被测尺寸稍大，再把固定测量爪与被测表面靠上，然后慢慢推动游框，使活动游标量爪轻轻地接触被测表面，并稍微活动一下游标量爪，以便找出最小尺寸部位，然后读数。

（2）测量内尺寸（内径）时，先将主尺上方量爪与孔壁接触好，再轻轻摇动和拉动游标，找出最大内径位置，并使之与孔壁接触好后读数。

（3）测量深度时，卡尺尾端端面与被测件的测量基准面贴合，向下推动测深直尺，使之轻轻接触被测底面，然后读数。测深直尺不能倾斜，否则影响测量精度。

（4）读数方法

1）先读出左边离游标卡尺零刻度最近的主尺刻度上的读数，即为毫米整数。

2）再看游标卡尺上右方哪条刻度线与主尺刻度线重合，读出该刻度线在游标上代表的数值，即为毫米后小数值。

3）将整数和小数值相加，即为被测尺寸值。

3．使用注意事项

（1）使用前应将卡尺擦拭干净，合拢卡尺量爪，调零。

（2）测量时与零件接触不要过松或过紧。

（3）如果读数不便时，可先用紧固螺钉将游框固定，再取下卡尺进行读数。

（4）测量时，手动推或拉时不宜用力过猛过大，否则会使游框摆动，影响测量精度。

（5）测量时，合理选用量爪形式和方法，被测量长度与卡尺的量爪不得歪斜，否则会影响测量精度。

（6）应在光线足够的情况下读数，并使卡尺处于水平位置，两眼的视线与卡尺的刻度线表面垂直，以减少读数误差。

（7）定期送计量部门检测，以保证其精确度。

（8）游标卡尺属于精密工具，使用时要小心轻放，不用时要平放回包装盒，以免变形影响测量精度。

第二节　常用仪器和仪表

一、万用表

1．用途

万用表是信号设备维护中最常用的仪表，它可以测量电路中的电压、电流，导体的电阻值，有些还可以测量频率、电容值、电感值、三极管的放大倍数β值、温度等。根据这些测试数值，可以方便判断电路特性、故障位置和元件质量。

万用表可以分为机械式万用表和数字式万用表两种。

（1）机械式万用表。机械式万用表又称指针万用表，是一种平均值式仪表，它具有直观、形象的读数指示，读数值与指针摆动角度密切相关，所以很直观。机械式万用表由于多采用分立元件构成分流分压电路，其频率特性相对好些。

常用的机械式万用表有 MF—14 型万用表等。

（2）数字式万用表。数字式万用表是瞬时取样式仪表，它采用0.3 s取一次样来显示测量结果，有时每次取样结果只是十分相近，并不完全相同，这对于读取结果就不如机械式万用表方便。数字式万用表由于内部采用了运放电路，内阻可以做得很大，往往为1 MΩ或更大（即可以得到更高的灵敏度），这使得对被测电路的影响可以更小，测量精度较高。

数字式万用表功能较多，可以测量温度、频率等；有些数字万用表还有内置 CPU，且具有统计功能，可以统计最大值、平均值、最小值等，甚至可以与计算机连接，可以长时间监督测量值，甚至作为简单的示波器使用。

常用的数字万用表有 Fluke87Ⅲ型万用表等。

2. 使用方法

（1）机械式万用表使用方法

1）根据测量内容把红、黑表笔分别插在正确的插孔内。

2）调零。静止状态下，指针应指在表面刻度的“0”位，若发生偏移，可调整零位校正螺钉使其复位；当使用欧姆挡时必须将表笔短路，调整欧姆调零旋钮，使指针指在 0 Ω处，若无法调零，必须马上更换万用表电池。

3）旋转中间的旋钮选择正确量程，测量电压或电流时，无法估计量程，应置于最高挡位，然后根据情况逐渐调整。

4）使表笔正确接入电路或元件中，避免接反表笔或接入时与其他无关接点接触。

5）应在光线足够的情况下读数，在读取测量值时，视线应与万用表表面垂直，使指针处于静止状态，读取所指刻度，有些万用表表面装有反光镜，测量时以指针与镜面中发射影重合的角度读数，否则，会因视差而影响精度。

（2）数字式万用表使用方法

1）根据测量内容把红、黑表笔分别插在正确的插孔内。

2）打开电压开关。

3）旋转中间的旋钮选择正确量程，测量电压或电流时，无法估计量程，应置于最高挡位，然后根据情况逐渐调整。部分数字式万用表具有自动量程功能，使用更加方便。

4）使表笔正确接入电路或元件中，接入时应避免与其他无关接点接触，防止损害电器或万用表。

5）在读取测量值时，应稍等片刻，使读数趋于稳定后再读取。

6）注意事项：当出现电池电量不足的提示时，必须马上更换，否则会出现测量结果不准确。

（3）使用万用表测量二极管

1）使用机械式万用表测量，一般用 R×100 或 R×1 k 欧姆挡（注意：因 R×1 k 挡的电流太大，而 R×10 k 挡的电压太高，都容易损坏管子）；使用数字式万用表选择 ⊣◁ 挡。

2）用表笔分别正反向测量二极管的两端，测得电阻较大时为反向电阻（数字式万用表可能高位显示“1”），此时若使用的是机械式万用表，黑表笔接的是二极管的负极，红表笔接的是正极；若使用的是数字式万用表，结果相反。

3）一般二极管的正反向电阻值相差越大越好，若相差不大，则表明二极管的性能不好，若测出的正反向电阻都极大（数字式万用表可能高位显示“1”），则表明二极管内部已断路；若测出的正反向电阻都极小，则表明二极管内部已短路。

3. 万用表保养方法

（1）万用表是精密仪器，使用时要小心轻放，注意避免雨淋和防潮，避免长期暴露在高温环境下。

（2）使用前一定要选择合适的量程，不要试图超量程测量。

（3）不要试图用万用表测量带电电路的电阻值或测量电源的内阻值。

（4）万用表使用后，机械表要把量程选择为高电压挡，数字表要关闭电源开关。长期不用的万用表需取出电池。

（5）万用表需要定期送计量部门检测，以保证其精确度。

二、示波器

1. 用途

示波器能观察被测电路的电压、电流波形，测量电压、电流、功率值、频率、调幅指数、相位差等各种电参量。如图3—2所示，示波器可以划分为两类：模拟示波器和数字示波器。其中数字示波器除了有模拟示波器的各种测量功能外，还有测量数据的存储、导出、即时打印、比较等功能。

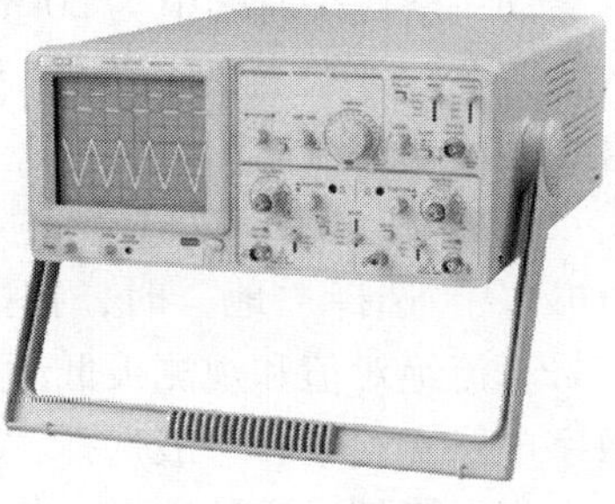

图3—2　示波器

2. 使用方法

（1）示波器显示调节。模拟示波器有亮度调节旋钮和聚焦调节旋钮。亮度调节旋钮用于调节光迹的亮度，使用时应使亮度适当，过亮，容易损坏示波管。聚焦调节旋钮用于调节光迹的聚焦（粗细）程度，使用时以图形清晰为佳。模拟示波器还有一个特点：在信号出现越多的地方，轨迹越亮。通过亮度级，仅观察轨迹的亮度就能区别信号的细节。

数字示波器可以调整亮度和显示的对比度。

（2）信号输入通道。常用示波器多为双踪示波器，有两个输入通道，分别为通道1（CH1）和通道2（CH2），可分别接示波器探头，再将示波器外壳接地，探头插至待测部位进行测量。

（3）通道选择键（垂直方式选择）。常用示波器有五个通道选择键：

1）CH1：通道1单独显示。

2）CH2：通道2单独显示。

3）ALT：两通道交替显示。

4）CHOP：两通道断续显示，用于扫描速度较慢时双踪显示。

5）ADD：两通道的信号叠加。维修中常用单独1个通道显示或2个通道同时显示。

（4）垂直偏转因数选择和微调。垂直灵敏度调节旋钮（或按钮）调节垂直偏转灵敏度，应根据输入信号的幅度调节旋钮的位置，示波器中每个通道各有一个垂直偏转因数来选择波段开关。波段开关指示的值代表屏幕上垂直方向一格的电压值。有些数字示波器使用的是按钮，每格的电压值会在屏幕上显示。将该旋钮指示的数值（如1 V/DIV，表示垂直方向每格幅度为1 V）乘以被测信号在屏幕垂直方向所占的格数，即得出该被测信号的幅度。例如：波段开关置于0.2 V/DIV挡时，如果屏幕上两个信号点之间垂直方向上偏差2格，则代表两信号点之间电压差为0.4 V。

（5）垂直移动调节旋钮。旋转示波器前面板上的垂直位移旋钮（标有垂直双向箭头）可上下移动整个信号波形在屏幕上的位置。

（6）水平扫描调节旋钮。调节水平速度，应根据输入信号的频率调节旋钮的位置，时基选择和微调的使用方法与垂直偏转因数选择和微调类似。时基选择也可通过一个波段开关（或按钮）实现。波段开关的指示值代表光点在水平方向移动一个格的时间值（如果是使用按钮，时间值会在屏幕上）。

将该旋钮指示数值（如 1 ms/DIV，表示水平方向每格时间为 1 ms）乘以被测信号一个周期占有格数，即得出该信号的周期，也可以换算成频率。例如在 20 ms/DIV 挡，光点在屏上移动一格代表时间值为 20 ms。

（7）水平位置调节旋钮。旋转示波器前面板上的水平位移旋钮（标有水平双向箭头）可左右移动信号波形在屏幕上的位置。

（8）输入耦合方式。输入耦合方式有三种选择：交流（AC）、地（GND）、直流（DC）。当选择“地”时，扫描线显示出“示波器地”在屏幕上的位置。直流耦合用于测定信号直流绝对值和观测极低频信号。交流耦合用于观测交流和含有直流成分的交流信号。在数字电路实验中，一般选择“直流”方式，以便观测信号的绝对电压值。

根据输入通道的选择，将示波器探头插到相应通道插座上，示波器探头上的地与被测电路的地连接在一起，示波器探头接触被测点。示波器探头上有一双位开关。此开关拨到“×1”位置时，被测信号无衰减送到示波器，从屏幕上读出的电压值是信号的实际电压值。此开关拨到“×10”位置时，被测信号衰减为 1/10，然后送往示波器，从屏幕上读出的电压值乘以 10 才是信号的实际电压值。

（9）触发方式选择。示波器通常有四种触发方式：

1）常态（NORM）：无信号时，屏幕上无显示；有信号时，与电平控制配合显示稳定波形。

2）自动（AUTO）：无信号时，屏幕上显示光迹；有信号时，与电平控制配合显示稳定的波形。

3）电视场（TV）：用于显示电视场信号。

4）峰值自动（P－PAUTO）：无信号时，屏幕上显示光迹；有信号时，无须调节电平即能获得稳定波形显示，该方式只有部分示波器采用。

（10）触发源选择。要使屏幕上显示稳定的波形，则需将被测信号本身或者与被测信号有一定时间关系的触发信号加到触发电路。触发源选择确定触发信号由何处供给。通常有三种触发源：内触发（INT）、电源触发（LINE）、外触发（EXT）。

1）内触发使用被测信号作为触发信号，是经常使用的一种触发方式。由于触发信号本身是被测信号的一部分，在屏幕上可以显示出非常稳定的波形。双踪示波器中通道 1 或者通道 2 都可以选作为触发信号。

2）电源触发使用交流电源频率信号作为触发信号。这种方法在测量与交流电源频率有关的信号时是有效的。特别是在测量音频电路、闸流管的低电平交流噪声时更为有效。

3）外触发使用外加信号作为触发信号，外加信号从外触发输入端输入，与被测信号间具有周期性的关系。由于被测信号没有用作触发信号，所以何时开始扫描与被测信号无关。

正确选择触发信号对波形显示的稳定、清晰有很大关系。例如在数字电路的测量中，对一个简单的周期信号而言，选择内触发可能好一些；而对于一个具有复杂周期的信号，且存在一个与它有周期关系的信号时，选用外触发可能更好。

（11）触发耦合（Coupling）方式选择。触发信号到触发电路的耦合方式有多种，目的是为了触发信号的稳定、可靠。这里介绍几种常用的方式。

1）AC 耦合又称电容耦合。它只允许用触发信号的交流分量触发，触发信号的直流分量被隔断。通常在不考虑 DC 分量时使用这种耦合方式，以形成稳定触发。但是如果触发信号的频率小于 10 Hz，会造成触发困难。

2）直流耦合（DC）。不隔断触发信号的直流分量。当触发信号的频率较低或者触发信号的占空比很大时，使用直流耦合较好。

3）低频抑制（LFR）触发时，触发信号经过高通滤波器加到触发电路，触发信号的低频成分被抑制；高频抑制（HFR）触发时，触发信号通过低通滤波器加到触发电路，触发信号的高频成分被抑制。此外还有用于电视维修的电视同步（TV）触发。这些触发耦合方式各有适用范围，需在使用中体会。

（12）触发电平（Level）和触发极性（Slope）。触发电平调节又叫同步调节，它使得扫描与被测信号同步。电平调节旋钮调节触发信号的触发电平。一旦触发信号超过由旋钮设定的触发电平时，扫描即被触发。顺时针旋转旋钮，触发电平上升；逆时针旋转旋钮，触发电平下降。当电平旋钮调到电平锁定位置时，触发电平自动保持在触发信号的幅度之内，不需要电平调节就能产生一个稳定的触发。当信号波形复杂，用电平旋钮不能稳定触发时，用释抑（Hold Off）旋钮调节波形的释抑时间（扫描暂停时间），能使扫描与波形稳定同步。

极性开关用来选择触发信号的极性。拨在“+”位置时，在信号增加的方向上，当触发信号超过触发电平时就产生触发。拨在“-”位置时，在信号减少的方向上，当触发信号超过触发电平时就产生触发。触发极性和触发电平共同决定触发信号的触发点。

（13）扫描方式（Sweep Mode）。扫描有自动（Auto）、常态（Norm）和单次（Single）三种方式。

1）自动：当无触发信号输入，或者触发信号频率低于 50 Hz 时，扫描为自激方式。

2）常态：当无触发信号输入时，扫描处于准备状态，没有扫描线。触发信号到来后，触发扫描。

3）单次：单次按钮类似复位开关。单次扫描方式下，按单次按钮时扫描电路复位，此时准备（Ready）灯亮，触发信号到来后产生一次扫描。单次扫描结束后，准备灯灭。单次扫描用于观测非周期信号或者单次瞬变信号，往往需要对波形拍照。

（14）标准信号源。示波器往往都会提供一个的标准信号源 CAL（多数是幅值为 1 V，频率为 1 kHz 的方波信号），用于校准示波器的时基和垂直偏转因数。

三、兆欧表

1. 用途

兆欧表又称绝缘电阻表，主要用来测量绝缘值，判断电气设备绝缘程度是否满足要求。兆欧表在工作时自身会产生高电压，而测量对象又是电气设备，所以必须正确使用，否则会造成人身或设备事故。

2. 使用方法

（1）使用前，首先要做好以下准备：

1）测量前必须将被测设备电源切断，并对地短路放电，绝不允许设备带电进行测量，以保证人身和设备的安全。

2）对可能感应出高压电的设备，必须消除这种可能性之后，再进行测量。

3）被测物表面要清洁、除漆、除锈，以减少接触电阻，确保测量结果的正确性。

4）测量前要检查兆欧表状态，主要检查其“0”和“∞”两点。即摇动手柄，使电动机达到额定转速，兆欧表在短路时应指在“0”位置，开路时应指在“∞”位置。

5）兆欧表使用时应放在平稳、牢固的地方，且远离大的外电流导体和外磁场。

（2）测量。做好上述准备工作后就可以进行测量了，在测量时，还要注意兆欧表的正确接线。兆欧表共有三个接线柱：一个是“L”端，即线端，接被测设备导体；一个是“E”端，即地端，接地的设备外壳；另一个是“G”端，即屏蔽端，接被测设备的绝缘部分。注意“L”端和“E”端不能接反，否则会给测量带来很大误差（会使测量结果偏小）。

通常情况下，只需连接“L”端和“E”端，但当被测绝缘体表面漏电严重时，必须将“G”端接在被测物的屏蔽层或无须测量的部分上。在测量电缆线芯和外表之间的绝缘电阻时，也要接好“G”端，因为当空气湿度大或电缆绝缘表面又不干净时，其表面的漏电流将很大，为防止被测物因漏电而对其内部绝缘测量所造成的影响，一般在电缆外表加一个金属屏蔽环，与兆欧表的“G”端相连。

摇动手柄时要求平稳且达到额定转速，否则也会给测量带来误差。

四、接地电阻测量仪

1. 用途

接地电阻测量仪（又称为接地电阻摇表）可以测量埋入地下的接地体电阻和土壤散流电阻（总称接地电阻）。接地电阻测量仪随表附带接地探测棒两支、导线三根。如图 3—3 所示。

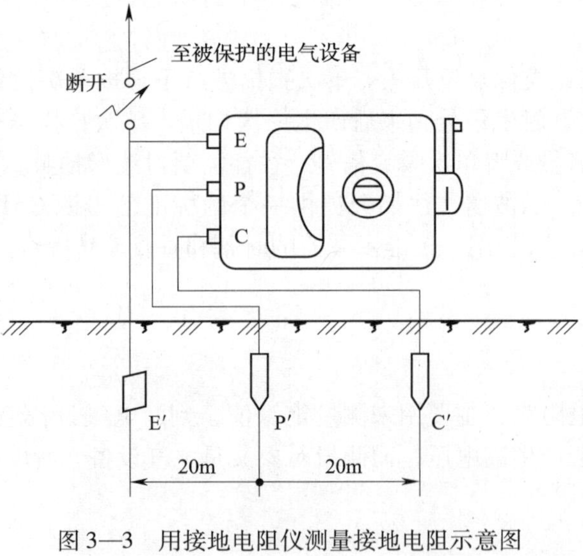

图 3—3　用接地电阻仪测量接地电阻示意图

2. 使用方法

（1）拆开接地干线与接地体的连接点，或拆开接地干线上所有接地支线的连接点。

（2）将两根接地棒分别插入地面 400 mm，一根离接地体 40 m，另一根离接地体 20 m。

（3）把摇表置于接地体近旁平整的地方，然后进行接线。

1）用一根连接线连接表上接线桩 E 和接地装置的接地体 E′。

2）用一根连接线连接表上接线桩 C 和离接地体 40 m 远的接地棒 C′。

3）用一根连接线连接表上接线桩 P 和离接地体 20 m 远的接地棒 P′。

（4）根据被测接地体接地电阻的要求，调节好粗调旋钮（上有三挡可调范围）。

（5）以约 120 转/min 的速度均匀地摇动摇表。当表针偏转时，随即调节微调拨盘，直至表针居中为止。微调拨盘调定后的读数乘以粗调定位倍数，即被测接地体的接地电阻。例如微调读数为 0.6，粗调的电阻定位倍数是 10，则被测的接地电阻是 6 Ω。

（6）为了保证所测接地电阻值的可靠性，应改变方位重新进行复测。取几次测得值的平均值作为接地体的接地电阻。

五、钳表

1. 用途

钳表是一种用于测量正在运行的电气线路电流大小的仪表，可在不断电的情况下测量电流，有些钳表还可以测量电压。钳表有机械式和数字式两种。

钳表实质上是由一只电流互感器、钳形扳手和一只整流式磁电系有反作用力仪表所组成。

2. 使用方法

（1）测量前机械式钳表需要调零。

（2）选择合适的量程。无法估计量程时，应先置于最高挡上，然后根据情况逐渐调整。

（3）当使用最小量程测量，其读数还不明显时，有条件下可将被测导线绕几匝，匝数要以钳口中央的匝数为准，读数 = 指示值 × 量程/满偏 × 匝数。

（4）测量时，应使被测导线处在钳口的中央，并使钳口闭合紧密，以减少误差。

（5）测量完毕，要将转换开关放在最大量程处。

3. 使用注意事项

（1）被测线路的电压要低于钳表的额定电压。

（2）测高压线路的电流时，要戴绝缘手套，穿绝缘鞋，站在绝缘垫上。

（3）钳口要闭合紧密，不能带电换量程。

六、测温仪器

1. 用途

测温仪器用于测量环境温度和设备温度，测量环境温度可以监督和改善设备运行环境，延长设备的使用寿命。测量设备、模块温度可以提前发现潜在的安全隐患和掌握系统部件老化情况。

2. 使用方法及注意事项

（1）温度计。可以用于测量环境温度或设备温度。测量设备温度需要直接接触测量目标。使用温度计时要注意温度计的量程，设备发热可能会超过温度计的量程，损坏温度计。

（2）红外测温仪。红外测温仪是通过接收目标物体发射、反射和传导的能量来测量其表面温度。它可以远距离测量目标物体的温度，具有响应时间快、非接触、使用安全等优点。测温仪对环境温度和环境湿度比较敏感，请将测温仪放置在测量环境中 15 min 后再使用。

为了获得精确的温度读数，测温仪与测试目标之间的距离必须保持在合适的范围之内。长期不使用测温仪时请将电池取出，以免电池液漏出而损坏仪器。

（3）使用试温片测量某段时间内最大温度

1）根据温度范围选择合适的试温片（若不能确定，可同时选择几种不同温度范围的）。

2）停机断电，待设备冷却后，把试温片平贴在目标元器件上。注意设备未冷却会烫伤手。

3）开机。

4）让机器较长时间工作后，停机，取出试温片读取测量数据。

思考题：

1. 如何使用万用表判断三极管是 PNP 型还是 NPN 型？
2. 如何使用示波器测量交流电的峰峰值？
3. 如何使用示波器测量交流电的频率？
4. 示波器触发功能应如何使用？
5. 如何使用兆欧表测量设备绝缘？
6. 如何使用接地电阻仪测量接地电阻？
7. 如何使用钳表测量较小电流电路？
8. 如何使用红外测温仪测量设备温度？

第四章

自动售检票（AFC）系统概况

第一节　AFC 系统的简介、系统组成及功能

一、概述

自动售检票，简称 AFC（Auto Fair Collection），是融计算机技术、信息收集和处理技术、机械制造于一体的自动化售票、检票系统，具有很强的智能化功能。自动售检票系统（以下简称 AFC 系统）是城市轨道交通系统发展的一个趋势，也是城市信息化建设的一个重要体现。

AFC 系统是一个计程计时的封闭式全自动收费系统。主要由车站级设备和中央级设备组成，其中车站级设备有自动售票机（TVM）、进闸机、出闸机、双向闸机、票房售票机（BOM）、验票机（TCM）、手持式验票机（PCA）和车站计算机（SC）几部分；中央级设备有编码分拣机（E/S）、线路中央计算机系统（LCC）、综合中央计算机系统（ICCS）三部分。

AFC 系统是集中了多项先进技术，实现在城市轨道交通范围内进行车票销售、车票检验、车票管理、客流控制、收入管理、设备监控、设备管理等，并具备与城市公交一卡通进行自动收益清分能力的电子支付系统。AFC 系统采用基于 TCP/IP 的网络架构，实现稳定、高速的设备信息传送，确保设备安全运行，监控和运营数据的及时收集。其后台采用分布式设计的大型 ORACLE 数据库，数据处理系统采用共享磁盘阵列的双机切换工作方式，最大限度地保证了系统运行数据的安全，提高了系统运行的可靠性；图形化的管理界面及 WEB 方式报表访问，给用户提供了简单、实用、容易修改的运行环境；其独特的 SAM 卡认证密钥管理系统，将系统设备、票卡（包括公交一卡通车票）有机联系起来，在实现不同系统的无障碍切换使用的同时，也保障了运营收益数据的安全可靠。

1. 车票

自动售检票系统使用车票方面，主要有非接触式智能卡（以下简称 IC 卡）和磁卡票两种，目前大部分城市的轨道交通多采用非接触式 IC 卡车票（如广州、深圳、上海等），有个别城市轨道交通系统以磁卡车票作为单次乘车票或纪念车票使用（如香港）。非接触式 IC 卡车票可实现在城市内的“一卡通”（见图 4—1），如在城市轨道交通、公交车、出租车、渡轮、便利店等地方均可使用。非接触式 IC 卡相比磁卡票在使用方面，避免了磁卡票容易出现消磁，传动读写过程中容易卡票的现象。IC 卡有能记录更多的信息、使用寿命长的特点，使用起来更加稳定、安全。非接触式 IC 卡降低了设备的故障率和维护成本。

图 4—1　广州“一卡通”车票

非接触式 IC 卡也分为储值票和单程票两种，采用 ISO—14443 的标准，有 A 类卡和 B 类卡。以广州市的羊城通储值卡为例，符合 ISO—14443 标准 A 类系列，可在城市轨道交通、公交车、渡轮、出租车、便利店等地方使用。非接触式 IC 卡在城市轨道交通系统使用时，需记录车票进闸、出闸扣费、更新、黑名单设置等信息，该类信息会记录在车票记忆体的专用区域内，如使用地点、设备编号、时间、交易流水号等，可根据需要保留多条信息（通常保留 10 条）。

单程车票有代币式和卡片式。广州地铁是世界上首家使用代币式 IC 卡单程票（TOKEN）的城市轨道交通企业。TOKEN 是由内置芯片和接收天线的工程塑料封装制成，直径为 30 mm、厚度为 2 mm，如图 4—2 所示。使用这种小型的代币式 IC 车票有利于单程票的自动发售、自动回收、保管和多次循环使用。上海市轨道交通采用薄型非接触式 IC 卡。

图 4—2　广州地铁用的单程票（TOKEN）

2. 新技术应用

随着科技的不断发展，自动售检票系统的设备也在不断发展，越来越多的先进技术被应用到设备中，提高设备的稳定性、数据准确性和服务水平。

（1）AFC 系统的 TVM 应用触摸屏技术，将城市轨道交通线路车站以图形表示，乘客可以通过触摸屏直接点选目的车站，就可以在乘客显示屏上知道目的车站的票价信息，操作直观方便。并可以通过不断优化人机界面，提高设备的服务水平。如采用多种方式选择购票，则可以点选地图上的某个站点，或点选线路后再选择站点，或直接选择相应的票价按钮等方式。使用触摸屏技术，还有利于以后城市轨道交通的发展，如增加线路后，旧线路的设备不需要做硬件升级，只要升级软件就可以了。

（2）TVM 应用纸币接受处理技术，可以接受 5 元、10 元、20 元面额纸币购买单程票和相应找零，还可实现一次购买多张车票。使用纸币购票有效避免了乘客大量使用硬币操作的复杂操作，提供了更加快捷方便的服务，也有效缓解了车站票亭兑零业务的压力。纸币技术的应用，与纸币的质量有很大关系，目前仍存在机器会有可能接收假币、识别率低、卡纸币、维修维护工作量大等问题。需要针对这些问题开展研究，相信随着技术的不断进步，这些问题将会得以解决。

（3）TVM 可以实现储值卡自助充值的功能，可以接受纸币（50 元、100 元面额）对符合充值条件的储值卡进行充值，为乘客提供快捷方便的自助式充值服务，有效减少车站票亭的压力。

（4）AFC 系统闸机应用扇门通道控制技术。正常情况下扇门为关闭状态，当验票成功后，扇门打开，给乘客直观的提示，服务水平相比转杆式闸机有了较大的提升，但在硬件机构上和通行逻辑控制方面比转杆式闸机复杂。

（5）AFC 系统构成采用的是以太网网络传输方式，数据的上传和采集速度得到数十倍的提升。

（6）AFC 系统与城市公交“一卡通”兼容使用，为城市交通一卡通提供服务，方便乘客使用，同时实现收益自动清分对账。

3. AFC 系统网络结构

AFC 系统的数据传输基于封闭的分布范围广的局域网进行可靠传输。通过交换机、OTN 网络实现中央与各站计算机和车站 AFC 设备的通信，远程传输数据。如图 4—3 所示。

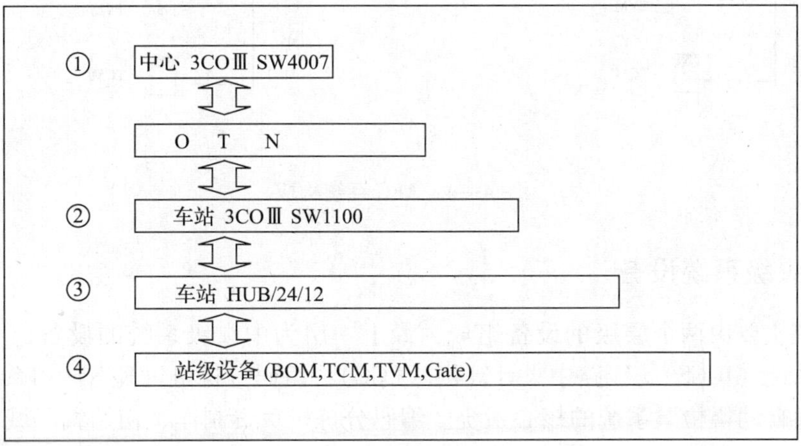

图 4—3　AFC 系统网络层次结构图

4. AFC 系统的构成

AFC 系统构成如图 4—4 所示。

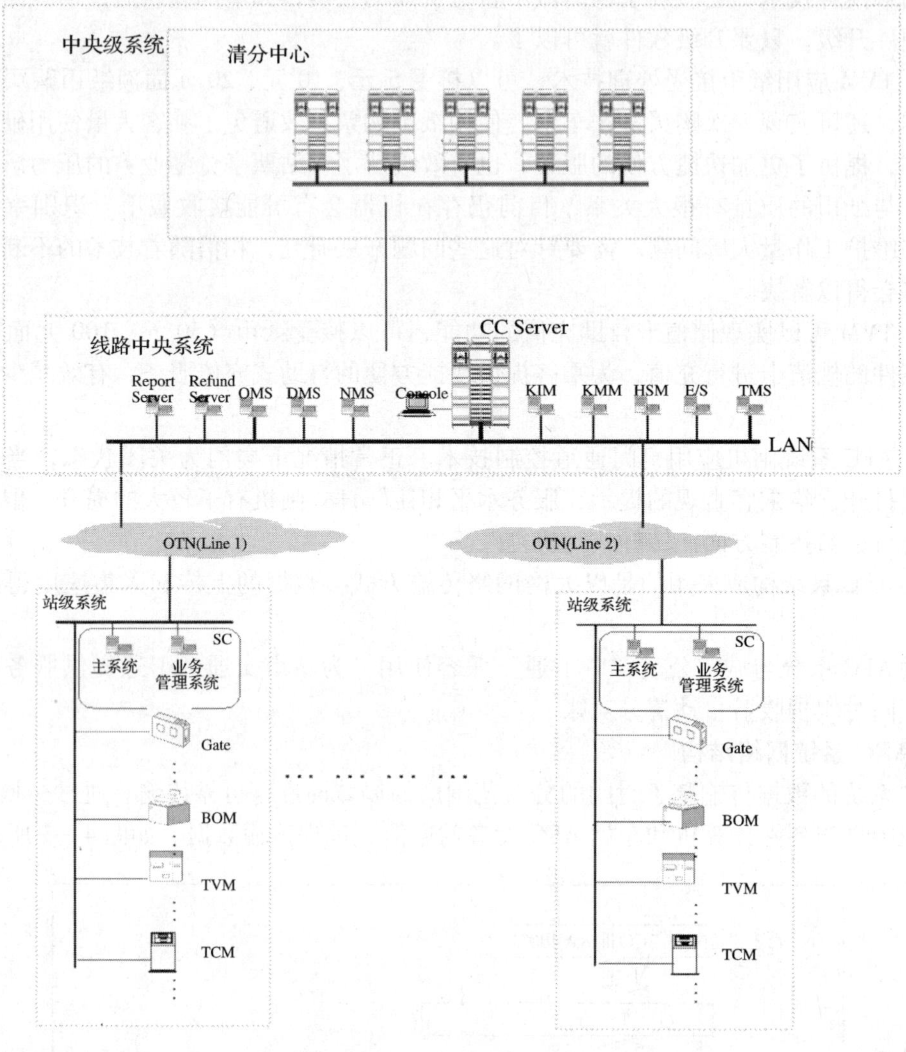

图 4—4　AFC 系统构成

二、中央级系统设备

AFC 系统主要由两个层级的设备组成，最上一层为中央级系统的设备，主要包括综合中央计算机系统（ICCS）、线路中央计算机（LCC）、编码分拣机（E/S）和系统工作站，为城市轨道交通自动售检票系统的核心系统。编码分拣机负责制作、初始编码城市轨道交通所使用的单程车票和专用储值车票。线路中央计算机实现对城市轨道交通各站点 AFC 设备数据的集中采集、统计及管理功能。系统工作站对各站点 AFC 设备进行监控、查阅系统报表等。ICCS 对各线路的所有交易进行清算，客运统计，票款收益统计，并能实现与公交“一卡通”系统的数据接口及财务清算功能。

1. 综合中央计算机系统（ICCS）

综合中央计算机系统也称清分系统，用于城市轨道交通各条线路之间与公交系统、银行系统及其他相关系统之间的清算分账、车票交易数据的处理及统计分析，同时具备对线路AFC系统设备运营管理的功能。清分系统设计应满足城市轨道交通远期设计的多条线、多个车站、预期客流量等方面需求，系统具备扩展能力，可提供后续各条新建线路AFC系统接入。

ICCS设计是热备、冗余、模块化、易扩展的系统。在主/备（热备）两种工作方式下，均能对系统进行正常操作。ICCS能连续地自动检测系统的硬件和软件故障。在故障时切换自动进行，故障单元可被隔离，并且能建立一个新的有效数据通道，使ICCS保持不间断工作。

系统运行环境主要由操作系统、数据库系统和J2EE运行环境组成。清分系统的核心，即中央清算部分，采用传统的结构化程序设计，有效地保证了系统的稳定性和可扩展性。清分系统功能模块如图4—5所示。

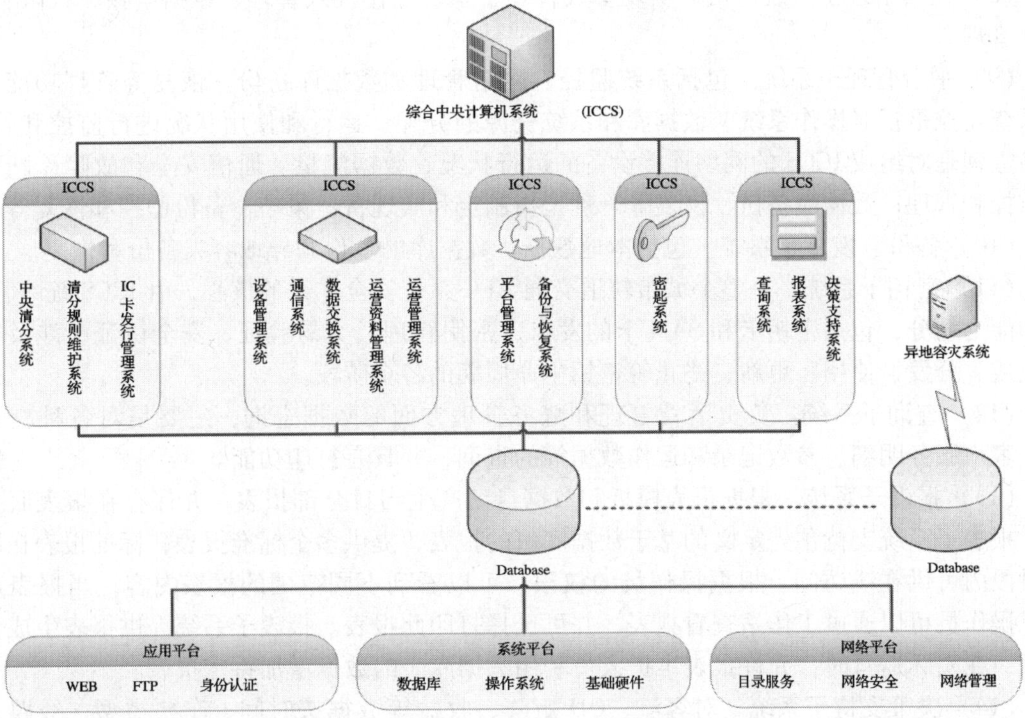

图4—5 清分系统功能模块简图

ICCS各功能模块的主要功能如下：

（1）清分子系统。对各线路上传的交易数据和其他小额交易数据进行清分，并将清分结果下发给各相关线路与相关系统，提供对外部系统的统一数据交换接口和对账功能等。

（2）清分规则维护子系统。在新增线路联网运营时或业主认为需要调整清分规则时，可通过清分规则维护子系统调整清分规则，清分规则的维护和调整将不影响正常清分。清分规则维护子系统能保存至少两种清分规则，并可以进行清分规则的切换。

（3）IC卡发行管理子系统。包括编码分拣机监控、票务管理、个人化等功能。票务管理包括库存管理和退票管理两大部分，库存管理包括车票制票（车票的初始化、赋值与分拣）、配票和回收。

（4）设备管理子系统。记录自动售检票系统设备的注册信息、分布、设备搬迁记录、密钥更换记录等信息，并进行跟踪管理。能接收各线路 AFC 车站设备的运行、关闭、故障、离线运营、降级运营五种状态。

（5）通信子系统。负责 ICCS 与城市轨道交通各线路 AFC 系统及相关系统的数据交换，对 ICCS 与各互联系统之间的数据进行有效隔离。

（6）数据交换子系统。负责 ICCS 与城市轨道交通外部系统（如一卡通）的数据交换，具有数据采集和分发等功能。

（7）运营资料管理子系统。负责管理相关运营资料，包括设备资料、票卡资料、运营资料、系统代码资料、操作资料、系统时钟、黑名单等。

（8）运营管理子系统。可以实现参数管理、系统运作模式管理、数据审核、权限管理、时钟管理。

（9）平台管理子系统。包括系统监控、网络管理和数据库备份、恢复等管理功能。其中系统监控是指对操作系统、数据库和系统资源的分配、运行和使用状况进行监控和管理；网络管理是对组成 ICCS 的网络连接设备的运行状况、数据流量、通信安全和故障诊断等进行监控和管理；数据库备份、恢复等管理是指制定和实现备份策略、备份监控和恢复等。

（10）备份、恢复子系统。包括本地数据、数据库的备份和异地容灾备份和恢复。

（11）密钥子系统。是整个城市轨道交通 AFC 系统安全体系的核心，由 ICCS 统一管理，从功能上划分，包括密钥卡和 SAM 卡的发卡、密钥管理、交易验证、安全认证，涉及密钥的生成、分发、使用、更新、终止等密钥生命周期的各个阶段。

（12）查询子系统。负责运营管理和账务管理方面的数据查询，主要是对各种交易清单、客户服务明细、参数记录和运作数据等的查询，并具有打印功能。

（13）报表子系统。根据报表模板和数据自动产生当日全部报表，并保存在报表服务器上。报表子系统支持预先定义的基于数据库值的报表，提供多个标准报表，标准报表在限定的时段内可供在线访问。根据操作员的权限，可以看到不同范围的报表内容，当报表产生后，操作员可以通过工作站查看报表，并可选择打印此报表。报表子系统提供报表生成工具软件，在实际运营时，允许报表维护人员利用数据库表的数据增加特定报表。

（14）决策支持子系统。对客流、OD 矩阵、收益等数据按时间、车票类型、线路、进出车站、收益进行一级、二级和多级的数量分类统计和同比分析。

（15）异地容灾子系统。远程数据复制，实现清分服务器数据与容灾服务器数据的数据同步；系统切换，当清分服务器发生灾难时，用户可以将清分服务器的应用切换到容灾服务器。

硬件方面以广州地铁为例，清分系统采用 SUN 6800、880、480 系列服务器，核心网络采用赫斯曼 MACH 3000 系列交换机，配备 Cisco 防火墙。主要采用 Solaris 9 操作系统，weblogic 应用服务器做中间件软件，Crystal Report 报表系统，SybaseASE 数据库等软件。使用 Norton Antivirus 防病毒软件。另配置异地容灾系统，能接替完成清分及数据存储的功能。

2. 线路中央计算机（LCC）

LCC 是轨道交通自动售检票系统的核心系统，具有对 SC 以及车站设备的监控、系统数据的集中采集、统计及管理功能，同时与 ICCS 进行数据交换。系统采集数据类型至少包括：状态数据、审计数据、车票处理及交易数据、车票收益数据等。

主要功能如下：

（1）在通信正常的情况下，能接收 SC 系统发送的数据，在通信中断的情况下，能通过离线数据采集工具导入需上载的数据。

（2）对采集的数据进行校验、分类入库和汇总处理。

（3）所有车票的使用数据上传 ICCS。

（4）采用 NTP（网络时间协议）的方式来实现 LCC、SC 和车站级设备的时钟同步。

（5）系统生成线路的客流报表、现金收益报表、闸机扣款报表、数据核算类的报表等。

硬件方面根据系统设备的具体功能要求，装配有高性能服务器、存储交换机、存储阵列、磁带库、中央网络交换机、工作站、UPS、打印机等主要硬件。

3. 编码分拣机（E/S）

编码分拣机安装在城市轨道交通的制票中心，与 ICCS 系统连接，由票务工作人员操作。在城市轨道交通系统内使用的单程车票和专用储值票需由编码分拣机进行初始化和编码后才能使用。如果是公交“一卡通”发行的储值车票，由公交“一卡通”系统统一编制发行。

主要功能如下：

（1）可对城市轨道交通专用票卡进行初始化、编码、赋值处理，包括代币式和卡式车票。

（2）可对回收的车票按需要进行分拣、重新编码、注销或赋值处理。车票的分拣可以按票的余额、有效期、芯片类型等条件进行操作。

（3）能即时打印车票处理过程的批次操作及班次报告。

（4）可接收 ICCS 下发的订单，并记录相关编码交易数据，将数据上传至 ICCS。

（5）能记录交易、审计数据、设备状态信息、故障信息及操作员等信息，并在本机保存一定时间。

硬件方面根据系统设备的具体功能要求，装配有主控模块、电源模块、I/O 通信模块、单程票处理分拣模块、票卡处理分拣模块、票卡读写模块、报表打印机、紧急按钮、UPS、操作显示器、键盘鼠标等主要部件。如图 4—6 所示。

三、车站级系统设备

车站级系统的设备，主要包括车站计算机、自动售票机、进闸机、出闸机、票房售票机、自助验票机、手持式验票机等设备。如图 4—7 所示。

1. 车站计算机（SC）

车站计算机安装在车站控制室或设备区内，工作站由车站工作人员操作。如图 4—8 所示，主要功能如下：

（1）负责收集车站现场 AFC 设备的交易数据，状态信息等，并定时打包上传到 LCC。在与 LCC 无通信的情况下，SC 会将数据保留在本地，待与 LCC 通信正常后全部上传或通过将数据导出到其他存储介质，离线上传至中央系统。

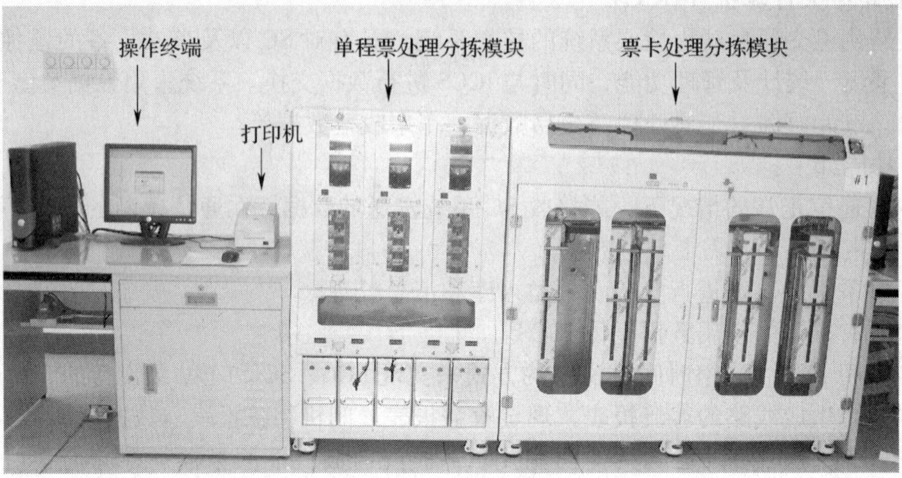

图 4—6　编码分拣机

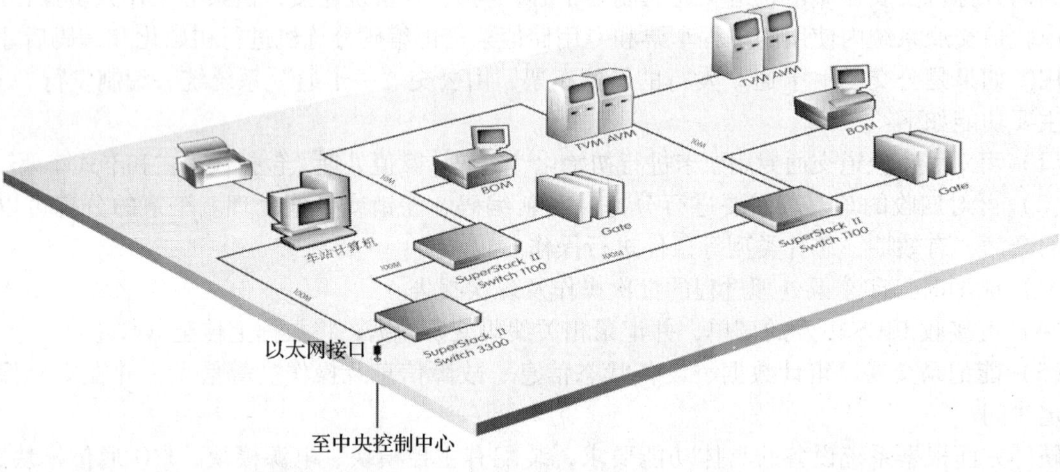

图 4—7　车站 AFC 系统设备布局图

（2）有系统时钟同步功能。SC 在规定时间间隔或启动时与 LCC 进行时钟同步，车站设备在规定时间间隔或重启时与 SC 进行一次时钟同步。

（3）SC 储存由中央系统下载的运营和设置参数，并下载到所有车站设备。SC 储存两套参数设置表（一套现在使用的参数设置表，一套将来使用的参数设置表）。

（4）通过 SC 本地导入系统参数，进行 AFC 设备参数或软件更新。

（5）负责监控车站现场 AFC 设备的状态、故障、报警信号、客流情况等。除实时显示现场 AFC 设备的状态信息外，操作人员可以通过 SC 控制现场设备暂停服务或正常服务，双向闸机设置为单向闸机，将闸机设置为专用车票通道等，给车站设备下达运作命令及设置系统运行模式等，从而车站可以通过 AFC 设备实现现场客流控制的功能。

（6）能通过图表的方式显示车站时段的客流。

（7）在车站运营结束后，操作人员通过 SC 能生成及打印车站当天的收益和客流报表。

（8）操作人员通过 SC 能向站厅 AFC 设备下达降级运营模式、紧急模式命令，车站 AFC 设备紧急模式的设置还可以通过外接的一个紧急按钮进行控制。降级运营模式或紧急模式的命令下达后，SC 将自动将相关信息上传，通过 LCC 至 ICCS，ICCS 广播至其他各相应车站，各车站 AFC 设备按预先制定的票务规则对相应车票进行处理。

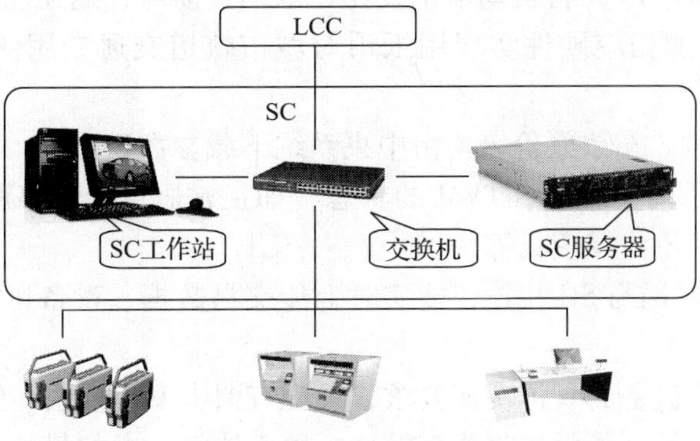

图 4—8　车站计算机（SC）

硬件方面根据系统设备的具体功能要求，装配有高性能通信服务器、交换机、紧急按钮模块、报表打印机、UPS、工作站操作显示器、键盘鼠标等主要部件。

2. 自动售票机（TVM）

安装在非付费区，用于向乘客发售系统设定的单程车票。如图 4—9 所示，主要功能如下：

图 4—9　自动售票机（TVM）

（1）接收硬币、纸币、购买单程票。具有一次交易可发售单张或多张单程票以及硬币找零功能（需由车站操作人员在设备开始运营之前补充一定数量的硬币）。

（2）乘客显示屏显示轨道交通线路、票价等信息，并配有触摸屏，乘客根据相关指引选择目的站点或票价购买单程票。乘客可通过触摸屏上选择目的车站（并默认设备所在车站为乘客的起始站），乘客显示器将显示乘客所选到达目的地的票价，且默认购买单张车票，也可选择购买多张，相应的收费金额显示在乘客显示器上。

（3）乘客投入的硬币及纸币金额将显示在乘客显示器上，当投币金额大于或等于所需车费时，设备即开始发售车票并找还硬币。

（4）未支付足够费用前，乘客可按取消按钮中止正在进行的交易。当乘客购票过程超过规定时间未完成交易，TVM 将自动取消交易，取消交易时，返还已投入的硬币及纸币。

（5）可在 TVM 增加相应硬件实现用纸币对城市轨道交通专用储值票进行自助充值功能。

（6）能发售的票种、车票票价表均由中央系统下载参数设置。

（7）通过状态显示屏实时显示 TVM 的状态，如正常服务、暂停服务、维修模式、只接收硬币、只充值模式、不找零模式等。

（8）TVM 通过局域网与 SC 相连，能实时上传交易数据、设备运行状态和接收 SC 下达的控制命令和参数。

硬件方面根据系统设备的具体功能要求，装配有票卡发售模块、储值卡处理模块、纸币处理接收模块、纸币钱箱、硬币接收找零模块、硬币钱箱、主控模块、电源模块、I/O 通信模块、乘客显示屏模块、触摸屏模块、打印机、状态显示模块、维修操作面板等主要模块。

3. 闸机（AGM）

目前我国城市轨道交通使用的闸机主要有扇门式闸机、转杆式闸机两种。如图 4—10 和图 4—11 所示。闸机多安装在车站的站厅层，用于隔离车站付费区与非付费区，乘客通过闸机进出付费区。车站还可合理控制闸机，起到车站控制客流的作用。闸机主要分出闸机、进闸机、双向闸机三类。闸机的设计满足乘客右手持票快速通过闸机的需求，验票时有声光提示。主要功能如下：

（1）闸机能对乘客持有的公交“一卡通”及城市轨道交通专用的非接触式 IC 卡车票进行检查、编码。对有效的车票打开扇门让乘客通过。出闸机能对指定的城市轨道交通专用非接触式 IC 单程票卡回收。

（2）扇门式闸机安装足够的传感器对乘客的通行行为进行监控，能区分不同高度的乘客及手持/手推行李，并能检测乘客在通道的移动情况。闸机若检查到任何非法进入，都发出报警声及闪烁提示灯。

（3）闸机设有乘客显示屏，显示相关的设备状态信息、车票使用信息和维修信息等。

（4）在闸机的两端有明显的标志，显示闸机的工作状态。乘客能在 15 m 以内清楚地看到显示标志。

（5）在车站控制室设有专用紧急按钮，当发生紧急情况时，可使用该按钮打开所有闸机的扇门，保证乘客无阻碍地离开付费区。同时，在没有电力供应的情况下，闸机的扇门处于常开状态以保证乘客进出。

（6）闸机通过车站局域网连接到车站计算机，接收 SC 下达的控制命令和参数，并实时上传车票处理交易数据和设备运行状态等信息。运行状态信息包括：正常/故障/维护服务状态、车票回收箱将满/满的信息、内部模块故障信息等。

（7）操作人员可以通过 SC 控制闸机启停服务或正常服务，双向闸机设置为单向闸机，或将闸机设置为专用车票通道等。如图 4—10 所示。

图 4—10 扇门式闸机（AGM）

（8）闸机具有自诊断功能。当出现故障时，故障信息将显示在闸机的显示屏上。

硬件方面根据系统设备的具体功能要求，装配有扇门模块、通道传感器、主控模块、电源模块、I/O 通信模块、乘客显示屏模块、票卡读写器、车票处理回收模块、方向指示灯、特殊票指示灯。

图 4—11 转杆式闸机（AGM）

4. 票房售票机（BOM）

票房售票机安装在车站的票务处，由车站工作人员操作。如图 4—12 所示，主要功能如下：

（1）能对公交“一卡通”及城市轨道交通专用车票进行处理。

（2）车站工作人员通过 BOM 对车票进行分析、发售、无效更新、充值、退款、交易查询等。

（3）BOM 能记录设备处理的所有交易数据并实时上传，可在操作员班次结束时，自动打印班次报告。

（4）BOM 操作员显示器和乘客显示器能提供用户界面和提示信息，与乘客相关的收款信息会在乘客显示屏上显示。

（5）通过车站局域网与 SC 连接，接收 SC 下达的参数，并实时上传车票处理交易数据和设备运行状态等信息。

硬件方面根据系统设备的具体功能要求，装配有主控模块、电源模块、操作显示屏、乘客显示屏、读卡器、打印机、键盘、鼠标等。

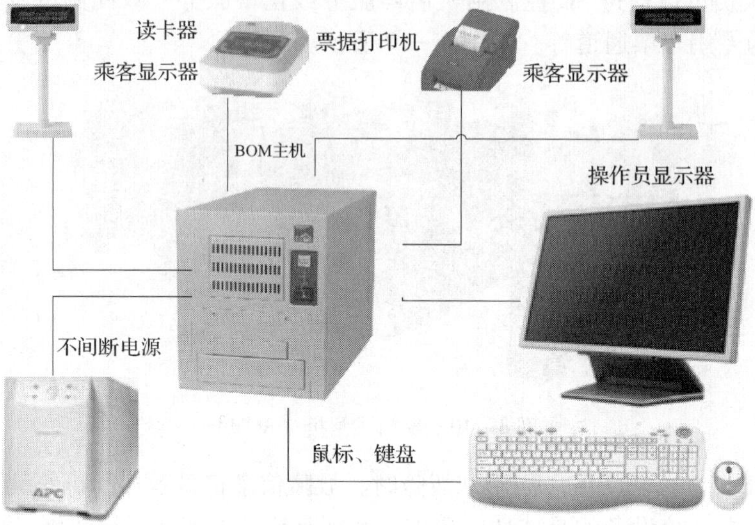

图 4—12　票房售票机（BOM）

5. 自助验票机（TCM）

自助验票机安装在自动售票机附近，由乘客自选操作。如图 4—13 所示，主要功能如下：

图 4—13　自动验票机（TCM）

（1）乘客将车票放在读卡区上，验票机自动验票，并显示车票的近十条使用记录、车票余额、有效期等信息。

（2）信息显示停留时间可以设置，如有下一位乘客验票，验票机验票后，显示新的信息，并更换背景颜色，能更清晰地提示乘客。

（3）通过车站局域网与 SC 连接，接收 SC 下达的控制命令和参数。

硬件方面根据系统设备的具体功能要求，装配有主控模块、电源模块、I/O 通信模块、乘客显示屏模块、票卡读写器。

第二节　车站级 AFC 设备的维修管理

车站级 AFC 设备的维修管理，包括了设备的维修模式和人员维修组织的管理。车站级 AFC 设备的维修有日常故障性维修、计划性定期维护、集中故障部件在维修基地维修和大修以及委外维修等。日常故障性维修主要是设备出现故障后，及时、合理安排维修人员跟进检查故障设备，尽快恢复设备。计划性定期维护主要是根据 AFC 设备的可靠性，结合供货商提供的维修、维护规程对 AFC 进行定期的检查（包括电气和机械部分），对设备内部进行清洁、上油保养、更换损耗部件和正常功能的检测等。集中故障部件维修和大修由线网的维修中心负责，主要针对需要使用特殊工具进行维修的部件进行维修和检测，如系统设备中应用的专用电子板卡、模块的大修，还有备品、备件的维修与管理，设备计划修的编制、执行以及检查，维修人员的培训等工作。委外维修主要针对一些通用电器、计算机（如车站计算机的服务器、工作站、打印机、显示器等）维修，高技术含量的部件维修（如硬币识别器调校、纸币识别器和特殊机构调校、钱币识别软件升级等），零器件、钣金件加工等。

一、AFC 设备维修模式

1. 故障修理

AFC 系统设备直接面对乘客，是城市轨道交通运营服务的窗口，因此，AFC 设备的故障维修响应时间、故障处理速度、故障维修质量将直接关系到运营服务的水平。

在新线建成，AFC 系统运行初期，系统设备正处于磨合阶段，由系统供货商进行质保。由于 AFC 维修人员对系统运行状况、系统技术还没有充分掌握，处于不断学习、认知提高的阶段，可以针对线路 AFC 系统采用系统、硬件、设计功能的不同，重点培养 AFC 专业维修人员故障维修技能和设备操作人员的操作技能。

在此阶段，AFC 现场故障的维修组织应该采用维修人员驻站的方式，每个车站配置 1 名维修人员在运营期间驻站，以提高故障响应速度和设备对乘客的服务质量。驻站维修人员需要密切跟进设备运行状况，收集设备运行数据，通过向厂商学习维修技术，提高维修水平。

AFC 系统通过最终验收后，根据系统设备运行状况，AFC 维修部门可以对故障等级进行分类，将部分不需要专用工具、只需要通过简单固定的操作步骤就可以处理的故障定义为简单等级的故障，将此类故障交给车站操作人员进行处理，以培养车站操作人员故障处理能力。

由车站操作人员处理简单等级故障有以下几个方面的好处：

（1）降低 AFC 维修人员的配置数量，降低维修成本。

（2）节省维修人员在接到故障后赶赴现场维修浪费的时间，提高故障响应的速度，降低设备故障对乘客服务的影响。

（3）AFC 维修人员可以集中精力处理疑难、典型故障，提高故障维修水平。

在 AFC 系统运行基本稳定以后，对车站设备的故障维修实行“以工班分段巡检为主，辅以客流高峰期分时段驻点”的维修模式，在保证故障响应时间、故障处理水平的前提下，减少维修人员的配置数量，节约维修成本。

在该维修模式下，在每 5 ~ 6 个车站设置一个巡检工班，配置 10 名左右的维修人员，负责管辖车站 AFC 设备运行状态的巡视、现场故障处理、日常设备检修等。

2. 计划性检修、预防性维护与状态修

AFC 系统在运行的初期，维修管理部门由于对设备的性能、部件故障周期、设备维护周期等缺乏实际的数据与经验积累，设备维护维修工作主要以故障修为主，辅以计划修。计划修的开展主要是依据原有线路的维护经验，每一条新线都具有自身的特点，各线设备集成商、设备技术水平都不尽相同。经过几年的维修经验积累，才能逐步掌握各类设备的故障周期、检修周期，开展定期的预防性维护、保养，把可能的故障排除在发生之前，减少设备故障的发生，达到预防的效果。

（1）计划性检修修程与消耗定额的编制。检修修程是开展各类计划修的依据。修程编制是否科学、合理，直接影响到计划性检修的质量和检修效果。修程从时间上来分，可以分为日检、月检（双月检）、半年检（季度检）、年检、三年检（五年检）5 级。每种设备类型根据以上 5 级有其各自的检修规程。如自动售票机检修修程、半自动售票机检修修程等。根据不同级别的修程，对每类设备进行局部、全面的检测、维护与替换。

消耗定额是 AFC 检修修程中的重要指标。针对每一类设备的每一级修程，制定检修过程中消耗的物料、工器具以及油料等，使检修过程更加规范、科学，更加有效地对检修过程进行管理，节约维护成本。

（2）设备履历本及维修档案的建立。计划性检修中最重要的环节之一就是建立设备履历本及维修档案。设备履历本详细记录每台设备的状态、测点数据以及故障情况等。通过建立设备履历本，有效掌握设备的运行状态，积累维修数据，有效监控设备各类参数指标，实现科学管理。

（3）通过信息系统对设备检修进行管理。随着 AFC 线网的不断扩大，维修管理部门对 AFC 设备维修维护的集中管理将会越来越困难，如何才能对线网 AFC 系统设备的维护维修进行科学有效的管理，保证计划修的质量，是有待解决的一个难题。

借助一些先进的设备管理系统，能更好达到对 AFC 设备故障修、计划修、预防性维护的科学有效管理。

管理部门通过设备管理系统编制各类设备的检修周期，设备管理系统根据检修周期通过系统自动生成各类检修计划，并通过工单的形式下发到检修作业工班执行。

检修作业工班根据设备管理系统生成的检修工单按照计划开展相应的预防性检修工作。设备管理系统会自动生成本次检修的设备范围、完成时间、使用的工器具、物料消耗定额等。在检修过程中，只需根据系统的提示完成相应的工作即可。

设备管理系统中为每一台设备建立了设备履历表。检修作业工班需要在设备管理系统中详细录入设备的运行状态、各种测点数据、消耗的物料等。系统将根据录入的数据将重要的指标导入设备履历本。检修工作完成后，通过设备管理系统将检修任务发送给检修管理人员进行审核，审核完成后关闭工单。本次检修作业完成。

通过设备管理系统，能够有效地对多条线路各类设备的计划性检修作业进行集中管理。设备履历本能够记录设备的历史状态、各类参数指标，对维修管理部门编制检修计划、制定检修修程提供最原始的数据。同时，通过对设备管理系统的统计分析，找出设备故障的发生周期，有助于提升计划性检修与预防性维护的水平，并为状态修提供有效依据，逐步由故障修、计划修向状态修进行过渡。

二、AFC 设备维修组织

车站级 AFC 设备的维修组织，主要包括三大部分：现场维修及维护、维修基地维修、委托外单位维修。

1. 维修人员驻站维修模式

AFC 维修人员驻站的维修模式，即每 1 ~ 2 个车站配置 2 ~ 3 名 AFC 维修人员驻站，负责所驻车站的设备维修工作，主要包括现场设备的故障处理、日常的设备清洁维护、计划性维护等。每天两班制，分早班（E 班）与晚班（L 班）。每 8 ~ 9 个车站设维修工班长 1 名，负责整个管辖车站的维修管理、巡视、重大故障处理等工作。

综合维修基地设置 AFC 维修调度，维修调度 24 h 值班。主要负责对车站现场维修人员的维修调度、故障信息接报等工作。综合维修基地主要设置综合维修工班，负责故障零部件的维修、测试、备品备件的配送、设备大修等工作。综合维修工班配置专有的维修工具、维修测试台、大型备品备件仓库等。

2. 集中驻站加巡站维修模式

随着 AFC 站级设备维修范围的扩大与维修成本的控制，AFC 维修组织以“工班集中驻站加巡站”的方式进行，工班分段巡检为主，辅以客流高峰期分时段驻点，每 7 ~ 10 个车站设置一个巡检工班，工班驻地选在管辖的某一个车站内，该巡检工班统筹负责此 7 ~ 10 个车站 AFC 站级设备现场检修、现场故障维修工作。每个工班大致配备 10 人，每天两班制，分早班（E 班）与晚班（L 班），根据人员配置情况可适当地在客流高峰期增加日班（D 班）等。同时，AFC 维修调度根据全线设备故障情况对维修人员进行维修调度，并 24 h 值班。

可在线路某个车站设置 AFC 备品备件的二级临时仓库与电子板件维修点，加快备件的更换时间与故障维修速度。

维修管理部门根据设备运行的实际情况与经验积累，制定站级设备的检修规程与检修消耗定额。通过成立计划修维护工班，开展设备专项预防性维护工作，如双周检、季度检、年检等。通过数据积累，制订站级 AFC 设备的计划性检修消耗定额。通过消耗定额加强对设备计划性检修的管理、成本的控制等。

3. 线网综合维修中心

地铁线网初步形成后，每条线路、每个车站都有 AFC 终端设备，如果这些设备单独由每条线路或者每个车站自我管理，必然造成人力、财力、物力的极大浪费。所以，需要根据线网的实际情况以及地域范围，在几条线路之间成立一个综合的 AFC 维修中心。维修中心负责对所属线路的 AFC 故障维修及维修调度；备品备件的维修与管理；设备计划修的编制、执行以及检查；维修人员的培训等工作。

线网综合维修中心需要储备足够的备品备件，稳定而充足的备件对维修工作的开展至少有两个方面的好处：第一，可以提高维修效率，在第一时间替换故障的部件，修复故障；第二，可以改善备件的周转率，备件周转的目的是通过维修使故障的备件能循环再利用。

为了提高现场故障部件的更换速度，在每条线路的某个大型车站建立二级的备品备件仓库，提高故障维修的速度，减少配送备品备件耗费的精力，节约维修成本。

在综合维修中心，还需要设置 AFC 维修调度，AFC 维修调度是 AFC 维修组织中的重要组成环节，主要负责车站现场设备故障的接报；及时通知现场维修人员对设备故障进行处理；故障处理情况的跟踪以及故障的统计分析；设备计划性检修的审批、管理等工作。AFC 调度 24 h 值班。

第三节　维修 AFC 设备的注意事项

作为城市轨道交通 AFC 系统设备的维修人员，一定要有较强的安全意识，注意防护、用电、工具使用的安全，做好防护，保护好乘客、员工、设备。下面是一些操作和检修方面的注意事项。

一、车站 AFC 设备检修安全操作注意事项

1. 安全防护方面

（1）对设备进行维修、维护检修作业时，必须做好作业防护工作，在作业范围内设置好作业防护牌，作业完成后必须清理好作业现场，检查确认设备恢复正常后，才能投入运营。

（2）对 AFC 设备内部关键部件进行清洁、润滑、检查或维修前，应先断开设备电源（包括不间断电源 UPS 或蓄电池电源），禁止通过按试电按钮的方式来关闭漏电保护开关或用脚接通/断开电源开关。

（3）使用吸尘器对设备内部进行除尘清洁工作时，需佩戴口罩等劳保用品。

（4）拆卸/安装 AFC 设备内部机械部件时，要根据部件的拆卸/安装步骤进行，对于拆卸/安装设备内部空间狭窄的部件时，必须戴手套，做好相应的劳动保护。

（5）当带电测量时，不要站在潮湿的地面上，切勿让身体接触裸露的接线头和带高压的供电部件，以防触电。

（6）在使用酒精等液态清洁剂清洁 AFC 设备内部时，不要将棉布一次浸湿过多，以避免滴到电源线或电路板上发生短路现象；酒精是易燃易挥发物品，应小心放置和保管。

（7）工作时应小心保存乐泰（Loctite），使用时应注意采用纯棉布和软刷子，部件一旦清洁完毕，不允许遗留污迹在部件表面，不要用手和油性物体接触部件。

（8）在使用压缩气体清洁 AFC 设备内部时，要按规定说明正确使用，压缩空气罐的罐体与水平面的夹角应大于60°，以避免喷射出液体，溅到电源线或电路板上发生短路现象；压缩气体是危险化学物品，应小心放置和保管。

2. 检修操作方面

（1）应认真按照万用表、示波器、笔记本计算机等仪器的使用说明对 AFC 设备进行检测和调试，以避免因使用不当导致仪表、仪器和设备的损坏。

（2）在检修导轨承重模块时，应先将模块从支架上拉出并确认固定扣已扣牢固，检修完毕应及时将模块推回原位，谨防夹伤、撞伤；在操作中应轻拉轻推，防止支架导轨脱落。

（3）维修工作结束后应认真做好维修记录，对解决不了的故障应及时详细上报分部轮值。严禁将车站 AFC 设备当作试验台。

（4）在检修 AFC 设备时，应注意个人 ID 号和 PIN 号等密码的保密，不可随便混用，万一密码泄露，应该及时到 LCC 申请修改密码。

（5）在打开自动售票机和闸机维修门后要马上输入操作员的 ID 号和 PIN 号并确认登录成功，否则会在开门的 10 s 后报警，同时报警信息会传到 SC。

（6）在更换电路板时必须非常小心，严禁带电插拔电路板和连接线；要做好静电防护措施，每条电缆必须标记好且连接正确。更换时应保证跳线与原设置一致，更换后必须检查设备的时钟、IP 及配置是否已恢复正常，严禁在未确认设备已修复的情况下将设备投入使用。

（7）未经上级批准，禁止删除 AFC 设备上的文件和数据，以及随便修改 AFC 设备上的设置。

（8）更换系统存储卡时，必须备份好原设备上的文件和数据，严禁在无备份原设备数据的情况下更换存储卡。更换至设备上的存储卡，必须删除非本机的数据，确保更换后没有异常交易上传。在更换时要断开网络，更换后必须检查设备的时钟、IP 及所有配置都正确后，才能接上网络；在确认设备接通网络并同步所有参数后，才能正式投入使用。严禁在没确认设备已恢复正常的情况下将设备投入使用。

（9）更换单程票板或读卡器时，要注意每台设备注册的 SAM 卡，严禁用于其他设备上。对车站设备安装/更换 SAM 卡时，要严格按要求，将对应在中央注册的 SAM 卡安装于相应的设备上，严禁将 SAM 卡安装于不相应的设备上。

（10）对车站 AFC 设备进行检修时必须认真按照各设备维修手册进行操作，严格执行票务的管理规定，处理车站的 TVM、BOM、AGM 故障，不允许私自拿钱和车票，在维修过程中涉及票务问题时必须要求票务人员确认钱、票数量。

（11）在 TVM 内部发现有散落的硬币、纸币时，应立即取出，交给客运值班员，并在相应的规格做好登记注明，以及在 AFC 维修记录上做好记录、签名确认。

（12）在对钱箱、票箱维修过程中，若发现现金和车票，应立即做相应的登记记录，做好交接和确认工作。

（13）各车站 AFC 维修间内各种化学危险品的存放数量不得超过 8 L，其中酒精的存量不得超过 1 000 mL。各种化学危险品应使用密封的容器盛装，容器应有标识，并且不能与易燃物品（如棉布等）放在同一层备品柜内。

（14）运送酒精、压缩空气的过程中，搬运人员应保持盛装酒精、压缩空气的容器密封良好，并小心搬运，防止泄漏。配送酒精、压缩空气到车站时，要用地面交通工具（专车）

运输，不能乘坐城市轨道交通。

（15）对车站AFC系统做紧急模式测试，应选择在当天地铁运营结束后进行，当处于紧急状态时，闸机扇门会打开，杆式闸机转杆可自由转动。

3. 紧急情况或重大故障方面

（1）遇特发事件，需紧急疏散人群时，由车控室设置车站进入紧急模式。AFC系统紧急按钮安装在靠近SC的位置，或在SC软件上可以设置，设置紧急模式后，车站扇门式闸机扇门会打开，转杆式闸机转杆可自由转动，TVM全部暂停服务。

（2）当接报重大设备故障时，要听从分部轮值的调度指挥，严格按照相应的重大设备故障应急处理预案去执行，立即赶赴现场处理故障。

二、车站级AFC设备重大故障的原则和处理流程

1. 判定车站AFC设备重大故障的原则

（1）车站自动售票机全部故障。

（2）车站出闸机全部故障。

（3）车站进闸机全部故障。

（4）车站票房售票机故障。

（5）在同一条线路上车站票房售票机同时发生同类故障，导致设备停用三台或三台以上。

（6）AFC主交换机故障或全部车站计算机与中央计算机网络通信中断。

（7）对地铁形象、地铁运营、车站管理、乘客出行影响较大的少量设备故障。

（8）单台或者多台车站设备（自动售票机、进/出闸机、半自动售票机、验票机、车站计算机）出现冒烟、着火。

（9）单台或者多台车站设备（自动售票机、进/出闸机、半自动售票机、验票机、车站计算机）遭人为恶意破坏，导致设备损坏。

（10）车站设备（自动售票机、进/出闸机、半自动售票机、验票机、车站计算机）丢失或者设备某些部件丢失。

（11）发生消防事故，指发生火灾、爆炸等事故导致AFC系统发生大面积设备停用。

（12）发生自然灾害，指发生台风、暴雨、地震、高温等自然灾害导致AFC系统发生大面积设备停用。

2. 车站AFC设备重大故障处理原则

（1）按“先通后复”的原则，在最短时间内修复1～2台简单故障设备，尽快降低故障等级。

（2）第一个赶到现场的维修人员，即为现场抢修负责人。随后赶到现场的工班长，即自动取代第一个赶到现场的维修人员成为现场抢修负责人。随后赶到现场的设备工程师，即自动取代第一个赶到现场的工班长成为现场抢修负责人。

（3）确保每个付费区均有运行良好的进/出闸机。

（4）确保车站每端均有运行良好的自动售票机。

（5）确保车站每端均有运行良好的半自动售票机。

（6）按“先主后次”原则，在最短时间内恢复车站计算机和中央计算机系统的部分必要功能，降低对系统和运营的影响程度。

（7）处理消防事故或自然灾害造成的设备故障时，相关人员要保持紧密的联系，在抢修现场，尽可能采取有效措施减少损失。在抢险工作的同时，应采用各种降级的模式，尽快恢复运营。并根据“预防为主”的原则，预先做好各种设备防护准备。

3. 车站 AFC 设备重大故障报告流程

（1）轮值接到重大设备故障、火灾、自然灾害等情况的报告后，立即通知巡检维修人员赶赴现场对设备进行抢修。

（2）轮值立即将现场情况上报给控制中心维修调度员。

（3）轮值立即将现场情况上报给分部主任。

（4）轮值将现场情况及时通知设备工程师、巡检工班长。

（5）设备工程师将现场情况及时通知 AFC 研发中心（在需要技术支援的情况下）。

（6）分部主任将现场情况及时上报给部门分管经理。

（7）如果现场设备需要更换备件，轮值要将现场情况及时向维修工班通报，要求维修工班即时配送备品备件。

（8）在设备故障抢修过程中，抢修人员、轮值、分部主任应及时互相沟通，且向上级分管经理报告。

（9）设备功能恢复后，现场抢修负责人及时向轮值报告设备修复情况。

（10）设备功能恢复后，轮值向分部主任、控制中心维修调度员报告修复情况。

（11）设备功能恢复后，分部主任将修复情况上报给部门分管经理。

4. 车站 AFC 设备重大故障处理流程

（1）轮值接报故障，应立即通知巡检维修人员赶赴现场处理设备故障。

（2）轮值将车站 AFC 设备发生故障的情况报告控制中心维修调度员、分部主任、设备工程师、巡检工班长。

（3）假如现场设备需要更换备件，轮值要将现场情况及时向维修工班通报，要求维修工班即时配送备品备件。

（4）巡检维修人员应迅速了解现场设备故障情况，及时报告轮值，并对能否在 15 min 内修复 1 ~2 台的可能性作出判断（15 min 是从巡检维修人员到达现场后开始计算）。

（5）如果能在 15 min 内修复 1 ~2 台设备，并对车站客流的疏导影响不大，则由巡检维修人员尽快修复车站设备的故障，尽快恢复有限的运营服务。

（6）如果不能在 15 min 内修复或预想到将会对车站的客流疏导造成严重的影响，维修人员通知轮值请求技术支援。由轮值通知分部设备工程师赶赴故障现场抢修。

（7）假如设备工程师也不能修复现场故障，应立即将情况报给 AFC 研发中心，请求技术支援。

（8）现场维修人员应集中技术力量修复 1 ~2 台故障情况较轻的设备，并及时将设备投入运营。

（9）在车站故障处理过程中，要求维修人员佩戴对讲机，通过车控室与分部轮值保持必要的联系。

（10）在接报重大设备故障发生，巡检维修人员或设备工程师需尽快赶到现场处理故障时，由轮值报分部主任，经分部主任同意，可直接租用出租汽车赶赴现场，车费凭有效发票给予报销。

（11）轮值判断配送部件是否需要地面车辆，如需要派车，可向部门综合室提出用车请求，由综合室负责调配车辆。在特殊情况下，由轮值报分部领导，经同意，可直接租用出租汽车。

（12）故障修复后，维修人员通知轮值。轮值向控制中心维修调度员、分部主任、设备工程师、巡检工班长报告修复结果。由分部主任向上级报告。

（13）现场维修人员要做好故障处理过程的详细记录。

（14）由最终故障处理负责人做故障分析及处理报告，交分部领导。

第四节　AFC系统专业技能要求

一、概述

AFC收费系统的设备主要安装在车站站厅提供服务，日常的业务操作和维修维护工作由工作人员完成。本章简单介绍操作人员及检修人员基本的操作技能要求和检修技能要求。

二、操作技能要求

1. 车站计算机（简称SC）操作技能要求

（1）首先申请个人的ID和密码，会使用个人的ID和密码登录SC系统的应用系统。

（2）要掌握对单台设备、某一类（如全部闸机）或全部设备的状态请求和查询，并能够看懂设备状态描述的内容含义。

（3）要掌握对单台设备、某一类或全部设备的服务类型设置，包括设置设备正常服务模式、暂停服务模式等。

（4）要掌握客流查询。

（5）要掌握车站降级模式和紧急模式设置。

（6）要掌握如何生成指定的报表，并能够通过打印机打印报表。

（7）要掌握BOM班次报表查询。

2. 自动售票机（简称TVM）操作技能要求

（1）会使用个人的ID和密码登录TVM系统。

（2）要掌握TVM菜单操作。

（3）要掌握TVM补充车票、补充硬币的操作。

（4）要掌握TVM硬币钱箱、纸币钱箱、票箱的更换操作。

（5）要掌握TVM结账操作。

（6）要掌握 TVM 交易记录、结账记录、故障代码等记录查询。

（7）要掌握 TVM 正常和停止服务设置。

（8）要掌握 TVM 模块复位操作。

3. 闸机操作技能要求

（1）会使用个人的 ID 和密码登录闸机系统。

（2）要掌握闸机票箱更换操作。

（3）要掌握双向闸机设置为单向进闸或出闸操作。

4. 半自动售票机（简称 BOM）操作技能要求

（1）会使用个人的 ID 和密码登录 BOM 应用系统。

（2）要掌握 BOM 对车票分析操作，并能看懂车票分析后显示的内容含义。

（3）要掌握 BOM 的车票历史记录查询，并能看懂车票历史记录查询显示的内容含义。

（4）要掌握 BOM 的乘客事务操作，包括车票更新、补票、车费不足处理、即时退款和行政事务操作。

（5）要掌握 BOM 的车票充值操作。

（6）要掌握 BOM 单程票和储值车票发售操作。

（7）要掌握 BOM 的交易记录、运营日志和班次数据查询。

三、检修技能要求

AFC 系统检修工作由 AFC 检修人员完成，做好预防性检修，可以延长闸机的使用寿命，也是为了提高效用性而采用的经济而有效的方法。检修人员要通过系统的培训，才能达到设备检修的要求。下面对检修技能进行描述。

1. 要掌握设备的操作技能。

2. 要熟悉 AFC 系统设备包括 SC、TVM、闸机、BOM 的系统工作原理。

3. 要掌握 AFC 系统设备包括 SC、TVM、闸机、BOM 的硬件分布、部件的相互关系、系统操作软件等。

4. 要掌握 SC、TVM、闸机、BOM 的操作系统检查、系统文件结构、设备状态分析、参数文件和参数下载查询、数据文件查询分析和系统日志查询分析，以及 SC 配件，包括打印机、显示器、鼠标和键盘的日常维护。

5. 要掌握 SC、TVM、闸机、BOM 的部件故障判断和部件更换方法。

6. 要掌握 SC、TVM、闸机、BOM 的系统测试功能、使用设备的测试功能对设备部件进行测试的方法。

7. 要掌握 SC、TVM、闸机、BOM 的日常维护手册内容、维护方法和维护工具的使用。

8. 要掌握部件的调整方法。

四、故障处理技能要求

1. 要掌握设备的操作和检修技能。

2. 要能够根据系统工作原理、部件的控制原理，快速判断故障点。

3. 要掌握故障分析的一般方法，包括使用工具对故障点的测试、维修和部件的更换。

4. 要熟悉部件的参数要求、使用寿命等。

5. 要有一定的机械、电子和应用软件基础知识。

第五章

车站计算机（SC）

本章主要介绍轨道交通自动售检票系统（简称 AFC）中车站计算机系统（简称 SC）的检修内容，使维修人员熟悉了解 SC 系统的硬件、软件组成、配置、日常维护、可能故障的排除方法等，保障 SC 系统的正常运行。

SC 系统安装在车站控制室内，主要的操作使用者是：车站值班员及以上人员和 AFC 维护、维修人员。主要负责管理、监控本车站的 AFC 站级设备，同时担负向线路中央计算机系统（简称 LCC）上传交易数据、向本站站级设备下载命令、参数等任务。

第一节　车站计算机硬件组成

SC 系统主要由 SC 服务器、SC 工作站、SC 打印机、网络交换机及 UPS 构成。如图 5—1 所示。

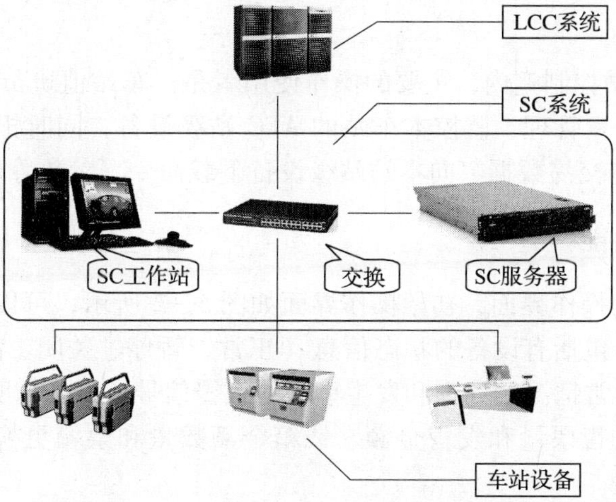

图 5—1　车站 AFC 系统设备架构图

一、SC 服务器

主要负责站级设备的交易和运行数据的入库及结算，通常都是采用工业上通用的工控机，内置有 2 个高性能 CPU（带有高速三级缓存）、大容量内存、SCSI 控制器、RAID 控制器、2 个大容量硬盘（通常服务器会配置两块硬盘，并设置为 RAID 1，即磁盘镜像，把一个磁盘的数据镜像到另一个磁盘上，在不影响性能情况下最大限度地保证系统的可靠性和可修复性，具有很高的数据冗余能力）、2 个冗余电源（满足连续 24 小时运营的需求）。

二、SC 工作站

主要负责站级设备的通信及交易处理，通常也是采用工业上通用的工控机，内置有 1 个高性能 CPU（带有高速二级缓存）、大容量内存、1 个大容量硬盘。

三、SC 打印机

主要用来打印每天的运营和维修报表，通常采用激光打印机，满足最低打印速度 16 张/min。

四、网络交换机

主要负责 SC 系统与站级设备和中央级设备之间的网络通信处理。

五、UPS

主要功能是在失电情况下，提供后备电源，并进行必要的隔离和滤波，防止外部电压波动对设备运行的干扰，要求至少能提供 30 min 的预备电源。

第二节　车站计算机监控软件

SC 系统安装在车站控制室内，主要的操作使用者是：车站值班员及以上人员和 AFC 维护、维修人员，主要负责管理、监控本车站的 AFC 站级设备，同时担负向线路中央计算机系统（简称 LCC）上传交易数据、向本站站级设备下载命令、参数等任务，具体如下：

一、设备监控功能

1. 通过 SC 系统的操作界面，初始操作界面如图 5—2 所示，可以实时显示到车站现场所有设备的使用情况，包括有设备的状态信息（正常、暂停、关闭、故障等状态）、详细的故障描述和记录、对异常情况的处理和发生事件的报警信号、设备的明细交易信息、设备的收益情况（包括设备的售票量和发售金额、钱箱金额数量和票箱更换数量、班次操作数据等）。

（1）闸机（AGM）分为单向闸机和双向闸机。其各种状态和说明见表 5—1。

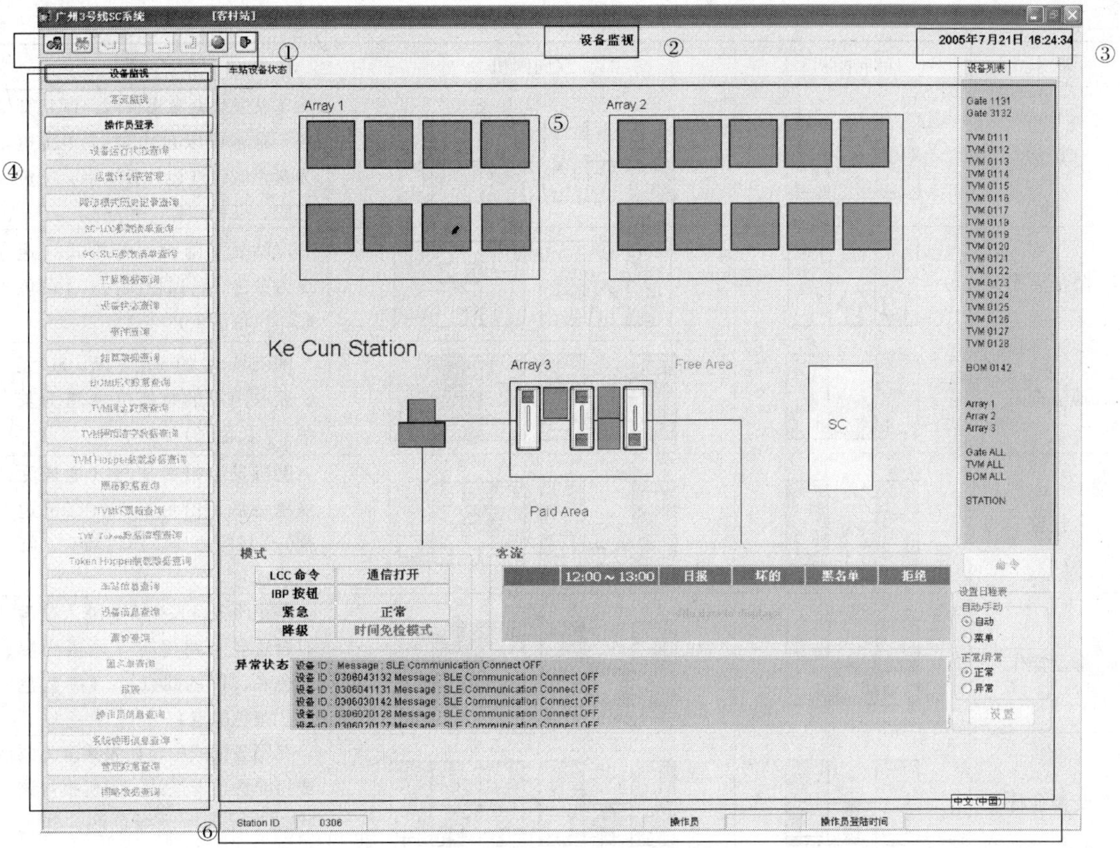

图 5—2　SC 初始化操作界面

①工具条　②中间子窗口的标题　③当前系统的日期及时间　④主菜单

⑤中间子窗口　⑥用户 ID、车站 ID、用户登录日期/时间

表 5—1　　　　　　　　闸机各种状态及说明

状态	单向闸机	双向闸机	说　　明
正常	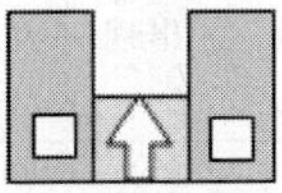	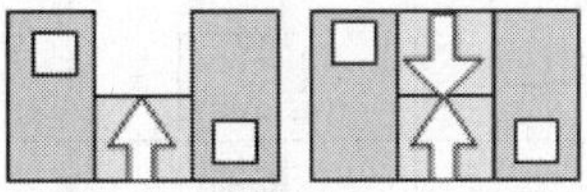	闸机正常运行（通道为浅绿底，白色箭头）（浅绿色底、白色箭头）
关闭	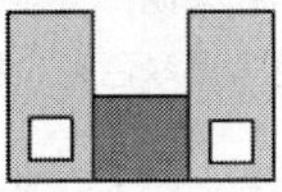	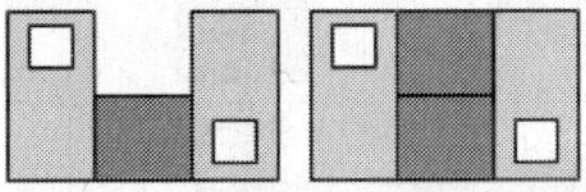	停止服务（通常表示当日运营结束后的状态）（通道为深绿色底）（深绿色底）
维护	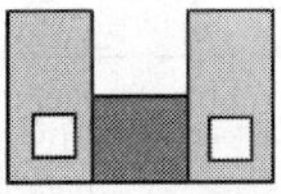	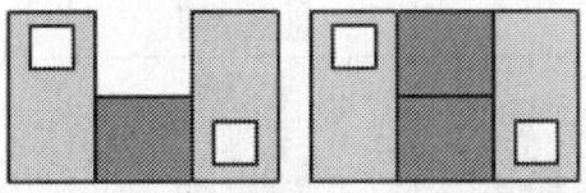	闸机处于维护状态，停止服务（通道为墨蓝色底）（墨蓝色底）
故障	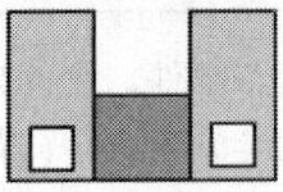	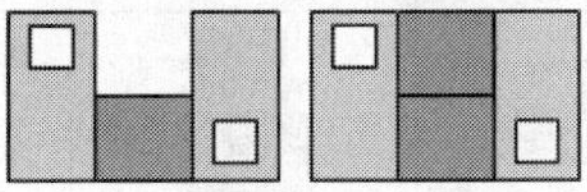	闸机出现故障，停止服务（通道为红色底）（红色底）

续表

状态	单向闸机	双向闸机	说明
紧急	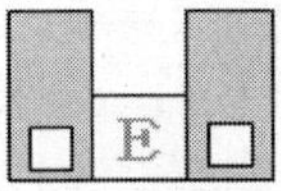	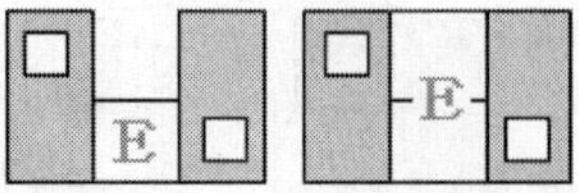	车站发生紧急事件时，闸机开放，乘客可以自由通行（通道为黄色底，红色“E”字）（黄色底，红色“E”字）
降级模式	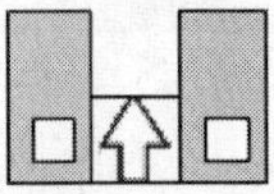	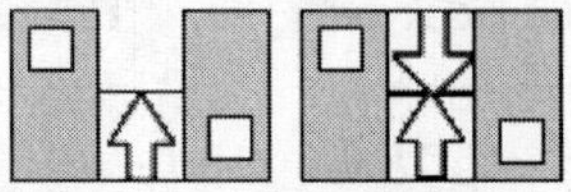	本站处于降级运营模式（通道为黄色底，白色箭头）（黄色底，白色箭头）
通信中断	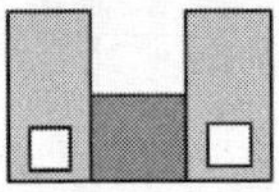	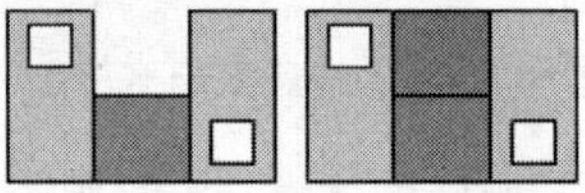	闸机与SC的通信中断，SC无法获取闸机的状态（通道为灰色）（灰色底）
报警	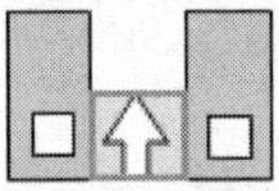	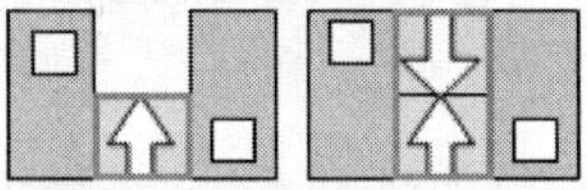	闸机发出报警信号（通道为浅绿色底，白色箭头，红色边框）（浅绿色底，白色箭头，红色边框）
非法操作	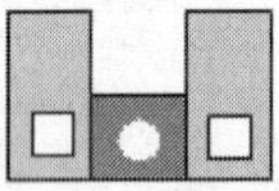	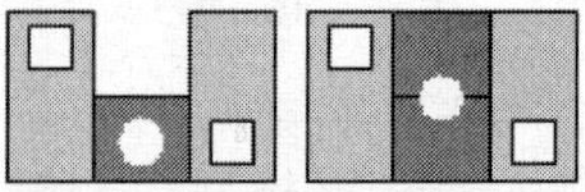	停止服务，发生在维修人员没有合法登录闸机时（通道为墨蓝色底，黄色圆点）（墨蓝色底，黄色圆点）
无票通行	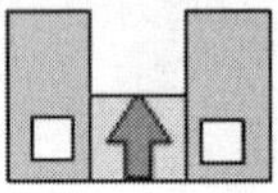	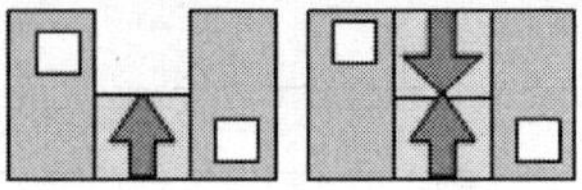	在服务模式中，如果乘客无票或持非法票卡进站，闸机报告该状态（通道为浅绿色底，红色箭头）（浅绿色底，红色箭头）

（2）TVM、BOM 和 TCM 的状态及说明见表 5—2。

表 5—2　　　　TVM、TCM、BOM 的状态及说明

状态	TVM	TCM	BOM	说明
正常			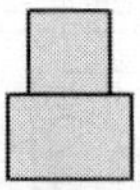	设备正常运行。对于BOM来说，只有当票务员登录成功后，才出现该状态（底色为浅绿色）（浅绿色）
关闭				停止服务（通常表示当日运营结束后的状态）。对于BOM来说，当票务员退出后，即出现该状态（底色为深绿色）（深绿色）
维护				设备处于维护状态，停止服务（底色为墨蓝色）（墨蓝色）
故障				设备出现故障，停止服务（底色为红色）（红色）
紧急				车站发生紧急事件，设备关闭，停止服务（底为深绿色，同关闭状态）（深绿色）

续表

状态	TVM	TCM	BOM	说　明
降级模式			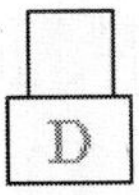	本站处于降级运营模式时，TVM 和 TCM 关闭，只有 BOM 处于降级工作模式（TVM 和 TCM 为深绿色底，BOM 为黄色底，红色“D”字）（TVM 和 TCM 为深绿色，BOM 为黄色底，红色“D”）
通信中断			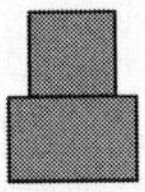	设备与 SC 的通信中断，SC 无法获取设备的状态（底色为灰色）（灰色）
报警				设备发出报警信号（底色为浅绿色，边框为红色）（浅绿色，边框为红色）
非法操作			不适用	停止服务，发生在维修人员没有合法登录设备时（蓝色底，黄色圆点）
无票通行		不适用	不适用	只有 TVM 在检测到黑名单卡时，才会通知 SC（浅绿色底，红色“BL”）

2. 通过 SC 系统可以控制现场设备的服务模式（包括正常和停止服务），可以向现场设备下达运作命令（主要是运营开始时间和结束时间），以及下达系统运行模式（正常、关闭、紧急和降级模式，降级模式主要有列车故障模式、车票进出次序免检模式、车票乘车时间免检模式、车票使用日期免检模式和车费免检模式等）。

3. 通过 SC 系统可以用图表的方式显示车站客流，通过客流统计表可以查看每 15 min 时段的进、出站客流和 TVM 单程票发售数据，也可以通过客流监视图查看不同时段（按每小时统计）的客流量。

二、数据管理功能

1. SC 系统可以及时收集现场设备的交易数据和状态信息等，并定时打包上传到 LCC，假如在与 LCC 无通信状态下，SC 系统具有在线恢复和离线采集的功能，可以将数据先保留在本地（数据储存多少和时间长短，主要看系统配置的硬盘容量，通常至少一个月以上），待与 LCC 通信恢复正常后，SC 系统会自动把滞留的数据全部补上传到 LCC，或者将数据导出到其他存储介质，然后用人工方式将数据导入 LCC。

2. SC 系统可以储存由 LCC 下载的运营和设备操作参数，并下载到车站设备里，进行设备参数更新，SC 通常储存两套参数设置表（一套现在使用的参数设置表，一套将来使用的参数设置表）。

3. 通过 SC 系统还可以对现场设备进行软件更新。

三、报表管理功能

1. SC 系统在每天的运营结束后，会自动生成（根据系统设置的时间，例如 2:30AM）

当天的所有报表。

2．报表查询可以根据日期进行，当天的报表只能在下一运营日查看，报表种类主要分以下四大类：

（1）AGM 类报表，主要有进/出站统计、出站数量统计、出站扣款统计、票箱更换等。

（2）BOM 类报表，主要有票卡充值、票卡发售、更新（按班次、按设备）、退款交易明细、行政处理（按设备、按班次）、汇总统计（按设备、按班次）等。

（3）TVM 类报表，主要有收益汇总、钱箱更换、补币/补票统计、SJT 区段发售（按设备统计）等。

（4）综合类报表，主要有车站现金收益汇总统计、车票发售汇总统计、故障及异常情况汇总等。

3．每日生成报表后，可以在 SC 系统选择打印所需的报表。

四、时钟同步功能

1．SC 系统在规定时间间隔或系统启动时会自动与 LCC 进行时钟同步。

2．车站设备在规定时间间隔或重启时会与 SC 进行时钟同步。

第三节　系统软件介绍

一、系统软件

SC 系统软件是指为 SC 系统的运行提供资源、服务、环境及支持的通用软件，其中包括操作系统、数据库软件以及各类外围设备的驱动程序等。

1．操作系统

操作系统主要管理系统软硬件资源，为应用软件提供运行环境。

SC 服务器的操作系统通常是 Windows 2003 Server 或者更高版本，SC 工作站通常是 Windows XP 或者更高版本。

2．数据库软件

数据库为 SC 应用软件提供数据的储存媒介。

SC 系统通常采用 ORACLE 9i 标准版数据库或者更高版本，SC 服务器安装服务端，SC 工作站安装客户端。

3．各类外设驱动程序

要保障系统支持各类外围设备，如 UPS、打印机等，须安装其驱动程序。

二、应用软件

SC 应用软件是指为实现 SC 系统功能专门开发的软件，SC 应用软件采用典型的客户机/服务器架构，由服务器软件和客户机软件组成。

1. 服务器软件

安装并运行在SC服务器上，实现系统的商务逻辑、数据处理及系统各模块的协调等，并为客户软件提供功能服务。

2. 客户机软件

运行在SC工作站上，为系统的各项功能提供用户界面，通过调用服务器应用软件提供的系统服务，实现用户对系统的功能要求。主要功能有：设备监控、设备状态、事件记录、车站控制、参数文件、参数状态、客流统计、报表查询、车站/线路查询、BOM班次查询等，具体如下：

（1）设备管理。监控车站设备、SC服务器状态、车站客流和设备最新事件。为了明确区分设备种类和设备状态，SC客户机软件定义了标准的设备图标和设备状态的颜色标志，各类设备图标和状态颜色标志的组合反映了当前设备的状态。

（2）设备交易。操作员可以选择不同的查询条件，例如日期、设备组、设备ID或者交易类型等，以浏览各种设备的不同类型的交易，同时，这些交易也可以打印输出，以便存档。

（3）统计查询。可以查看每15 min闸机进站、出站及TVM单程票发售统计数据，或者用客流图显示不同时段（每小时）的客流量。也可以通过每天运营日结束后自动生成的日报表，查询每日统计数据。

（4）收益管理。BOM操作员在结束本次班次时，班次数据会自动生成并上传到SC系统，班次报告记录了本班次所有类型的交易数量及金额统计数据，也可以查询班次细节，包括行政收费标准和票卡金额等详细信息。TVM钱箱查询可以了解钱箱的状态和现金存量，单程票查询可以了解票箱的状态和车票存量。

第四节　车站计算机日常性检修、计划性检修

一、日检

1. 维护对象

操作显示屏、设备门锁、UPS、光端收发器、HUB。

2. 达到效果

良好的直观状态，安全的锁闭防护，UPS充电状态，HUB指示灯正常。

3. 工器具、材料和部件

目测，不需要工器具和物料。

4. 日检内容

（1）目测工作站主控机操作屏的设备通信状态是否正常、时间是否同步、显示地图内容正确，确认可以正确接收客流数据。

（2）目测服务器主控机操作屏的设备通信状态是否正常、时间是否同步。

（3）设备外观完好，门锁正常锁闭。

（4）UPS电源指示灯是否正常亮。

（5）检查光端收发器的三盏指示灯“1”“BNC”“power”是否正显示绿灯，检查HUB的正常连接端口是否正显示绿灯。

二、双周检

1. 维护对象

包括日检维护对象，液晶显示器、键盘、鼠标、磁盘状态、显示屏转换器。

2. 达到效果

包括日检维护效果，设备表面无积尘，外设状态良好，磁盘空间容量达标。

3. 工器具、材料和部件

抹布、毛扫。

4. 双周检内容

除进行日检的内容外，还需进行以下检查和维护：

（1）清洁液晶显示器、键盘、鼠标等外设表面的积尘。

（2）检查工作站、服务器主控机各个磁盘分区运行情况，在系统桌面→开始菜单→控制面板→管理工具→计算机管理→事件查看→应用程序和系统→查看日志文件属性是否硬盘出现故障，并确认无“disk出错”报警。

（3）检查液晶显示器、键盘、鼠标等外设的使用性能是否良好。

（4）检查显示屏转换器工作性能良好，必要时给予更换。

三、季度检

1. 维护对象

供电部分、HUB、UPS、集线器、键盘、鼠标、液晶显示器、显示屏转换器、打印机、磁盘空间状态、紧急按钮。

2. 达到效果

各主要部件表面无积尘，地面无积尘；机箱内部无散落的螺钉或零部件，全部螺钉完整地紧固好；零部件安装稳固，运作良好；线缆包扎良好，标志清晰；数据可以正常进行保存、交换。

3. 工器具、材料和部件

除双周检需使用的工器具和材料外，还需要口罩、手套、吸尘器、十字和一字旋具。

4. 季度检内容

（1）机箱内部组件除尘，地面除尘。

（2）检查交流电源输入插座固定情况，检查交流电源输入线缆连接及固定情况是否良好，交流电输入测量。

（3）检查数据通信线缆状态，确认连接及运作良好。

（4）检查UPS运作功能，确认在交流电源输入中断时，UPS能正常供电15 min以上。

（5）检查工作站主控机磁盘空间，确保每一分区的可使用容量不少于1 G，进行磁盘空间整理。

（6）检查服务器主控机磁盘空间，确保每一分区的可使用容量不少于 1 G，进行磁盘空间整理。

（7）在开始菜单→控制面板→管理工具→计算机管理→存储→磁盘碎片分析后，有必要整理 C 盘和 D 盘。

（8）测试 AFC 紧急按钮功能，确认符合技术指标。

（9）清洁打印机积尘，打印测试页检查打印机工作性能，视情况更换打印机墨盒。

（10）检查光纤交换机风扇是否正常转动，指示灯显示是否正常。

（11）检查并整理设置内部的线缆。

（12）清洁 SC 主机过滤尘网。

（13）检查显示屏转换器是否正常使用。

（14）检查 SC 液晶显示器是否有花屏、闪烁现象及光亮度是否正常，并调整至正常状态，确认能正常显示正确的内容；检查液晶显示屏的线缆是否正确连接、有无破损，做好包扎和紧固。

四、年度检

1. 维护对象

包括季度检的维护对象，工作站主控机、服务器主控机、集线器、光端收发机。

2. 达到效果

包括季度检的维护效果，工作站和服务器主控机内部无积尘，集线器内部无积尘，光纤状态良好，后备电源供应正常。

3. 工器具、材料和部件

除双周检、季度检使用的工器具、材料和部件外，还有摇表、UPS 电池，散热风扇。

4. 年度检内容

除进行日检、双周检、季度检的内容外，还需进行以下检查和维护：

（1）更换 UPS 电池，检测 UPS 供电性能是否正常。

（2）检查光端收发机输入输出端子的固定情况。

（3）拆开集线器，清洁内部积尘。

（4）拆开工作站主控机，清洁内部积尘。

（5）拆开服务器主控机，清洁内部积尘。

（6）数据维护部分，同（2），（6），（7），（8），若磁盘空间过少可删除部分 LOG 日志文件。

（7）检查液晶键盘、鼠标工作性能良好，必要时给予更换。

（8）整理机箱内部各组线缆，做到整齐有序，标志清楚。

（9）更换工作站和服务器主控机内部的散热风扇。

（10）检查紧急按钮内部接线情况，并紧固接线端子。

第五节　主要故障及处理方法

一、SC 服务器不能正常启动

1. 个案描述

SC 服务器不能正常启动，服务器硬盘故障灯常亮。维修人员检查后发现服务器硬盘指示灯不亮，服务器主机不能识别硬盘，检查 220 V 交流电源输入正常，检查主板与硬盘连线正常，拆开服务器，用清洁的压缩空气和软毛刷清洁服务器各硬件表面积尘后，安装插槽，硬盘指示灯正常闪亮，硬盘能正常识别，故障修复。

2. 原因分析

硬盘表面积尘和安装插槽积尘，导致服务器主机不能检测到硬盘。

3. 判断要点

（1）服务器电源是否存在故障。

（2）服务器硬盘是否存在故障。

（3）服务器主板是否存在故障。

（4）服务器主板与硬盘之间的连线是否完好。

（5）清洁电路板和安装插槽上的灰尘。

4. 处理建议

（1）检查服务器故障指示灯，按故障指示灯检查相应故障部件。

（2）检查服务器交流电源输入电压，观察服务器两个交流转换直流电源变压器指示灯，绿色代表电源正常。必要时更换电源。

（3）检查服务器硬盘，观察硬盘指示灯是否正常闪亮，安装位置是否正确，硬盘是否正常运转。

（4）检查服务器主板，若主板表面有积尘，应用清洁的压缩空气或者软毛刷清洁，检查板上各电子元器件和连线，必要时更换主板和连线。

（5）检查硬盘和主板之间的连线，固定好接口，必要时更换连线。

（6）清洁硬盘、电路板和板卡安装插槽上的灰尘。

5. 注意事项

在进行设备的清洁、维护时，应注意人身安全和设备安全，必须在断电情况下才能对电路板进行清洁，清洁时使用清洁的压缩空气和软毛刷，同时注意不要弄断电路板的线缆。

二、SC 服务器与 LCC 无通信

1. 个案描述

SC 服务器与 LCC 无通信，维修人员检查发现 SC 各软件和程序运作正常，在服务器上 PING 站厅设备和 TELNET 进入各设备均正常。服务器可正常识别网卡，交换机和网线接口正常，重启服务器一次，发现系统运作缓慢，打开系统进程查看 CPU 使用率，发现进程内

有多个相同程序文件同时运行，关闭相同程序，重启服务器运行正常。

2. 原因分析

多个相同程序文件同时运行导致系统运作缓慢，SC 服务器与 LCC 无通信。

3. 判断要点

（1）服务器与 LCC 通信程序是否出错。

（2）服务器与服务器光纤交换机连接线或者插头是否牢固、完好。

（3）服务器网络交换机是否存在故障。

4. 处理建议

（1）检查 SC 服务器与 LCC 通信程序，在设备管理内查看网卡能否被识别。

（2）检查服务器网线和网线接头，必要时更换网线或重做水晶接头。

（3）检查服务器网络交换机，观察各指示灯是否指示正常。

（4）检查 CPU 使用率，关闭重复或不必要的程序文件。

5. 注意事项

作为一名维修人员要对设备软件和硬件都要有一定的掌握能力，发现故障要心思细密，考虑多发因素。

第六章

自动售票机（TVM）

第一节　硬件组成与各模块功能

一、概述

自动售票机是自动售检票系统主要的站级设备之一，自动售票机安装在非付费区，提供单程票发售和储值票充值的功能。乘客能够按照设备操作提示，使用纸币或者硬币完成购票或储值票充值操作。自动售票机能够向乘客发售指定购买面值及数量的单程车票或将指定金额充值到乘客的储值票中。交易结果能够上传到车站计算机，自动售票机能够通过中央计算机和车站计算机进行管理。其外部结构如图 6—1 所示。

图 6—1　自动售票机外部结构图（TVM）

1. 设备结构与功能介绍

（1）外部结构

自动售票机外部结构如图 6—1 所示。

1）乘客显示器——显示自动售票机状态。

2）乘客操作指南——显示购票步骤和储值票充值步骤。

3）触摸屏——目的地选择、购票以及充值等所需基本按键操作，显示用户提示语句，并显示各种视频内容。

4）硬币投入口——在购买车票时投入硬币。

5）储值票插入口——在储值票充值以及购买车票时投入储值卡。

6）纸币投入口——在进行储值票充值以及购买车票时投入纸币。

7）出票与找零口——退还车票及零钱。

（2）内部结构

自动售票机内部结构如图 6—2 所示。

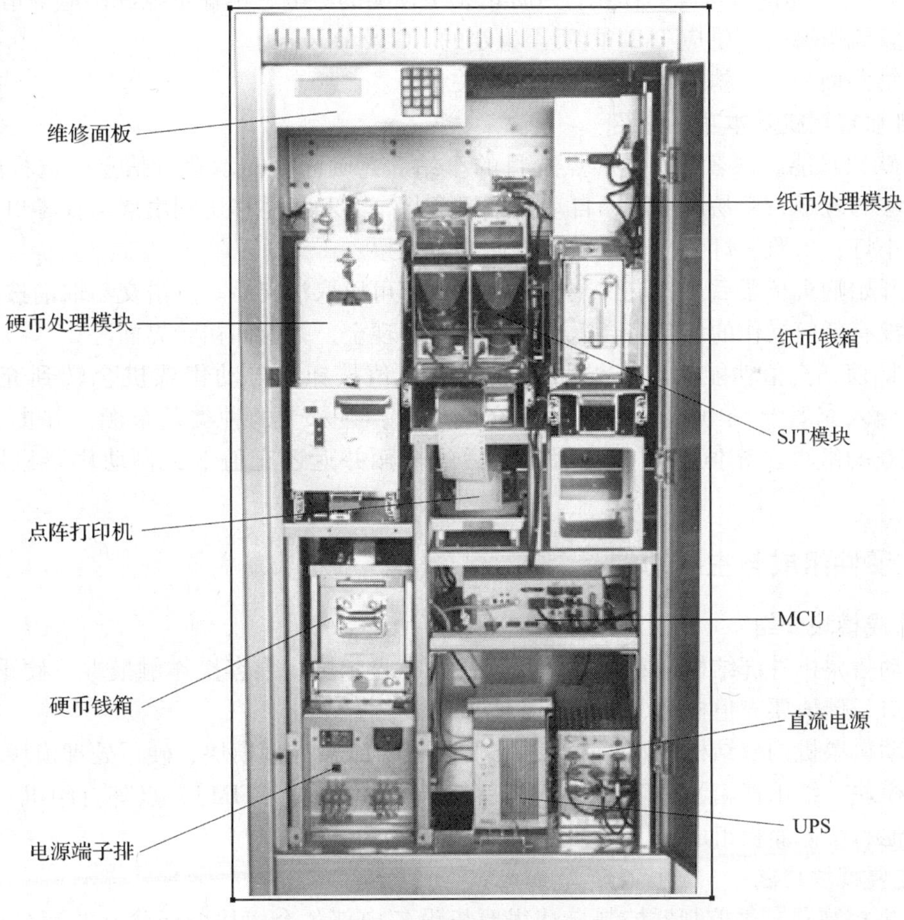

图 6—2　自动售票机内部结构图

1）MCU——对设备中各子模块的运行进行控制，保存各种数据，并通过与 SC 之间通信负责处理数据。

2）纸币模块——接收纸币，鉴别假币，对通过鉴别的纸币进行临时保存、退币，或者保存到纸币钱箱内。

3）硬币模块——具有接收硬币、鉴别假币、在暂存器中临时保存，用硬币找零等功能。

4）SJT 模块——具有在单程票中记录发行信息，将单程票排放到退币口的功能。

5）点阵打印机——可以输出和阅读清算之后的、与发售业务相关的资料。

6）电源端子排——与外部 AC 电源直接连接，为电源安全地供应 AC 电源，或者切断电源。

7）硬币钱箱——乘客为购买车票使用硬币时，在正常发行车票之后，对硬币模块接收的硬币进行安全保管。

8）纸币钱箱——乘客为购买车票使用纸币时，在正常发行车票之后，对纸币模块接收的纸币进行安全保管。

9）UPS——起预备电源的作用，为防止无法预测的停电、不稳定电源供应等情况。

10）直流电源——供应 TVM 内所需稳定的 AC 及 DC 电力。

11）维修面板——执行各模块的维修相关业务。

2. 自动售票机基本功能介绍

（1）购票功能。乘客从触摸屏点选目的车站后，画面会提示票价信息，选择购票张数并投入足够的现金，交易成功后，自动售票机会将车票和找零移送到出票与找零口。出票与找零口有小灯，出票后灯会亮，提示和方便乘客取票。

乘客开始购买车票后没有支付全部金额之前都可以取消交易。点击交易取消按钮或者一定时间内没有任何操作的话，将会返还乘客所投的现金，并返回初始界面。

（2）储值票充值功能。点选界面中显示的充值按钮，自动售票机会转到充值界面，提示乘客插入充值卡/羊城通。乘客插入充值卡后，显示卡的种类及余额，并提示乘客投入指定面额的纸币。充值完毕，显示充值后的金额并返还充值卡，自动售票机回到初始界面。

二、硬件组成与主要功能

1. 组成模块介绍

从自动售票机外部结构来看，主要由运营状态显示屏、乘客操作触摸屏、硬币投入口、纸币投入口、储值票充值模块、出票与找零口组成。

从自动售票机内部结构来看，主要由主控制器、纸币处理模块、硬币处理模块、纸币模块、硬币模块、纸币钱箱、SJT 模块、MCU 单程票发售模块（TIM）、点阵打印机、废票箱、电源、电池、维修面板组成。

2. 主要模块功能

（1）主控制器。主控制器控制自动售票机设备内部各个模块的运作，并通过网络与车站计算机进行通信与传送数据，保存与运营相关的各种数据。主要功能有：

1）控制底层设备运行，接收处理来自底层设备的信息。

2）控制与管理自动售票整机工作流程。

3）向客户提供交易界面。

4）与车站计算机系统主机通信。

5）保存与运营相关的各种数据。

（2）维修面板。设备管理员可以通过后台维护终端（维修面板）对自动售票机进行各种运营操作与维修操作，为自动售票机的日常管理和硬件检测提供操作界面。在日常管理中用于运营的补充硬币、补充车票、结账、打印结账小单等。使用后台维护终端可以对自动售票机各个硬件模块进行测试、故障诊断、系统设置，例如打印机、单程票发售模块等。通过对这些硬件模块的测试，可以检测这些硬件模块的状态。在自动售票机出现故障时，使用后台维护终端能够帮助维护人员快速诊断故障位置。

自动售票机维修门装有开门传感器，打开维修门后，后台维护终端进入登录界面，在设定时间内没有登录，蜂鸣器会发出报警声。

维修门组块外观如图 6—3 所示。

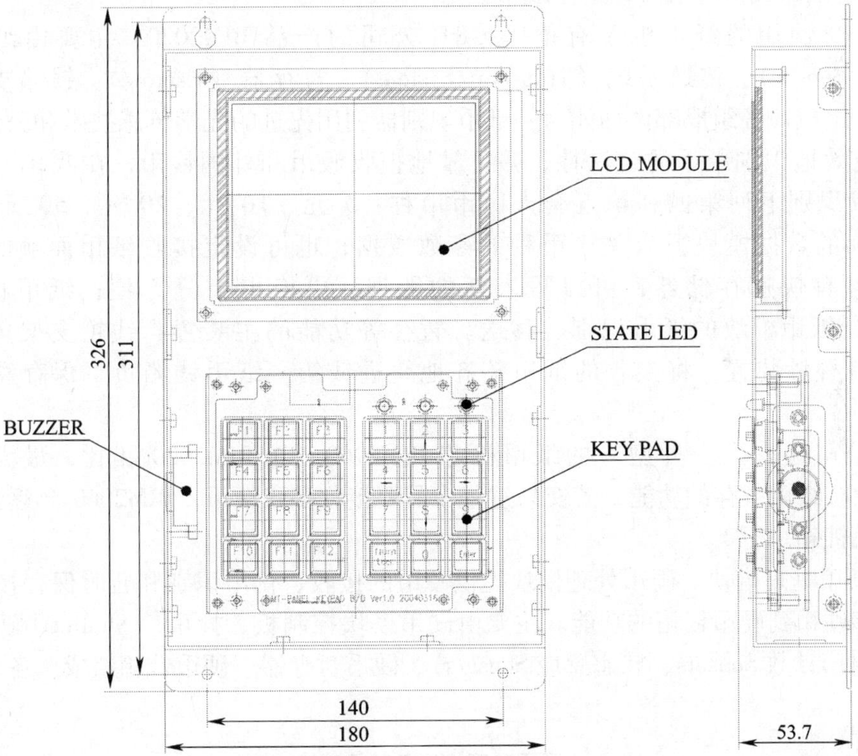

图 6—3 维修门组块

模块组成：

1）LCD 显示器。

2）控制板。

3）键盘。

4）蜂鸣器。

（3）储值票充值模块。储值票充值模块可以对 ISO 14443 A/B 类型的车票进行读写。功能如下：

1）储值票充值，乘客插入储值票自助充值。

2）车票处理正常速度为 300 ms 以下的读写时间。

3）提供一个调试端口，缩短调试时间。

（4）纸币处理模块。纸币处理模块用于接收乘客投入的纸币，通过纸币识别器对纸币真伪与面值进行识别，将非法的纸币退还，交易成功后将合法的纸币导入钱箱，并将信息反馈主控制器。

纸币处理模块由主控制器控制，主要功能如下：

1）接收纸币。

2）判断纸币真伪。

3）保存识别的纸币。

4）返还纸币或者将纸币移送至纸币钱箱。

目前广泛使用的纸币机芯有德国 G&D 公司的产品 BIM2020，主要由纸币识别器（Cashray90 Sensor）、传送系统（Transport System）、暂存器（Escrow）、钱箱支架和钱箱（Cashbox）组成。各组成部件功能为：纸币识别器利用先进的光学传感技术和公认成熟的识别算法，有效地识别纸币的合法性，并可靠地拒收假币和外国钱币；在我国，Cashray90 Sensor 可以识别下列第四和第五套人民币币种：5 元、10 元、20 元、50 元、100 元。识别器里面的数据模块写入关于币种的参数数据，也可设定接收纸币面额的数量。数据模块包含有快速存储器，可以写入新的数据，更换也十分方便；纸币机芯（BIM 2020）执行纸币模块的纸币识别、移送、暂存等功能的主装置；钱箱支架负责移送纸币，里面有叠钞装置，将接收的纸币整齐地叠进钱箱。纸币钱箱负责保存移送过来的纸币。

G&D 公司还有另一种型号的纸币机芯 BIM2060。与 BIM2020 相比，最大差别在于 BIM2060 没有纸币暂存的功能，若交易过程中需要接收多张纸币，BIM2060 会逐张地将合法纸币移送入钱箱。

（5）硬币处理模块。硬币处理模块提供硬币的接收、伪币识别和暂时保存接收的硬币，找零及保存硬币到硬币钱箱的功能。主要由硬币模块控制板、投币口 Shutter、硬币识别器、储币箱（出币计数 Sensors、状态感应 Sensors）、硬币暂存器、硬币钱箱组成。各部件功能见表 6—1。

表 6—1　　硬币处理模块各部件功能

部件	功能	描　述
识别器	打开投币口	根据主控制器的命令打开投币口，打开投币口之后，识别器才开始识别硬币
	关闭投币口	根据主控器的命令关闭投币口默认状态时关闭
	识别硬币	判断硬币的真伪
	硬币分拣	识别为真币的硬币移送到暂存器，假币返还给乘客

续表

部件	功能	描述
暂存器	硬币临时保存	对识别为真币的硬币具有临时保存功能
	移送钱箱（Semi－Escrow →Coin Box）	根据主控制器的命令将暂存器里的硬币移送到硬币钱箱
	退还给乘客（Semi－Escrow →出票口）	根据主控制器的命令将暂存器里的硬币返还给乘客
储币箱	找零	从储币箱取出主控制器指定数量的硬币到暂存器。硬币掉落到暂存器，等全部掉落数量无误时移送到出票口。如果找出的数量不对，等待下一个命令。通过控制电磁阀选择掉入出票口还是硬币钱箱
	清空	清空储币箱时，将储币箱里的所有硬币逐一清出
其他	初始化	初始化硬币模块
	参数设定	设置运营相关的参数
	读取数据	检查硬币模块的状态和各种数据
	查询硬币数量	查询投币口打开之后投入硬币的数量
	解除报警	清空故障信息
	控制电磁阀	驱动各种电磁阀
	其他功能	定义其他硬币模块所需功能

1）硬币模块控制板。硬币模块内置硬币模块控制板对硬币处理相关操作进行控制。控制板与主控制器相连，接收主控制器的命令并执行，将执行的结果返回给主控制器。

2）硬币口 Shutter。投币口的 Shutter 开关是由电磁阀控制，执行结果通过传感器确认。

①投币口 Shutter 默认处于关闭状态。

②接收主控制器的命令关闭或者打开 Shutter。

③如果工作过程中出现异常将自动关闭 Shutter。

3）硬币识别器。硬币识别器采用的是行业内一个世界知名的产品（NRI 的 G－40 型接收器），可接收国内目前流通的第四和第五套人民币 5 角、1 元硬币，底部有五个出币口，其中一个是退币口，其余四个是硬币出口。所接收的硬币将根据验币结果，从不同的出币口出去。

①硬币模块可以最多识别八种硬币。

②硬币识别器可以通过软件更新增加硬币种类，软件是用专用工具下载。

③无法识别的硬币或伪币不经传动装置直接掉入出票口。

4）储币箱（Coin Hopper）。储币箱提供找零的硬币，补充硬币后，需要人工输入实际的补币数。打印机会打印出补充硬币小单。

①采用 Money Control 公司的 Universal Hopper。

②安装两个硬币 Coin Hopper。

③每个 Coin Hopper 的容量是 1 000 个。

储币箱上端装有传感器，以检测上盖的打开关闭状态，必须在关闭状态下硬币模块才能投入使用。

储币箱的出币口装有一对光感应 Sensors，用以检测找出硬币的数量。出币口每次只能出一个硬币，每出一枚硬币，出币计数 Sensors 就被遮断一次，就会计一次数，从而确定找零数。

储币箱体内的铜板是用于检测储币箱状态（硬币存量）的感应装置，一块铜板被连接到逻辑 0 V，另一块铜板被连线到 12 路接插件。其中管脚 7 是低电平；管脚 6 是高电平或最高电平。状态感应的信号电平由通过硬币在 0 V 板和其他板之间所产生的电气接触（存在或缺少）来决定的，储币箱有“满、将空、空”三种状态。

5）硬币暂存器。识别有效的硬币掉入暂存器进行保存。暂存器可以根据主控制器的命令选择将暂存的硬币退回给乘客或掉入硬币钱箱。暂存器是通过电动机控制硬币币兜进行左右切换，形成流向换向器或硬币出币器的通道。其主要的功能动作有以下几个：

①预备接收状态。

②向左通道倒币。

③向右通道倒币。

6）硬币钱箱。硬币钱箱用于保存乘客购票时投入的硬币，钱箱装有锁，更换钱箱后需用钥匙打开才能取出里面的硬币。每个钱箱都有一个唯一的编号（钱箱 ID），主控制器通过 ID 识别模块读取 ID 信息。ID 识别模块可以采用 IBUTTON 或者非接触式 IC 卡实现。

（6）单程票发售模块（TIM）。TIM（Token Issuing Module）是发售单程票的模块。单程票读写器在内部集成了非接触式 IC 卡读写芯片和 SAM 卡，具有对单程票的读写和安全认证两种主要功能。模块组成如下：

1）储票箱。单程票发售模块具有两个单程票装载装置 Hopper。用于装载准备发售的单程票。补充单程票时可以使用单程票补充箱。单程票 Hopper 有一个直流电动机，根据主控制器的命令，使硬币控制板运行电动机，电动机带动转盘，从转盘转出单程票。单程票会通过移送通道到达写票位置（读写器天线板），写票完毕到达分票位置，写成功的单程票会通过出票斜管到达出票口，废票则掉进废票箱。

为了能够探测单程票的数量，在 Hopper 中设置将空提示传感器，对于单程票已经发售完的情况，通过 Hopper 电动机在一定的时间内重复正旋转和逆旋转操作，如果仍然没有单程票转出时，通过程序可以判断单程票已经售完。

在使用两个 Hopper 且两个 Hopper 都装同类型单程票时，如果有一个 Hopper 的单程票已经售完，则向主控制器发出该信息，自动启用预备 Hopper。

2）TIM 控制板。TIM 的控制板，接收主控制器的控制从储票箱取出单程票、检测单程票卡票、记录储票箱单程票的存量。

3）调试面板。由显示故障代码的 LED 和三个操作按钮组成，提供维修及测试功能。

4）RF 控制模块

①RF 控制板。用于处理 RF 信号通信的数据。

②天线板。RF 通信天线。

③RC531 Board。完成数据信号与 RF 信号之间的转换。

④SAM Board。安装有 RF 信号安全密钥的 SAM 卡。

（7）乘客操作触摸屏。自动售票机可以选用表面声波触摸屏作为乘客操作触摸屏。其主要优点是抗暴、反应速度快、性能稳定。工作原理如下：

触摸屏玻璃屏的左上角和右下角各固定了竖直和水平方向的超声波发射换能器，右上角则固定了两个相应的超声波接收换能器。玻璃屏的四个周边则刻有 45°由疏到密间隔非常精密的反射条纹。

以右下角的 X 轴发射换能器为例：发射换能器把控制器通过触摸屏电缆送来的电信号转化为声波能量向左方表面传递，然后由玻璃板下边的一组精密反射条纹把声波能量反射成向上的均匀面传递，声波能量经过屏体表面，再由上边的反射条纹聚成向右的线传播给 X 轴的接收换能器，接收换能器将返回的表面声波能量变为电信号。当发射换能器发射一个窄脉冲后，声波能量历经不同途径到达接收换能器，走最右边的最早到达，走最左边的最晚到达，早到达的和晚到达的这些声波能量叠加成一个较宽的波形信号，因为接收信号集合了所有在 X 轴方向历经长短不同路径回归的声波能量，它们在 Y 轴走过的路程是相同的，但在 X 轴上，最远的比最近的多走了两倍 X 轴最大距离。因此这个波形信号的时间轴反映各原始波形叠加前的位置，也就是 X 轴坐标。发射信号与接收信号波形在没有触摸的时候，接收信号的波形与参照波形完全一样。当手指或其他能够吸收或阻挡声波能量的物体触摸屏幕时，X 轴途经手指部位向上走的声波能量被部分吸收，反应在接收波形上即某一时刻位置上波形有一个衰减缺口。接收波形对应手指挡住部位信号衰减了一个缺口，计算缺口位置即得触摸坐标控制器分析到接收信号的衰减并由缺口的位置判定 X 坐标。之后 Y 轴同样的过程判定出触摸点的 Y 坐标。除了一般触摸屏都能响应的 X、Y 坐标外，表面声波触摸屏还响应第三轴 Z 轴坐标，也就是能感知用户触摸压力大小值。其原理是由接收信号衰减处的衰减量计算得到。三轴一旦确定，触摸屏控制器就把它们传给主控机。

表面声波触摸屏的特点如下：

1）抗暴力。表面声波触摸屏的工作面是一层看不见、打不坏的声波能量，触摸屏的基层玻璃没有任何夹层和结构应力（表面声波触摸屏可以发展到直接做在 CRT 表面，从而没有任何“屏幕”），因此抗暴力强，适合在公共场所使用。

2）反应速度快。表面声波触摸屏是所有触摸屏中反应速度最快的，使用时感觉很顺畅。

3）性能稳定。表面声波技术原理稳定，而表面声波触摸屏的控制器靠测量衰减时刻在时间轴上的位置来计算触摸位置，所以表面声波触摸屏非常稳定，精度也非常高。

4）压力轴响应。具有第三轴 Z 轴，即压力轴响应。这是因为用户触摸屏幕的力量越大，接收信号波形上的衰减缺口也就越宽越深。目前在所有触摸屏中只有声波触摸屏具有能感知触摸压力这个性能，有了这个功能，每个触摸点就不仅仅有触摸和无触摸的两个简单状态，而是成为能感知力的一个模拟量值的开关了。

（8）运营状态显示器。运营状态显示器位于自动售票机顶端，采用高亮度的 LED 模块，用醒目的文字显示自动售票机当前的运营状态。

（9）点阵打印机。用于打印日常运营操作相关的小单。一般包括补币、补票小单，更换纸币、硬币钱箱小单，非法取出钱箱小单，结账凭据，乘客事务小单等。

（10）电源。为设备内部模块提供稳定的 AC/DC 电流。主要包括电源开关盒、电源箱、接线盒、漏电保护开关和不间断电源五部分。由交流 220 V 电压输入经电源箱后转变成直流输出给各模块供电。

1）开关盒。电源开关盒的作用是对进线电源进行再分配，给自动售票机各部件提供电源和备用电源。其主要作用如下：

①控制整机的电源通断。

②对整机的电源起过流保护作用。

③对整机电源起滤波作用。

④分时启动模块，减少启动时对电网的干扰（延时和不延时）。

2）电源箱。电源箱的作用是把输入的交流电转换成为多组直流电输出，给不同的模块提供不同的电源，如凭条打印机、纸币模块、硬币模块、单程票处理模块等。

输入的电压范围：AC220 V +10% −15% ，50 Hz ±4%。

输出的直流电压包括：+5 V/6 A，+12 V/4 A，+24 V/6.5 A。

3）不间断电源。发生断电或电压不稳时，作为备用电源供电。

第二节 软件结构

一、软件系统结构

一般自动售票机的控制软件采用分层模块化的设计思想，分为设备通信层、驱动层、系统平台和应用层，如图 6—4 所示。

1. 设备通信层

设备通信层负责各设备驱动软件与各物理设备间的通信。

2. 驱动层

驱动层主要是驱动软件包，提供动态链接库形式的自动售票机硬件设备驱动程序。

3. 系统平台

自动售票机的系统主要由 DevManager 构成。DevManager 是一个设备管理平台，它主要通过与应用层的通信，调用驱动层软件包，实现自动售票机的各种业务功能。

4. 应用层

应用层具有灵活的配置功能，支持多种通信方式。

二、应用软件安装与文件说明

把应用程序复制到 e：\ afctvm 文件夹中，完成安装之后，文件夹结构如图 6—5 所示。有关主要文件的说明见表 6—2。

图 6—4　软件系统架构

图 6—5　拷贝之后的结构

表 6—2　　**有关主要文件的说明**

文件夹名称	说　明	备　注
adv	存放广告播放相关的文件	
bin	存放 TVM 售票系统软件程序	为正常执行程序所必需的文件
Data	存放 TVM 的数据文件	
filemap	共享内存文件	
FileQueue	存放文件队列信息	
Log	存放 TVM 的日志文件	
map	存放 TVM 的购票路线图	为正常执行程序所必需的文件
NTP	存放时钟同步文件	为正常执行程序所必需的文件
Report	存放 TVM 报告文件	为正常执行程序所必需的文件
voice	存放 TVM 语音文件	为正常执行程序所必需的文件

三、软件环境与启动

接通设备电源，并进行启动过程后，自动执行 TVM 应用程序。结束初始化过程以后，根据自动售票机的当前状态，分别进入下面三种画面：

1. 正常服务状态

乘客服务等候画面。

2. 维修门打开状态

维修模式画面。

3. 暂停服务状态

暂停服务画面。

四、软件运行模式

自动售票机可运行在多种模式下。这些模式的设置可以是通过车站计算机下达参数设置，也可以是自动售票机根据模块的状态而进行自动调整的，运行模式分为三大类：

1. 正常服务模式

正常服务模式是指自动售票机运行时能提供所有设计要求的服务。能正常接受现金进行单程票购买，储值票充值，用纸币购票还有找零的功能。

2. 限制服务模式

自动售票机在运行过程中如有某一模块发生故障（报警除外），软件会屏蔽这一模块提供的相应功能，并尝试自动切换到限制服务模式，限制服务模式包含以下子模式：

（1）仅售票模式：储值票模块不可用或发生故障。

（2）仅接收硬币模式：纸币模块不可用或发生故障。

（3）仅接收纸币模式：硬币模块不可用或发生故障。

（4）无找零模式：储币箱空或找零模块发生故障。

（5）仅充值模式：储票箱空或单程票发售模块发生故障。

3. 停止服务模式

如没有与之匹配的限制服务功能，自动售票机将进入停止服务模式。以下条件将导致自动售票机切换到停止服务模式：

（1）储值票模块和单程票售票模块同时不可用或发生故障。

（2）储值票模块、硬币模块和纸币模块同时不可用或发生故障。

如果开通使用预留的银行卡模块对储值票进行充值的功能，因为涉及与银行主机的联网交易，当车站计算机与银行主机通信，网络发生故障时，充值功能将不可用。

第三节　日常性检修、计划性检修

一、日常性检修的内容

1. 日检

（1）维护对象。乘客操作区外观、设备门锁。

（2）达到效果。良好的直观状态，安全的锁闭防护。

（3）工器具、材料和部件。目测，不需要工器具和材料。

（4）日检内容

1）目测乘客状态显示屏是否正常显示。

2）观察纸币入钞口、SVT 插卡口 LED 正常亮。

3）观察设备能正常接收、执行乘客的购票指令并正常完成交易。

4）目测设备乘客显示屏显示内容正确（包括：通信状态、时间同步、购票地图等）。

5）设备乘客显示屏固定良好、外观完好，门锁正常锁闭。

2. 双周检

（1）维护对象。包括日检维护对象，硬币模块、TIM 表面平台、取票口挡板、维修面板和键盘。

（2）达到效果。包括日检维护效果，设备能正常接收硬币和纸币，设备表面无积尘，乘客可以方便地进行投币、取回车票和找零操作。

（3）工器具、材料和部件。抹布、毛扫、压缩空气、防护屏风。

（4）双周检内容。除进行日检的内容外，还需进行以下检查和维护：

1）清洁硬币验币器验币区；硬币模块缓存器；硬币模块找零器。

2）清洁设备内部各部件的表面积尘。

3）手动测试取票口挡板正常动作。

4）清洁纸币验币器验币区，清洁纸币模块（含支架部分）各部件（含传动带）表面积尘。

5）清洁钱箱支架框架内的异物与积尘。

6）检查乘客操作液晶显示屏表面无划痕、无碎裂，清洁表面的污渍，检查乘客操作显示屏显示的信息是否正确。

7）检查设备状态，各模块复位是否正常。

TVM 双周检作业流程如图 6—6 所示。

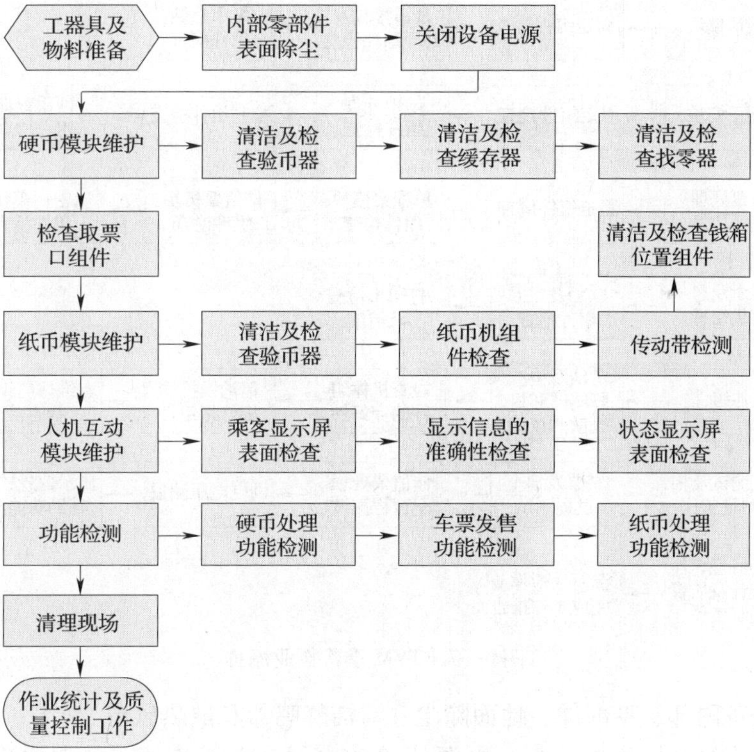

图 6—6　TVM 双周检作业流程

3．季度检

（1）维护对象。硬币模块、纸币模块、TIM 模块、直流电源、UPS、AC 接线模块、维修面板组件、乘客显示屏、打印机、蜂鸣器、散热风扇。

（2）达到效果。各主要部件内部无积尘，地面无积尘；内部无散落的螺钉或零部件，全部螺钉完整地紧固；零部件安装稳固，运作良好；线缆包扎良好，标志清晰；数据可以正常进行保存、交换。

（3）工器具、材料和部件。除双周检需使用的工器具和材料外，还需要以下物料：口罩、手套、润滑油脂、洗耳球、吸尘器、吹风机、数字式万用表、十字绝缘旋具、一字旋具、六角旋具、10 mm 套筒。

（4）季度检内容。季度检包括日检和双周检内容。其作业流程如图 6—7 所示。

图 6—7　TVM 季检作业流程

1）检查设备内部、零部件、地面除尘、清洁蜂鸣器和散热风扇。

2）检查交流接线排防护挡板、电源线路的电线、电线连接点、漏电保护器、电源开关、熔丝、交流电源输出插座有无损坏，能否正常工作，地线是否接触良好、测试交流电压是否正常。

3）拆开 UPS 外壳，清除内部积尘，检查部件紧固情况，检查 UPS 散热风扇是否正常运转、报警蜂鸣器是否正常鸣响、电源指示灯是否正常发亮，测试 UPS 自检功能是否正常，供电性能是否正常。

4）拆开直流供电器，清除内部积尘，检查部件紧固情况，检查直流电源开关、连接线缆及连接点、电源指示灯是否正常、测试输出电压是否正常。

5）检查机体所有部件是否有破裂、松动，所有螺钉是否旋紧，有无丢失。

6）清洁维修键盘，检查维修键盘的按键是否齐全、按键字体是否清晰、测试键盘功能是否正常。

7）清洁维修面板 LCD 及背光电路板，检查 LCD 背光灯是否正常显示，调节亮度至正常状态。

8）检查乘客操作液晶显示屏的电源和信号线缆接线是否牢固，整洁有序，有无破损，供电变压器是否正常工作，测量液晶显示屏供电变压器输出电压是否正常。

9）检查乘客操作液晶显示屏是否有花屏、闪烁现象及光亮度是否正常，并调整至正常状态。

10）检查乘客信息显示器的线缆是否正确连接、有无破损，做好包扎和紧固；清洁并检查乘客信息显示器驱动电路板和控制电路板，拧紧和补充完全固定螺钉；测试乘客信息显示器功能，确认能正常显示正确的内容。

11）检查主控制器连接的各线缆及接头是否正常，安装是否稳固，做好防损及补充螺钉固定。

12）拆卸主控制器单元，清洁包括主板、内存条、显卡、CPU 风扇等部件的积尘；检查并确认各电路板及零部件之间的连线是否正确，无插座移位、针脚偏移、折断，连线无破损、短路、断裂等现象，固定良好。

13）检测主控制器 CPU 风扇运转情况、输入电压值、控制功能是否正常。

14）清洁车票发售模块的 TIM 板、滑轨、储票箱组件、单程票 CAD 和天线、导票斜管（Y 型管）、传感器、电磁阀、SVT 插卡器和读卡天线的积尘，取出 SAM 卡，清洁 SAM 卡和 SAM 卡座。

15）检查车票发售模块各零部件的线缆、接头及零部件的固定是否正常，做好防损及补充螺钉固定。

16）检测车票发售模块 TCB 板的电压指示灯、模块滑轨、导票斜管、读写暂存位电磁阀分向器、取票口灯、SVT 插卡器、废票盒等能否正常工作。

17）测试车票发售模块传感器、电动机、电磁阀是否正常工作。

18）检查纸币模块滑轨是否正常。

19）检查、清洁并调整纸币模块（含支架部分）的传动带，对变形和磨损严重的传动带进行更换。

20）检查、清洁并调整纸币模块各光电传感器（PD1－9）和各电磁阀。

21）检查、清洁并调整纸币模块入钞口组件、验币区、回旋处组件、退币通道组件、暂存位组件、出口位组件、离合器组件、压钞区摇臂组件、压钞电动机组件，使之达到良好的状态。所有的组件包含硬件部分和传动带。

22）地面站与纸币使用量较大车站的叠钞器维护：从支架里拆出叠钞器，清洁压钞电动机的螺纹轴上的润滑脂，并更换新的润滑脂。

23）纸币钱箱的清洁：对钱箱棱镜、钱箱电子 ID、导钞轮、钱箱表面和内部机构进行清洁。

24）检查 ID 识别模块金属爪各针脚，清洁 E54 传感器。

25）检查纸币模块各连接线缆、接头、螺钉安装、固定是否正确，做好防损并补充缺失的螺钉。

26）用功能菜单测试纸币接收情况。

27）检查硬币模块各零部件的线缆、接头及零部件的安装、固定是否正常，做好防损及补充螺钉固定。

28）清洁硬币模块滑轨、投币口组件、就位传感器、验币器、暂存器组件、取消电动机组件、控制电路板组件表面积尘。

29）检测硬币模块滑轨、固定扣件和就位传感器、投币口电磁阀、验币器、暂存器电磁阀及挡片、取消电动机组件、控制电路板工作是否情况，并调整至良好状态。

30）取出储币箱，检查并清洁储币箱体、转盘（特别是三个硬币孔位）及传感器，检测转盘有无出现打滑、空转等现象。

31）在维修面板上测试硬币模块的各组传感器是否正常工作。

32）检查硬币钱箱的锁头、箱体、箱座等是否正常，无变形、爆裂，检查硬币钱箱识别器有无变形，是否能正常识别钱箱 ID。

33）清除打印机的积尘和纸屑，检查打印机的接线是否牢固、无破损，做好包扎和防护。

34）检查并确认打印机外壳表面无破损；打印机色带安装正确，无损坏；内部部件无损坏和丢失；检测打印机输入电压值正常，工作性能正常。

35）检查维修门是否正常关闭，门轴转动顺畅，门和机身的连接件安装牢固，门锁可正常锁闭及固定，门杆及定位件可正常动作及固定。

36）检查乘客显示器上显示的 IP 地址是否与 SC 上显示的一致，M、T、C、B 模块应用程序版本号是否正常。

4. 年度检

（1）维护对象。包括季度检的维护对象，AC 空气开关、交流接线盘、液晶显示屏模块、主控器 CPU 散热组件、取票口挡板组件、硬币投币和验收组件、打印机色带、硬币验币器分向电磁阀组件。

（2）达到效果。包括季度检的维护效果，设备接地良好，AC 电源保护部件良好，UPS 供电性能 100% 有保证，液晶显示屏工作状态良好，主控制器工作状态良好，硬币验收顺畅，打印机使用情况良好。

（3）工器具、材料和部件。包括双周检、季度检使用的工器具、材料和部件，摇表，UPS 电池，CPU 散热风扇，CPU 散热硅胶，润滑油，打印机色带，硬币验币器分向电磁阀组件（包括挡片、传感器、弹簧、传动件等）。

（4）年度检内容。除进行日检、双周检、季度检的内容外，还需进行以下检查和维护：

1）检查低压断路器有无损坏，能否正常工作，地线是否接触良好。

2）检查位于站厅两端墙壁上的交流接线盘的电源接线是否牢固、螺钉是否拧紧、电源线是否破损，做好包扎和紧固，测量火线对地的电阻值是否符合要求。

3）更换 UPS 电池、风扇。

4）拆开乘客操作液晶显示屏背面防护板，检查显示屏各控制电路板的固定情况，拧紧和补充完全固定螺钉，清洁电路板及其他零部件上的积尘。

5）检查乘客操作液晶显示屏的调节功能按钮是否正常，将显示屏调至最佳状态，测试乘客操作液晶显示屏的功能是否正常。

6）更换主控制器的 CPU 散热风扇，清洁 CPU 散热片，更换散热硅膏。

7）将少量的润滑油脂均匀涂抹在车票发售模块滑轨、纸币模块滑轨、硬币模块滑轨、打印机模块滑轨上，加以润滑。

8）拆除取票口挡板，清洁挡板并检查其固定及动作情况。

9）更换纸币模块皮带，包括传送机构皮带和钱箱支架皮带。

10）叠钞器维护：从支架里拆出叠钞器，清洁压钞电动机的螺纹轴上的润滑脂，并更换新的润滑脂。

11）对纸币模块各轴承部件进行清洁与保养。

12）拆下硬币模块投入口，清洁硬币投入口组件上积尘和黏结物。

13）检查验币器硬币投入位置磨损程度；拆开验币器后方挡板，清洁验币器的控制电路板。

14）更换打印机色带。

15）更换硬币验币器分向电磁阀组件（包括挡片、传感器、弹簧、传动件等）。

16）主板电池更换。

二、关键模块的检修工艺

1. TVM 纸币模块检修工艺

【任务描述】：对 BIM2020 纸币模块（见图 6—8）进行外观方正检查、纸币机机内外检查、纸币支架内外检查，验币器、传感器、电动机、电磁阀、传动皮带检查，电气特性及纸币接收性能测试。检修及维护流程如图 6—9 所示。

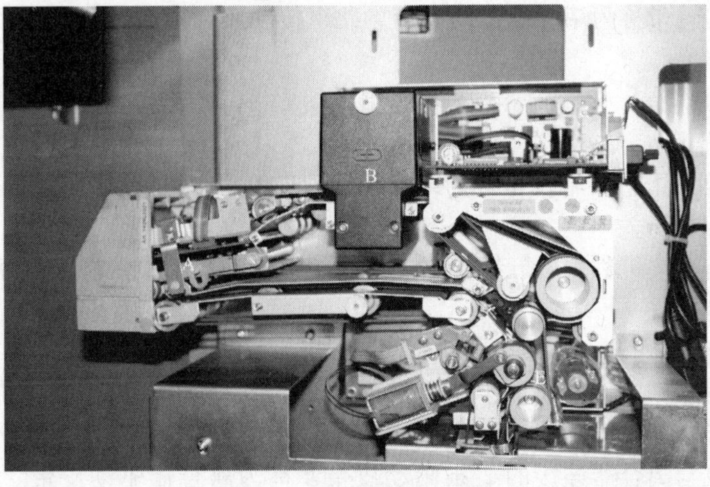

图 6—8　纸币模块外观图

A—入币口　B—纸币验币器　C—回旋处　D—退币通道　E—暂存位

【工器具和材料】：万用表、一字旋具、十字旋具、内六角螺栓扳手、7 mm 扳手、毛刷、棉布、压缩空气、刷镜纸、扎线带、润滑油脂。

（1）传动皮带。传动皮带共 5 组，均为绿色皮带。

1）入口传输带称为第一组传动皮带，此组传动皮带最长。共 3 条，每条传动皮带长 681 mm；由外至内依顺序为第 1 条、第 2 条、第 3 条，以纸币机安装面为内，下同。

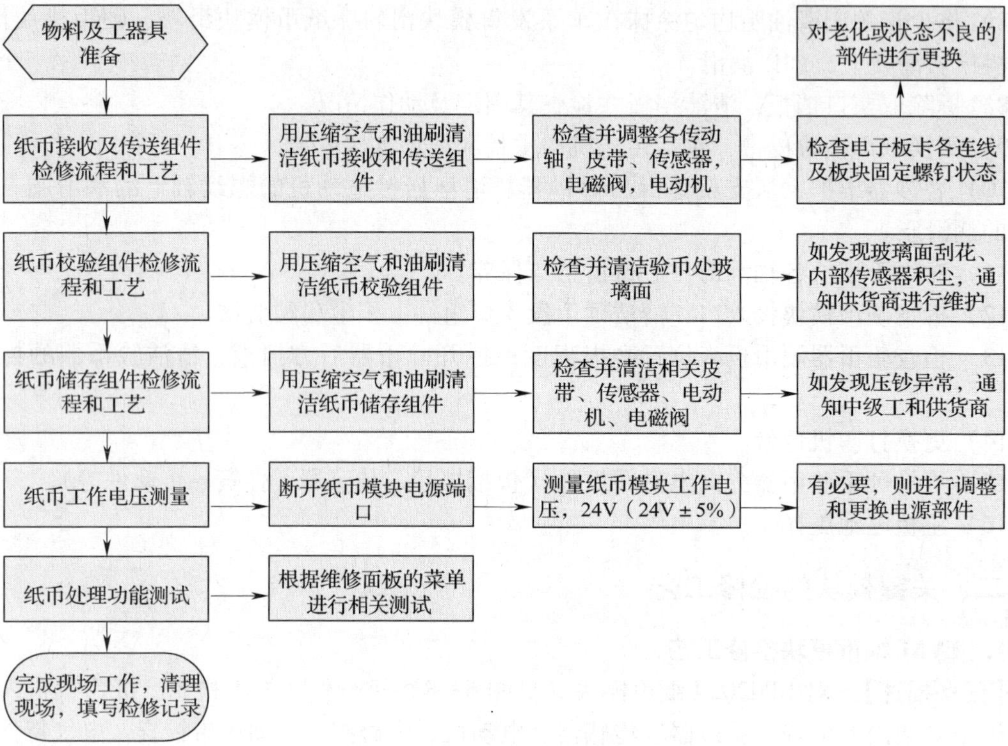

图 6—9　纸币模块检修及维护流程

2）回旋处传输带称为第二组传动皮带，此组传动皮带第四长。共 3 条，每条传动皮带长 260 mm。

3）退币通道（上）传输皮带称为第三组传动皮带，此组传动皮带第二长。共 3 条，每条传动皮带长 543 mm。

4）退币通道（下）传输皮带称为第四组传动皮带，此组传动皮带第三长。共 3 条，每条传动皮带长 451 mm。

5）暂存位传输皮带称为第五组传动皮带，此组传动皮带最短。共 4 条，每条传动皮带长 175 mm。

（2）驱动皮带

1）主电动机与回旋处传动轴连接的 2 条驱动皮带，称电动机驱动皮带。靠内的那条为黄色（红色），长 227 mm；靠外的那条为绿色，长 241 mm。

2）主电动机与离合器连接的 2 条驱动皮带，称为离合器驱动皮带。均为黄色 PU 环，长 112 mm。

（3）回旋处联动皮带。连接回旋处第一和第三条传动轴的皮带称回旋处联动皮带。共 2 条，长 170 mm。

子任务 1　纸币接收及传送组件检修流程和工艺

【子任务描述】：对纸币接收及传送组件进行外观检查、方正目测与测量、各传动轴、传感器、电磁阀、电动机进行检查。

【工作过程】：

➢ 打开 TVM 维修门。

➢ 在维修控制盘上登录。

➢ 用肉眼观察纸币入钞口 LED 指示灯是否正常闪亮。

➢ 关闭 TVM 电源。

➢ 用镜头纸、压缩空气、毛刷、棉布清洁纸币模块（含支架部分）各部件（含皮带）表面积尘。

➢ 检查并调整纸币模块（含支架部分）的皮带，对变形和磨损严重的皮带进行更换。

➢ 检查并调整纸币模块入钞口组件、验币区、回旋处组件、退币通道组件、暂存位组件、出口位组件、离合器组件、压钞区摇臂组件、压钞电动机组件，使之达到良好的状态。

➢ 检查纸币模块各连接线缆、接头、螺钉是否安装、固定正确，做好防损并补充缺失的螺钉。

➢ 检查各轴承部件是否老化，对磨损严重的驱动轴、传动轴进行更换。

➢ 检查并对老化的纠偏电动机、入口电磁阀、分向电磁阀、暂存位防钓电磁阀、压钞电动机进行更换。

➢ 检查并对老化的各光电传感器进行更换。

➢ 检查纸币模块滑轨状态是否正常。

➢ 打开 TVM 电源并测试。

➢ 现场填写该组件的检修表格并记录设备检修过后的状态。

【复习思考题】

1. 纸币入币口有多少个传感器检测，各传感器代号分别是什么？

2. 纸币机有多少个电磁阀，分别是什么？

子任务 2　纸币校验组件检修流程和工艺

【子任务描述】：对纸币校验组件进行外观检查、方正目测与测量、各传感器进行检查。

【工作过程】：

➢ 打开 TVM 维修门。

➢ 在维修控制盘上登录。

➢ 关闭 TVM 电源。

➢ 卸下纸币验币器塑料固定螺母，将纸币验币器从固定杆上取下。

➢ 断开纸币验币器的通信端口线。

➢ 检查纸币校验处的玻璃面是否松脱，若松脱应通知供货商进行修复。

➢ 检查并清洁整改纸币验币器表面（注意在清洁纸币校验处时，要使用专用镜头纸，不能使用粗糙的材料，以免刮花纸币校验处的玻璃面，影响接收纸币的功能）。

➢ 检查纸币验币器内的传感器是否积尘严重，积尘严重则通知供货商进行维护（因纸币验币器是较为精密的部件，内部维护需要供货商进行）。

➢ 检查纸币验币器通信端口是否完整，固定良好。

➢ 检查纸币验币器的固定杆安装是否良好。

➢ 接好纸币验币器的通信端口线，将纸币验币器装到固定杆上，拧紧塑料固定螺母。

➢ 现场填写该组件的检修表格并记录设备检修后的状态。

【复习思考题】

1. 纸币验币器验币面要用什么进行清洁，为什么？

2. 纸币验币器是通过什么来验证的？

子任务 3　纸币储存组件检修流程和工艺

【子任务描述】：对纸币储存组件进行外观检查、方正目测与测量、各传感器进行检查。

【工作过程】：

➢ 打开 TVM 维修门。

➢ 在维修控制盘上登录。

➢ 关闭 TVM 电源。

➢ 拆下纸币机，用十字旋具拆下支架背板固定螺钉（6 颗），拆下支架。

➢ 用 7 mm 六角扳手拆下支架挡板固定螺钉（6 颗），取下支架挡板。

➢ 拔下 PD9 传感器数据线和钱箱叠钞器电动机电源线，用 3 mm 六角扳手拆下钱箱叠钞器固定螺钉（4 颗）。

➢ 检查钱箱支架皮带和压钞电动机传动带状态。

➢ 用干棉布清洁压钞电动机的螺纹轴上的润滑脂，重新更换新的润滑脂。

➢ 用 3 mm 六角扳手上紧叠钞器固定螺钉（4 颗），接回 PD9 传感器数据线和钱箱叠钞器电动机电源线。

➢ 用十字旋具拧紧背板固定螺钉（6 颗），装回支架。

➢ 装好纸币机。

➢ 打开 TVM 电源，并测试。

➢ 现场填写该组件的检修表格并记录设备检修过后的状态情况。

【复习思考题】

1. 纸币堆叠器的工作原理是什么？

2. 纸币钱箱支架共有多少条传动皮带，分别是什么名称？

2. TVM 硬币模块检修工艺

【任务描述】：对硬币模块进行外观方正检查、硬币模块内外检查，验币器、传感器、电动机、电磁阀、传送组件检查，电气特性及硬币接收性能测试。

【任务目标】：检修保养后硬币模块符合季检保养工艺标准。使硬币模块在维护后，故障率有效降低。

【工器具和材料】：万用表、一字旋具、十字旋具、毛刷、棉布、压缩空气、扎线带、润滑油脂。

硬币横块外观如图 6—10 所示，检修流程如图 6—11 所示。

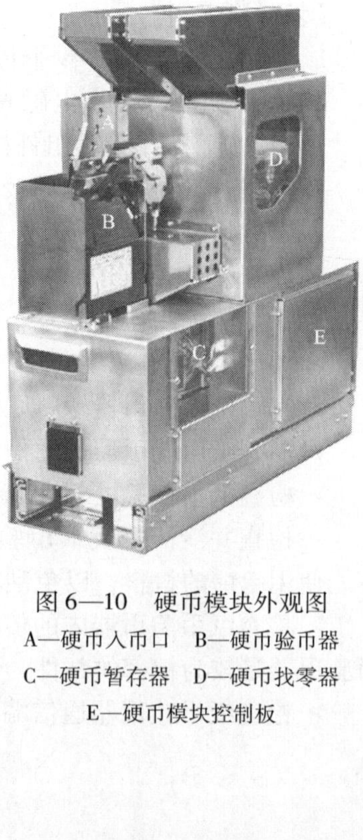

图 6—10　硬币模块外观图

A—硬币入币口　B—硬币验币器

C—硬币暂存器　D—硬币找零器

E—硬币模块控制板

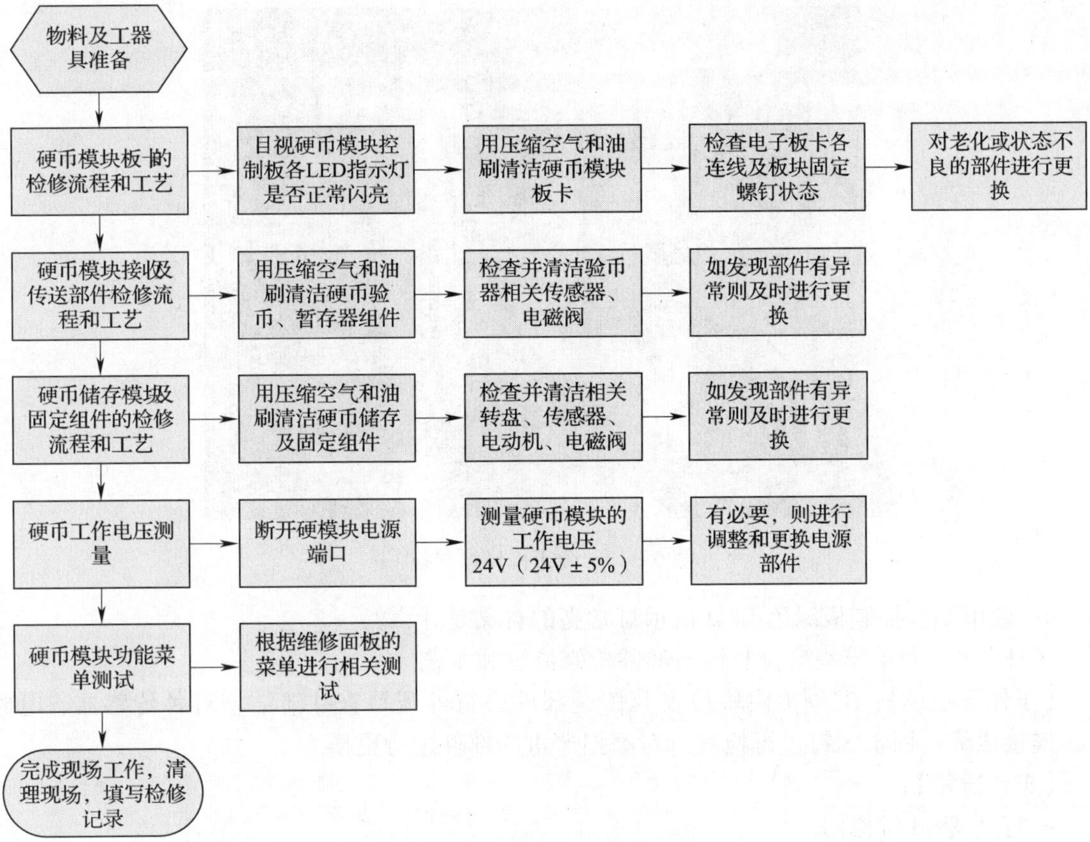

图 6—11　硬币模块检修流程

子任务 1　硬币模块板卡的检修流程和工艺

【子任务描述】：对硬币模块板卡进行外观检查并清洁、目视各 LED 指示灯的状态、各连接线缆、固定螺钉状态检查。

【工作过程】：

➢ 打开 TVM 维修门。

➢ 在维修控制盘上登录。

➢ 目视硬币模块控制板各 LED 指示灯是否正常闪亮（见图 6—12）。

➢ 检查连接在控制板上各连线接头是否正常（见图 6—12）。

➢ 关闭 TVM 电源。

➢ 用十字旋具拆下控制板外挡板的螺钉。

➢ 用毛刷，压缩空气清洁控制板及周边的表面积尘。

➢ 打开 TVM 电源并测试。

➢ 目视硬币模块控制板 A、B、C、D 处各 LED 指示灯是否正常闪亮。

➢ 现场填写该组件的检修表格并记录设备检修过后的状态。

【复习思考题】

1. 硬币模块控制板其中有一连线标注为 J6 SW－ER，是连接哪个部件？

图 6—12　硬币模块控制板

2. 硬币模块控制板绿色 LED 指示灯常亮的含义是什么？

子任务 2　硬币模块接收及传送部件检修流程和工艺

【子任务描述】：对硬币模块接收及传送部件进行外观检查并清洁，对各传感器、电磁阀、连接线缆、固定螺钉进行检查，对磨损严重的部件进行更换。

【工作过程】：

➢ 打开 TVM 维修门。

➢ 在维修控制盘上登录。

➢ 关闭 TVM 电源。

➢ 用 7 mm 套筒和十字旋具拆下硬币模块投币口，用毛刷、棉布、洗耳球清洁硬币投币口组件上积尘和黏结物。

➢ 检查验币器硬币投入位置磨损程度，拆开验币器后方挡板，取下硬币验币器并用压缩空气、棉布清洁验币器验币区的四个传感器，如验币器损坏则需要进行更换（步骤请参见图 6—13、图 6—14 的操作指引）。

➢ 用压缩空气、棉布清洁验币器的 C、D 两面。

➢ 现场填写该组件的检修表格并记录设备检修过后的状态。

更换硬币验币器步骤如下：

工具、材料：TVM 钥匙、硬币验币器、暂停服务牌。

➢ 打开 TVM 维修门。

➢ 在维修控制盘上登录。

➢ 关闭 TVM 电源。

➢ 用手拉开硬币模块，取出硬币验币器，小心地将数据线拔出，对其进行更换（见图 6—15）。

图 6—13　硬币验币器检查清洁步骤 1

A—下压开关　B—按旋向箭头方向旋转

图 6—14　硬币验币器检查清洁步骤 2

图 6—15　硬币验币器拆卸步骤

➢ 打开 TVM 电源。
➢ 在维修控制盘上登录。
➢ 用测试功能测试验币情况。
➢ 关闭维修门，清理现场。
➢ 现场填写该组件的检修表格并记录设备检修过后的状态。
➢ 小心地将 A 点数据线拔出。

硬币模块传送部件的保养

➢ 打开 TVM 维修门。
➢ 在维修控制盘上登录。

➢ 关闭 TVM 电源。

➢ 用十字旋具拆下暂存器外挡板及后挡板的螺钉。

➢ 小心地拔下电源线及信号线。

➢ 把暂存器放在地面上。

➢ 用毛刷、棉布、压缩空气清洁暂存电磁阀及挡片，取消电动机组件、传输导管。

➢ 检查传输导管有无异物且导币是否顺畅。

➢ 检查取消电动机组件是否活动正常，且在动作时有无异响。

➢ 检查暂存器退还电磁阀、进钱箱电磁阀动作是否顺畅，挡片活动是否正常及有无磨损（见图 6—16、图 6—17）。

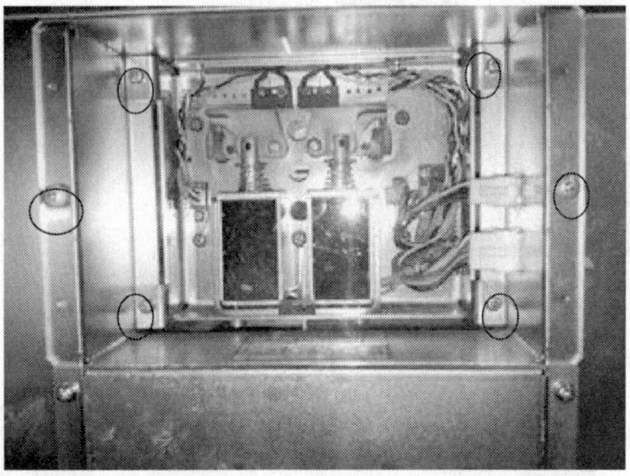

图 6—16　硬币暂存器

图 6—17　硬币暂存器活动挡片

➢ 检查各传感器外观是否完好。

➢ 检查连接到各部件上的连接线接头是否正常。

➢ 把暂存器装回支架上并调整好位置，再接好连线拧紧固定螺钉。

➢ 检查并清洁挡片 A、B 活动是否正常及有无磨损（见图 6—17）。

➢ 检查并清洁电磁阀 A、B 动作是否顺畅（见图 6—18）。

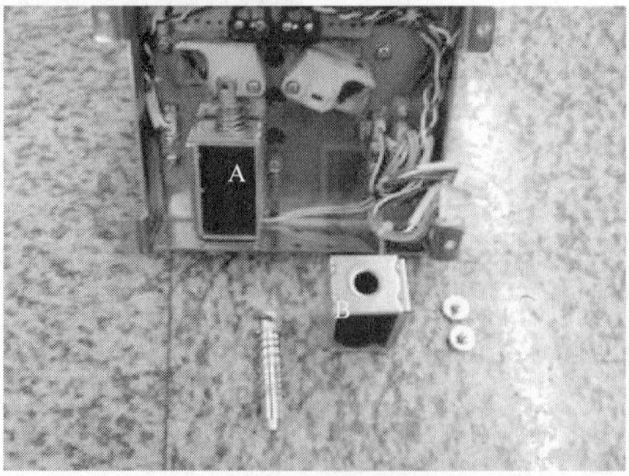

图 6—18　硬币暂存器电磁阀

➢ 现场填写该组件的检修表格并记录设备检修过后的状态。

【复习思考题】

1．硬币模块验币器的验币区有多少个传感器?

2．硬币模块暂存器有多少个电磁阀，分别是什么?

子任务 3　硬币储存模块及固定组件的检修流程和工艺

【子任务描述】：对硬币储存模块及固定组件进行外观检查，对转盘、各连接线缆、各传感器、电动机、固定螺钉、导轨状态进行检查及清洁。

【工作过程】：

➢ 打开 TVM 维修门。

➢ 在维修控制盘上登录。

➢ 关闭 TVM 电源。

➢ 用 5102 钥匙和十字旋具拆下补币箱找零器挡板。

➢ 小心地拔下连接储币箱的电源线及信号线，取出储币箱（见图 6—19）。

➢ 用毛刷、棉布、压缩空气清洁储币箱体、转盘（特别是三个硬币孔位）及传感器（6—20）。

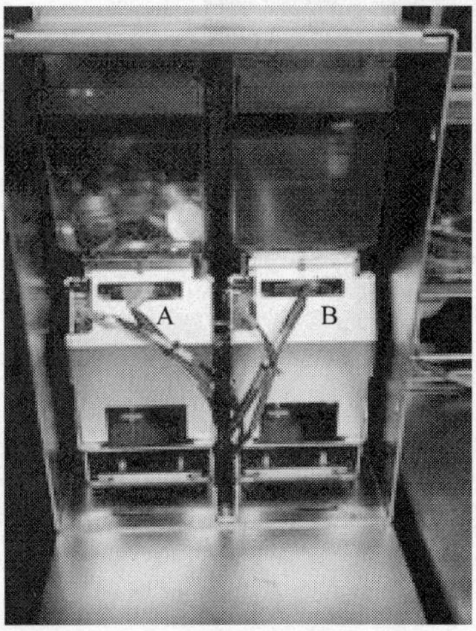

图 6—19　硬币储币箱连线的拆卸

图 6—20　硬币储币转盘的检查

➢ 检查转盘是否出现打滑、空转现象。

➢ 检查电动机动作是否顺畅，连接轴是否出现磨损现象。

➢ 检查各传感器外观是否完好。

➢ 检查连接到各部件上的连接线接头是否正常。

➢ 把储币箱体装回支架上，调整好位置。

➢ 小心地拔下 A、B 处的电源线及信号线（见图 6—19）。

➢ 检查并清洁 A 处转盘（见图 6—20）。

➢ 现场填写该组件的检修表格并记录设备检修过后的状态。

固定组件

➢ 打开 TVM 维修门。

➢ 在维修控制盘上登录。

➢ 关闭 TVM 电源。

➢ 用毛刷、棉布、压缩空气清洁硬币模块滑轨及周边的表面积尘。

➢ 检查硬币钱箱的锁头、箱体、箱座等是否正常，无变形、爆裂，ID 识别器无变形，能正常识别钱箱 ID，固定良好。

➢ 用手试拉硬币模块滑轨运行状态是否动作顺畅、固定扣件是否完好（见图 6—21）。

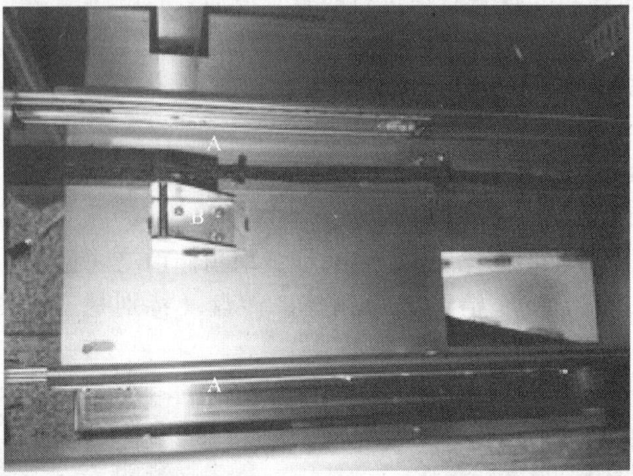

图 6—21　固定组件导轨及固定扣件

➢ 检查就位传感器外观是否完好，接触是否正常。

➢ 检查并清洁 A、B 处部件（见图 6—21）。

➢ 现场填写该组件的检修表格并记录设备检修过后的状态。

【复习思考题】

1. 硬币模块储币箱连接哪些线缆？
2. 硬币模块储币转盘需检查哪些项目？
3. 硬币模块导轨需检查哪些项目？

3. TVM 车票处理模块检修工艺

【任务描述】：对车票处理模块进行外观检查，如模块的内外检查，传感器、电动机、电磁阀、导票斜管检查，板卡的电气特性性能测试。

【工器具和材料】：万用表、一字旋具、十字旋具、毛刷、棉布、压缩空气、扎线带、润滑油脂。车票模块正面及面外观如图 6—22 和图 6—23 所示。检修流程如图 6—24 所示。

子任务 1　车票储票箱组件的检修流程和工艺

【子任务描述】：对车票储票箱组件进行外观检查。对方正目测与测量，对转盘、传感器、电磁阀、转盘电动机、各连线接头进行检查。

【工作过程】：

工具、材料：TVM 维修门钥匙、毛刷、棉布、十字旋具、压缩空气、7 mm 套筒、暂停服务牌。

➢ 打开 TVM 维修门。

图 6—22　车票模块正面外观图

A—储票箱　B—车票扩容箱　C—TCB 板

图 6—23　车票模块背面外观图

D—Y 型管　E—车票读写天线

- 在维修控制盘上登录。
- 关闭 TVM 电源。
- 拆出储票箱，检查储票箱（转盘）是否安装固定良好，检查储票箱转盘是否有虚位。
- 用毛刷、干棉布、压缩空气清洁储票箱组件的积尘。
- 清洁储票箱组件。
- 检查储票箱组件各零部件的线缆、接头及零部件的固定情况。
- 打开 TVM 电源。
- 在维修控制盘上登录。
- 测试储票箱组件的传感器、电动机工作是否正常。

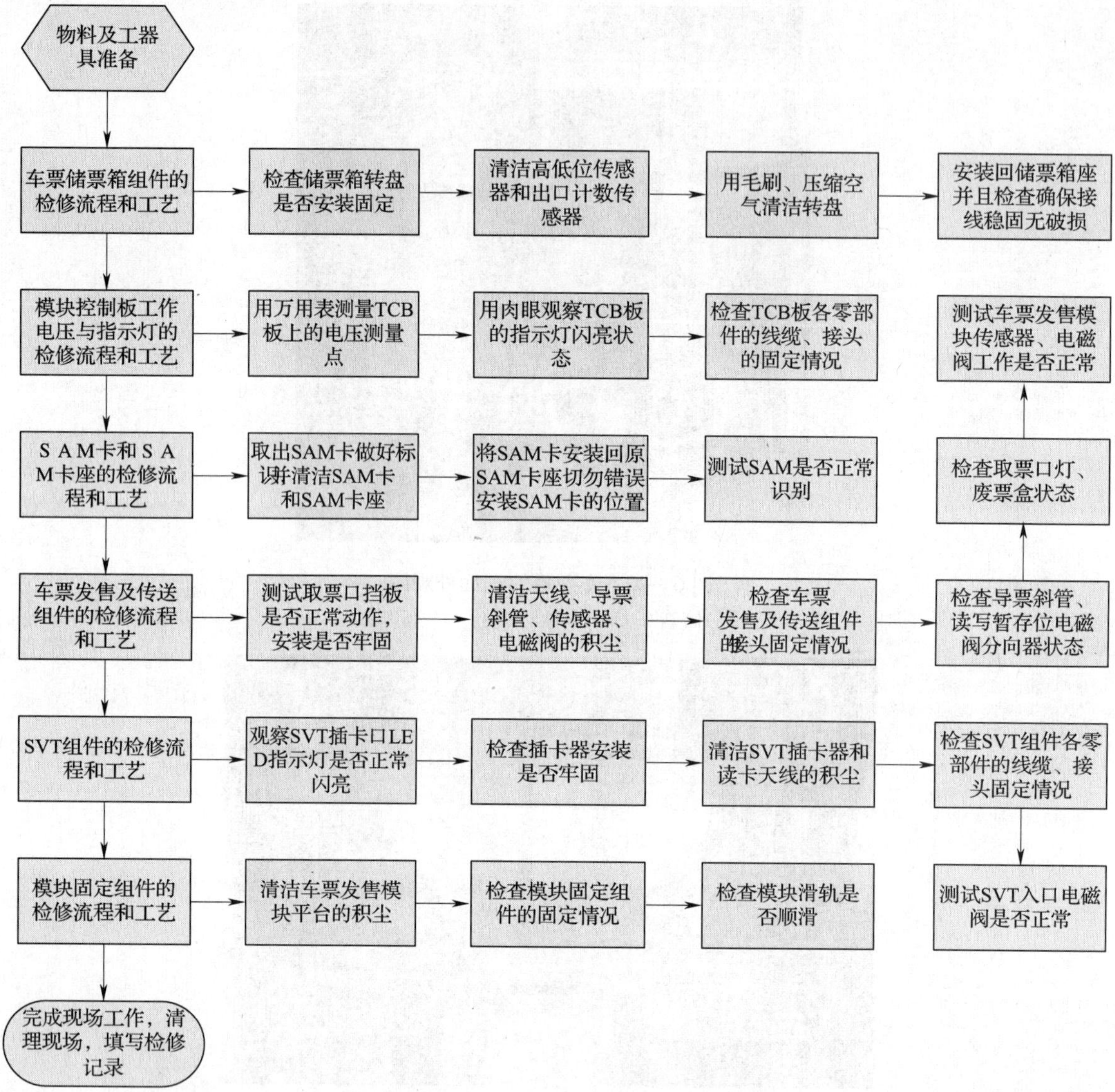

图 6—24　车票模块间修流程

➢ 关闭维修门，清理现场。

➢ 现场填写该组件的检修表格并记录设备检修过后的状态。

【复习思考题】

维护储票箱时为什么要检查储票箱组件各零部件的线缆、接头？

子任务 2　模块控制板工作电压与指示灯的检修流程和工艺

【子任务描述】：测量模块控制板工作电压，检查指示灯。测量控制板的工作电压时要按要求使用正确万用表的挡位。在检查车票模块控制板的线缆与接头固定情况时要注意先关闭电源。

【工具材料】：TVM 维修门钥匙、毛刷、棉布、十字旋具、压缩空气、7 mm 套筒、暂停服务牌。

➢ 打开 TVM 维修门。

➢ 在维修控制盘上登录。

➢ 测量 TCB 板的工作电压。

➢ 用肉眼观察 TCB 板的指示灯闪亮状态见图（6—25）。

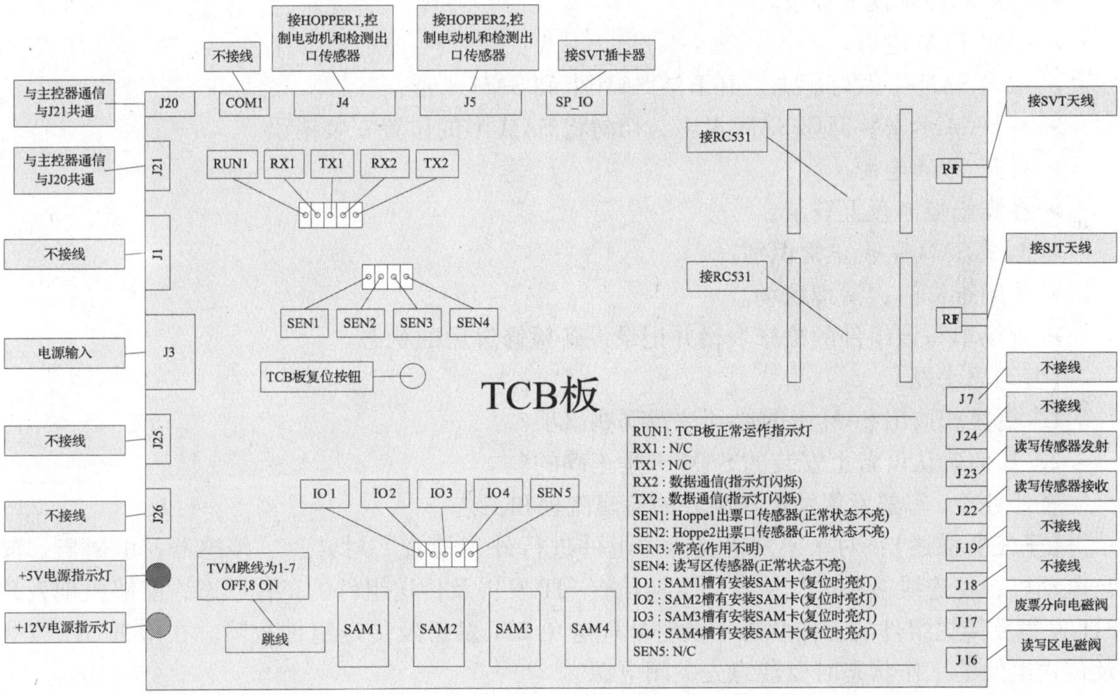

图 6—25　TCB 板指示灯状态说明

➢ 关闭 TVM 电源。

➢ 检查 TCB 板各零部件的线缆、接头及零部件的固定情况。

➢ 打开 TVM 电源。

➢ 在维修控制盘上登录。

➢ 关闭维修门，清理现场。

➢ 现场填写该组件的检修表格并记录设备检修过后的状态。

【复习思考题】

1. 为什么要量度 TCB 板的工作电压？

2. TCB 板的工作电压是多少？

子任务 3　SAM 卡和 SAM 卡座的检修流程和工艺

【子任务描述】：检查 SAM 卡与 SAM 卡座的工作状态，SAM 识别是否正常。定期检查 SAM 卡与 SAM 卡座的工作状态，能够提前发现 SAM 卡的安装情况，及时处理避免出现 SAM 卡号与台账不符和 SAM 卡故障无法识别等情况。在检查 SAM 卡与 SAM 卡座的工作状态时要注意先关闭电源工作电压时要按要求使用正确的万用表挡位。在检查车票模块控制板的线缆与接头固定情况时要注意先关闭电源。

【工作过程】：

工具、材料：TVM 维修门钥匙、毛刷、棉布、十字旋具、压缩空气、7 mm 套筒、暂停服务牌。

➢ 打开 TVM 维修门。
➢ 在维修控制盘上登录。
➢ 关闭 TVM 电源。
➢ 取出 SAM 卡做好标志，并清洁 SAM 卡和 SAM 卡座。
➢ 将 SAM 卡安装回原 SAM 卡座，切勿将 SAM 卡的位置安装错误。
➢ 打开 TVM 电源。
➢ 在维修控制盘上登录。
➢ 测试 SAM 是否正常识别。
➢ 关闭维修门，清理现场。
➢ 现场填写该组件的检修表格并记录设备检修过后的状态。

【复习思考题】

1. 更换或取出 SAM 卡时必须注意哪些事项？
2. 如何确认设备上安装的 SAM 卡是正确的？

子任务 4　车票发售及传送组件的检修流程和工艺

【子任务描述】：对车票发售及传送组件进行外观检查。对转盘、传感器、电磁阀、转盘电动机、各连线接头进行检查。定期检查 SJT 发售及传送组件的工作状态，能够提前发现 SJT 发售及传送组件的工作状态，及时处理避免 SJT 发售及传送组件故障。在检查 SJT 发售及传送组件的工作状态时要注意先关闭电源。

【工作过程】：

工具、材料：TVM 维修门钥匙、毛刷、棉布、十字旋具、压缩空气、7 mm 套筒、暂停服务牌。

➢ 打开 TVM 维修门。
➢ 在维修控制盘上登录。
➢ 关闭 TVM 电源。
➢ 用手测试取票口挡板是否正常动作，安装是否牢固。
➢ 用毛刷、干棉布、压缩空气清洁单程票天线、导票斜管、传感器、电磁阀的积尘。
➢ 检查 SJT 发售及传送组件各零部件的线缆、接头及零部件的固定情况。
➢ 打开 TVM 电源。
➢ 在维修控制盘上登录。
➢ 检查导票斜管、读写暂存位电磁阀分向器、取票口灯等是否正常工作，废票盒状态是否完好。
➢ 测试车票发售模块传感器、电磁阀工作是否正常。
➢ 关闭维修门，清理现场。
➢ 现场填写该组件的检修表格并记录设备检修过后的状态。

【复习思考题】

进行车票发售及传送组件的检修时需要注意哪些事项？

子任务5 SVT组件的检修流程和工艺

【子任务描述】：对SVT组件进行外观检查、清洁，SVT电磁阀shutter是否正常。

【工作过程】：

工具、材料：TVM维修门钥匙、毛刷、棉布、十字旋具、压缩空气、7 mm套筒、暂停服务牌。

- 打开TVM维修门。
- 在维修控制盘上登录。
- 观察SVT插卡口LED指示灯是否正常闪亮。
- 关闭TVM电源。
- 检查插卡器安装是否牢固。
- 用毛刷、干棉布、压缩空气清洁SVT插卡器和读卡天线的积尘。
- 检查SVT组件各零部件的线缆、接头及零部件的固定情况。
- 打开TVM电源。
- 在维修控制盘上登录。
- 检查SVT插卡器是否正常工作。
- 测试SVT入口电磁阀是否正常。
- 关闭维修门，清理现场。
- 现场填写该组件的检修表格并记录设备检修过后的状态。

子任务6 模块固定组件的检修流程和工艺

【子任务描述】：对模块固定组件进行外观检查、清洁，确保模块固定螺钉安装稳固。

【工作过程】：

工具、材料：TVM维修门钥匙、毛刷、棉布、十字旋具、压缩空气、7 mm套筒、暂停服务牌。

- 打开TVM维修门。
- 在维修控制盘上登录。
- 用毛刷、干棉布、压缩空气清洁车票发售模块的滑轨的积尘。
- 检查模块固定组件的固定情况。
- 检查模块滑轨是否顺滑。
- 关闭维修门，清理现场。
- 现场填写该组件的检修表格并记录设备检修过后的状态。

三、TVM功能测试

1. 操作流程

维修人员或车站人员要对TVM进行相关维修、维护、查询、测试、更换钱箱、补票、补币等操作时，必须遵守一定的操作使用规定。首先要登录设备，操作完成后要退出系统，确保设备恢复运营状态。如图6—26所示。

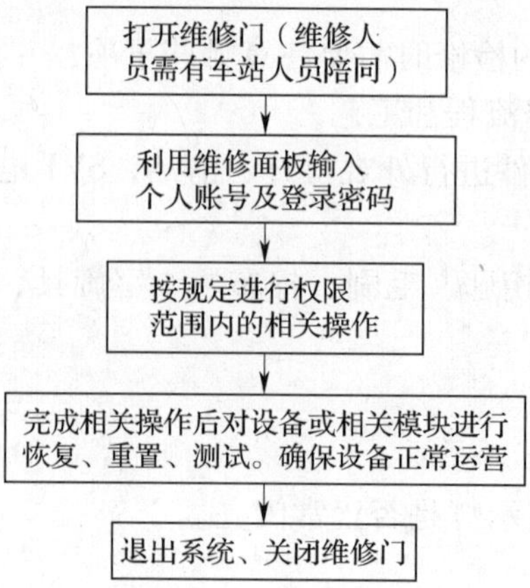

图 6—26　设备操作流程

2. 运营模式设置

售票机除了正常服务以外，当显示暂停服务（Out of Service）或者如下运营模式时，可以了解售票机究竟发生了何种故障。见表 6—3。

表 6—3　　运营模式说明

运营模式	运营模式说明	故障情况
正常服务	可以进行 SJT 发售、SVT 充值等	
只发售单程票	不能进行 SVT 充值	SVT 模块故障 纸币处理装置故障
只加值模式	不能发售 SJT	SJT 模块故障 硬币处理装置故障
不找零	硬币处理装置的储币箱内保管硬币数量少于所设定的下限值	硬币处理装置故障 （储币箱零钱不足）
只接收硬币	禁止使用硬币以外的其他支付手段	纸币处理装置故障
只接收现金	只能利用纸币或硬币等现金使用 TVM	SVT 模块故障
不接收硬币	只能使用硬币以外的其他支付手段（纸币）	硬币处理装置故障
暂停服务	不能进行正常发售的情况	模块故障

（1）运营服务。在车站人员实际业务中最常使用的菜单，执行“补充硬币/单程票”“回收纸币/硬币钱箱”以及“清空”等相关业务。

◆ 补充车票。供车站人员进行补充车票操作，在运营服务菜单下选择补充车票，并选择所补充的出票箱（出票箱 1 或出票箱 2），界面显示当前票箱内单程票的剩余数量，车站人员通过输入数字键【0】或【1】来确定是否补充车票。

◆ 补充硬币。供车站人员进行补充找零硬币操作，在运营服务菜单下选择补充硬币，并选择补充硬币的种类（出币器 1 或出币器 2），界面显示当前硬币出币器内剩余数量，车站人员通过输入数字键【1】或【2】来确定是否补充硬币，补充完成后系统自动打印补充硬币单据。

◆ 更换硬币钱箱。当自动售票机内的硬币钱箱将满时，车站人员可通过该功能来更换硬币钱箱，以避免由于硬币钱箱超出所能容纳的硬币数量，而进入限制服务模式。进行更换硬币钱箱操作时，在运营服务菜单下选择本功能，系统自动打印更换硬币钱箱的单据。

◆ 更换纸币钱箱。当自动售票机内的纸币钱箱将满时，车站人员可通过该功能来更换纸币钱箱，以避免由于纸币钱箱超出所能容纳的纸币数量，而进入限制服务模式。进行更换纸币钱箱操作时，在运营服务菜单下选择本功能，系统自动打印更换纸币钱箱的单据。

◆ 清空硬币模块。在设备维护或模块维修时，本功能把硬币发售模块内的所有硬币清空到硬币钱箱，并打印清空单据。

◆ 清空车票发售箱。在设备维护或模块维修时，本功能把车票发售模块内的所有车票清空到车票回收箱，并打印清空单据。

◆ 废票箱数据清零。自动售票机在发售车票时，把读写错误或无法读写的车票放入废票箱，废票数量打印在营运日结束后的结账单据上，并由车站人员清空回收，该功能可以清除自动售票机内废票箱的计数器。

◆ 结账。自动售票机在营运日结束后，需要对当日的售票和充值的各项数据进行统计，形成并打印结账单据。

（2）数据查询。当需要有效查询 TVM 当前运营状态、最终交易数据、各种故障列表以及审计数据时，利用该菜单查询自动售票机当前设备的状态和数据，包含以下功能选项：

◆ 交易查询。通过本功能可以逐条查询自动售票机当前营运日的交易明细。使用上翻页和下翻页按键进行翻页阅览。

◆ 审计数据。提供自动售票机审计数据的查询，主要有以下数据项：

➢ 发售车票数量：提供自动售票机设备自开通以来，所出售的各面额车票的数量。

➢ 接收硬币总数：提供自动售票机设备自开通以来，接收各面额硬币的数据统计和总和。

➢ 接收纸币总数：提供自动售票机设备自开通以来，接收各面额纸币的数据统计和总和。

➢ 发售车票总票值：提供自动售票机设备自开通以来，所发售的各面额车票的总票值。

➢ 找出硬币总数：提供自动售票机设备自开通以来，找出的硬币总金额。

➢ 废票总数：提供自动售票机设备自开通以来，进入废票箱的车票总和。

◆ 当前数据。当前数据是指目前自动售票机设备内各出币器、出票器和钱箱内的数据，包括以下数据：

➢ 票箱 1 单程票数量。

➢ 票箱 2 单程票数量。

➢ 硬币钱箱金额。

➢ 纸币钱箱金额。

➢ 找零器找零金额。

➢ 接收 5 角硬币数量。

➢ 接收 1 元硬币数量。

➢ 接收 5 元纸币数量。

➢ 接收 10 元纸币数量。

➢ 接收 50 元纸币数量。

➢ 接收 100 元纸币数量。

➢ 当天累积的补币金额。

（3）其他功能。当需要重新打印可通过 TVM 输出的各种单据时，利用该菜单。

（4）服务控制。当需要设置 TVM 与安装在票务室内的 SC 之间连接以及控制关系时，利用该菜单设置设备的服务模式。

◆ 停止服务。该功能可设置自动售票机从正常服务状态切换到停止服务状态，当选择该功能后，系统将提示是否确定要使设备切换到停止服务模式，按【0】取消并返回上一菜单，或按【1】确认。

◆ 正常服务。该功能可设置自动售票机从停止服务状态切换到正常服务状态，当选择该功能后，系统将提示是否确定要使设备切换到正常服务模式，按【0】取消并返回上一菜单，或按【1】确认。

◆ 关闭设备。该功能可设置自动售票机退出系统并关闭主控制器，当选择该功能后，系统将提示是否确定关闭设备，按【0】取消并返回上一菜单，或按【1】确认。在设备完成关闭之前，请不要关闭设备电源。

◆ 重启设备。该功能可设置自动售票机系统重新启动，当选择该功能后，系统将提示是否确定重新启动设备，按【0】取消并返回上一菜单，或按【1】确认。和关闭设备一样，在设备重新启动完成之前，请确保设备电源不被关闭。

（5）维修。主要由车站人员使用的菜单，提供可对子模块进行各种测试的功能。

◆ 故障清单。提供车站人员查询自动售票机设备营运日内发生的故障信息。可通过【上翻页】和【下翻页】逐条浏览错误信息，按【ESC】返回上一菜单。

◆ 故障代码。提供车站人员根据故障代码查询故障详细内容。车站人员通过输入故障代码号，系统将显示对应的故障信息和处理方法。按【ESC】返回上一菜单。

（6）设备配置。主要由车站人员使用的菜单，用于查询初始设备安装方法、变更设备运营状态、查询各种参数与软件版本。

（7）错误重置。对发生故障的子模块采取故障排除措施之后，为了恢复正常状态而采用本菜单。

第四节　主要故障及处理方法

一、故障处理

1. 概述

当设备发生故障时，根据用户界面的显示和维修面板的模块测试确认故障发生的确切原因并进行修复。如果判断为某个模块不能修复的故障，则需要更换发生故障的模块。TVM故障处理流程如图6—27所示。

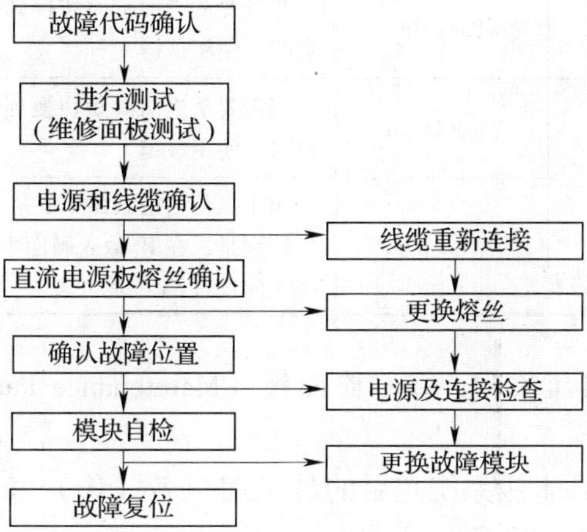

图6—27 TVM故障处理流程

2. 利用维修面板对TVM进行操作

当操作者打开维修门之后，为了进行相关维修而采用维修面板，并根据业务权限，赋予相应的访问功能。维修面板外观如图6—28所示。TVM维修面板上的键区说明见表6—4。

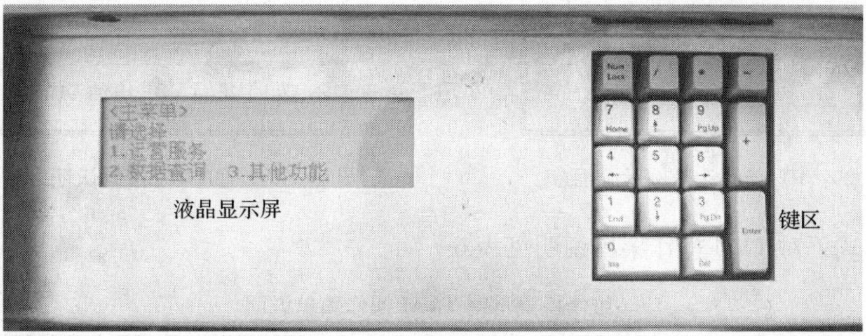

图6—28 维修面板外观图

表6—4　　TVM维修面板上的键区说明

项目	Key	含义	说 明
功能键	‘＊’	Key Map	按该键之后，显示简单说明各键功能的画面
	‘/’	ESC	取消正在执行的画面功能或者完成功能执行之后，需要返回上一画面时，按此键
数字键	0~9	数字键	用于输入0~9数字

续表

项目	Key	含义	说明
移动键	‘—’	Page Up	当需要从当前画面切换到前一个画面，以显示前一画面信息时，使用该键
	‘+’	Page Down	当需要从当前画面切换到后一个画面，以显示后一画面信息时，使用该键
	‘Enter’	Enter	用于执行当前画面中的某一特定功能或者进行画面切换时 特别是，在 IP 输入画面中，通过按 Enter 键，以输入 IP 号码之间点（.）

（1）登录。打开 TVM 维修门，在维修面板（Maintenance Panel）上显示需要进行用户认证的提示画面。

此时，操作员输入已在上级系统登录的员工用户名（ID）和密码（Password），按回车键，进入维修模式。如图 6—29 所示。

将登录用户信息记录在 SC 中，如果认证失败，显示出错信息。

经过一定时间或者经过三次认证失败后，在发出报警音的同时，向 SC 发送非法使用情况信息。

通过认证之后，正常显示如图 6—30 所示的画面。

员工用户名和密码..
用户名：_
密码　：_

图 6—29　ID/密码认证例示画面

<主菜单>
请选择.
1. 运营服务
2. 数据查询　3. 其他功能

图 6—30　通过 ID/密码认证之后的主画面

维修模式下对 TVM 操作菜单说明见表 6—5。

表 6—5　维修模式下对 TVM 操作菜单说明

菜单项	菜单功能说明
运营服务	在车站工作人员实际业务中最常使用的菜单，执行“补充硬币/单程票”“回收纸币/硬币钱箱”以及“清空”等相关业务
数据查询	当需要查询 TVM 当前运营状态、最终交易数据、各种故障列表以及审计数据时，使用该菜单
其他功能	当需要重新打印可通过 TVM 输出的各种单据时，使用该菜单
服务控制	当需要设置 TVM 与安装在票务室内的 SC 之间连接以及控制关系时，使用该菜单
维修	主要由维修人员使用的菜单，提供可对子模块进行各种测试的功能
设备配置	主要由维修人员使用的菜单，用于查询初始设备安装方法、变更设备运营状态、查询各种参数与软件版本时
错误重置	对发生故障的子模块采取故障排除措施之后，为了恢复正常状态而使用本菜单

（2）TVM 故障代码、状态代码、故障信息。打开维修门登录后，可以通过维修面板“数据查询”→“运营状态”或“数据查询”→“故障列表”查询状态代码和故障代码。并提供单元模块测试功能，包括模块单元的电动机、电磁阀的测试。通过测试可以更快地找出故障点。

（3）TVM 各运营模式对应的情况。在 TVM 正常服务过程中，如果发生故障，TVM 会自动降级运作，上部的运营状态显示器中显示当前的运营状态，可以初步推断哪个模块中发生故障。TVM 运营模式说明见表 6—3。

（4）TVM 故障代码的确认方法。如果 TVM 发生故障，可以通过设备正面乘客信息显示器（TFT－LCD）的右下端显示信息，初步确认故障代码。再打开 TVM 维修门通过维修面板（Maintenance Panel）进入维修模式，确认在各时段内发生的故障情况（主菜单→2. 数据查询→5. 错误列表）。TVM 故障信息查询操作如图 6—31 所示。

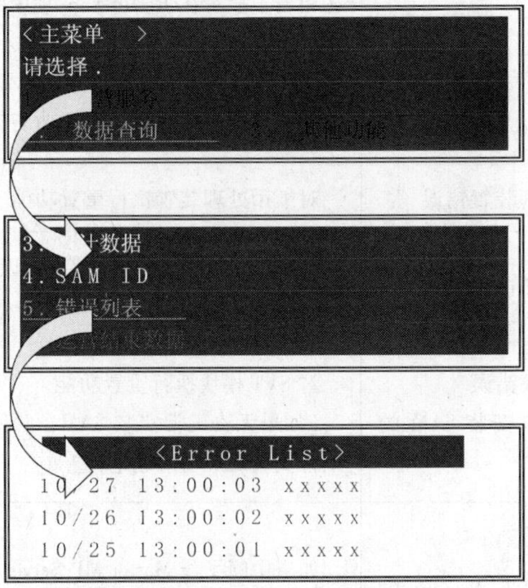

按“+”键，可以继续确认下一个故障信息。

图 6—31　TVM 故障信息查询操作

二、TVM 主要的故障情况与相应的处理

TVM 主要故障与相应的故障排除措施见表 6—6。

表 6—6　　TVM 主要故障与相应的故障排除措施

故障情况	原　因	措　施	备　注
在乘客使用 TVM 购票途中显示故障画面	根据以下各情况，采取相应措施	在乘客使用途中，显示故障画面时，必须要通过查询交易内容，确认与乘客之间的现金交易情况	作为参考，与乘客之间的现金交易反映出售一张以上车票的情况
	在投币过程中，出现硬币或者纸币处理装置故障	把卡在硬币或者纸币处理装置内部移送路径上的钱币全部退还乘客，并对相应模块执行重置功能	

续表

故障情况	原 因	措 施	备 注
在乘客使用TVM购票途中显示故障画面	在发售第一张车票过程中，发生SJT模块故障	取出卡在SJT模块内部移送路径上的单程票，并对相应模块执行重置功能	
	在成功发售第一张车票之后，发生SJT模块错误	在完成交易内容查询之后，向乘客返还相当于显示在Result Fare项中的金额 取出卡在SJT模块内部移送路径上的单程票，并对相应模块执行重置功能	其中，用于返还的金额不能从设备内部取出，而必须利用在车站中另行保管的金额进行返还
	找零途中，发生硬币处理装置故障	在完成交易内容查询之后，向乘客返还相当于显示在Result Fare项中的金额 如果在硬币处理装置内部移送路径上硬币有卡币现象发生，将其投入硬币箱内，并对相应模块执行重置功能	其中，用于返还的金额不能从设备内部取出，而必须利用在车站内另行保管的金额进行返还
在“只充值”状况下转换为停止服务	纸币处理装置错误	对纸币处理装置执行重置功能	
	纸币钱箱识别错误	为了确保纸币钱箱ID的正常识别而重新安装纸币箱	
	SVT模块错误 （包括未安装SAM的情况）	对SVT模块执行重置功能 （如果无法正常安装SAM，关闭电源，正常安装之后再接通电源）	
	有关SVT Amount的MP Balance不足	如果中断了与Master MP Server之间的通信，通过Portable MP Server进行MP Balance充值	作为参考，为了接入Portable MP Server，而从SC接收命令之后再执行
从“SJT Sale”模式切换到“Coin Not Use”状况	硬币处理装置故障	对硬币处理装置执行重置功能	
	硬币钱箱识别故障	为了正常识别硬币钱箱ID而重新安装硬币箱	
	硬币处理装置传感器故障	对硬币处理装置执行重置操作之后，仍然无法使用硬币模块的情况	通过维护菜单检查传感器运行情况后，更换存在问题的传感器
从“SJT Sale”模式切换到“Coin Only”状况	纸币处理装置故障	对纸币处理装置执行重置功能	
	纸币钱箱识别故障	为了确保纸币钱箱ID的正常识别，重新安装纸币箱	

续表

故障情况	原　因	措　施	备　注
无法开始结算	主要模块拆卸状态	如果各模块（纸币/硬币/SJT 模块）处于拆卸状态，对其进行安装之后，再尝试结算	
	不能安装钱箱的情况	对未安装的 Box 进行安装之后，再尝试结算	
	无法识别钱箱 ID 的状况	对运行状态进行检查，如果发现未能识别的钱箱 ID，重新安装之后再进行识别，然后尝试结算	
	发生 Power Fail 故障	在等候 30 s 的过程中，仍然不能恢复电源，在恢复电源之后再尝试	
当关闭门时，画面不发生任何变更，而继续显示“维修”画面	在有关维修门的 Check point 中，至少有一个被确认为“Open”的情况	如果 TVM 侧门被打开，对其进行关闭操作，并关闭背面门。 然后再锁住手柄上的锁门装置	

三、模块测试（Test）菜单结构

在维修业务中，对各模块进行测试，确认模块状态，采取相应的措施。通过键盘按数字“5”，进入维修菜单，根据维修需要分别对相应的模块进行测试。TVM 模块测试操作如图 6—32 所示，菜单的结构见表 6—7。

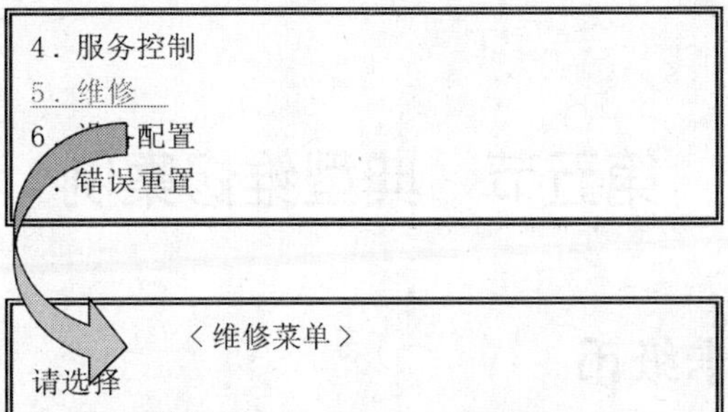

图 6—32　TVM 模块测试操作

表 6—7　　　　TVM 模块测试菜单的结构表

一级选项	二级选项	三级选项	备注
1. 单元测试	1. 纸币单元	1. 纸币识别器	
		2. 币种	
		3. 状态	
		4. 移送（纸币钱箱）	
	2. 硬币单元	1. 硬币识别器	
		2. 传感器/开关	
		3. 电动机	
		4. 电磁阀	
	3. PID 单元	1. 开始测试	
		2. 打开点阵	
		3. 关闭点阵	
	4. 单程票单元	1. 传感器	
		2. 电动机	
		3. 电磁阀	
	5. CSC R/W 单元		
	6. 打印单元		
	7. 触摸屏单元		
2. I/O 测试	1. I/O 读	维修门	
		硬币钱箱	
		纸币钱箱 Note Box	
	2. I/O 写	硬币入口电磁阀	
		储值票入口电磁阀	
		退币杯灯	
		蜂鸣器	

第五节　典型维修案例

案例一：TVM 卡纸币

一、维修流程

维修人员接到故障通知后，在 30 min 内到达相应的车站。首先找当班客值，了解 TVM 卡纸币的具体情况（乘客何时选站，投入多少面额纸币，投入纸币张数等）。

了解具体情况后，在客值的陪同下到达现场检查故障设备，开门在 TVM 前放“暂停服务”牌，由客值打开 TVM 设备门，并在 20 s 内输入自己的员工号和密码。

查看模块故障代码确定查找故障的范围。

查找可能的故障原因：

（1）检查纸币模块是否卡纸币，着重查看入钱箱口、暂存位、验币区等经常卡币的位置。

（2）检查“数据查询”内的“售票记录”。

（3）检查模块所卡纸币金额、张数是否与记录或乘客描述相符。

若在进行（1）的检查过程中未发现模块有卡纸币现象，则维修人员需把具体的检查情况及第（2）步检查得到的售票记录告知客值，并在维修日志上填写相关的检查记录，与客值双方盖章确认，乘客事务交由客值处理。

若在进行（1）的检查过程中发现有卡纸币现象，则维修人员应同时进行（3）的检查，若情况属实，维修人员应把纸币取出交给客值。乘客事务由客值处理。

故障处理结束后，维修人员必须复位纸币模块，并进行购票测试。在确保设备状态恢复正常后方可由客值关闭维修门并把“暂停服务”牌拿走，离开现场。

二、注意事项

若需到维修间拿取工具则要先到车控室找行值借 AFC 维修间钥匙并在《钥匙借用登记表》上签字。在维修过程中，必须有当站客值的全程陪同，且 TVM 门钥匙必须由客值使用和保管，维修人员不能持有。

维修人员在与客值交接纸币时，需要填写 OP007 和维修日志。OP007 的设备编号、金额填写要双方盖章确认；维修日志上记录的设备编号、金额数、纸币张数要确保与 OP007 的记录一致，维修日志相应的记录栏上要填写该 OP007 的编号及金额，填写完毕双方盖章确认。如果维修过程中 TVM 门钥匙未由客值本人掌管，则掌管 TVM 门钥匙的车站人员也要在 OP007 和维修日志上盖章确认；并将故障录入“AFC 管理系统”。

案例二：TVM 卡硬币

一、维修流程

维修人员接到故障通知后，在 30 min 内到达相应车站。首先找当班客值，了解 TVM 卡纸币的具体情况（乘客何时选站，投入 1 元硬币的数目，5 角硬币的数目）。

了解具体情况后，在客值的陪同下到达现场检查故障设备，开门在 TVM 前放“暂停服务”牌，由客值打开 TVM 设备门，并在 20 s 内输入自己的员工号和密码。

查看模块故障代码确定查找故障的范围。

查找可能的故障原因：

（1）检查硬币模块是否卡硬币，着重查看投币通道、验币器、分向器、找零器等经常卡硬币的位置。

（2）检查“数据查询”内的“售票记录”。

（3）检查模块所卡硬币金额、数量是否与记录或乘客描述相符。

若在进行（1）的检查过程中未发现模块有卡硬币现象，则维修人员需把具体的检查情况及第（2）步检查得到的售票记录告知客值，并在维修日志上填写相关的检查记录，与客值双方盖章确认，乘客事务交由客值处理。

若在进行（1）的检查过程中发现有卡硬币现象，则维修人员应同时进行（3）的检查，若情况属实，维修人员应把纸币取出交给客值。乘客事务由客值处理。

在故障处理结束后，维修人员必须复位硬币模块，并进行测试，在确保设备状态恢复正常后，方可由客值关闭维修门并把“暂停服务”牌拿走，离开现场。

二、注意事项

若需到维修间拿取工具则要先到车控室找行值借 AFC 维修间钥匙并在《钥匙借用登记表》上签字。在维修过程中，必须有当站客值的全程陪同，且 TVM 门钥匙必须由客值使用和保管，维修人员不能持有。

检查硬币模块是否卡硬币时，对硬币模块进行复位前，应该把模块拉出并阻隔找零出口和回收口，因为硬币模块复位时，内部分向器动作，硬币有可能从找零口或者回收口退出，如果不拉出硬币模块，退出的硬币有可能落入硬币钱箱而无法确认卡币金额。

维修人员在与客值交接纸币时，需要填写 OP007 和维修日志。OP007 的设备编号、金额填写要双方盖章确认；维修日志上记录的设备编号、金额数、纸币张数要确保与 OP007 的记录一致，维修日志相应的记录栏上要填写该 OP007 的编号及金额，填写完毕双方盖章确认。如果维修过程中 TVM 门钥匙不是由客值本人掌管，则掌管 TVM 门钥匙的车站人员也要在 OP007 和维修日志上盖章确认；并将故障录入“AFC 管理系统”。OP007 及维修日志的填写详见附件。

案例三：TVM 卡票

一、维修流程

维修人员接到故障通知后，在 30 min 内到达相应的车站，复核故障是否真实。

了解具体情况后，在客值的陪同下到达现场检查故障设备，开门在 TVM 前放“暂停服务”牌，由客值打开 TVM 设备门，并在 20 s 内输入自己的员工号和密码。

查看模块故障代码确定查找故障的范围。

查找可能的故障原因：

（1）检查单程票模块是否卡票，着重查看透明导票斜管、暂存电磁阀、废票口电磁阀等经常卡票的位置。

（2）检查单程票模块各位置上的传感器是否正常（通过维修面板检测各传感器实时状态，必要时更换传感器）。

（3）检查单程票模块转盘是否卡票（查看是否因卡异物而导致卡票或者因车票变形而导致被卡住）。

若通过以上检查都未发现异常时，应检查单程票模块控制主板，用测试码检测单程票模块各项动作，必要时更换控制主板。

若通过以上检查发现有卡票现象，则取出车票后上交客值。在维修日志上注明卡票的位置、张数、处理过程等，并由客值盖章确认。

在故障处理结束后，维修人员必须复位单程票模块，并进行测试，在确保设备状态恢复正常后方可拿走“暂停服务”牌，离开现场。填写完善的维修日志后并将故障录入“AFC管理系统”。维修日志的填写详见附件。

二、注意事项

若需到维修间拿取工具则要先到车控室找行值借 AFC 维修间钥匙并在《钥匙借用登记表》上签字。在维修过程中，必须有当站客值的全程陪同，且 TVM 门钥匙必须由客值使用和保管，维修人员不能持有。

第七章

闸机（AGM）

第一节　硬件组成与各模块功能

一、概述

闸机英文全称为：Auto Gate Machine，简称 AGM。安装在车站非付费区（Free Area）和付费区（Paid Area）之间，起到对进站乘车的乘客执行检票入站（非付费区→付费区），对准备离开车站的乘客进行检票出站（付费区→非付费区）的作用。

闸机通过读取和验证非接触性智能卡和单程票来控制闸门的开合或转杆的转动，从而达到控制乘客进出的目的。若乘客持有效票进行验票，则打开闸门或者转动转杆；若乘客持有无效票进行验票，则提醒乘客到售票处补票。读写器会扫描其中的内置电路，并在闸门打开前，验证并将新的信息加密到内置电路中。当要出站时，乘客必须将智能卡放在闸机读写器上或将单程票投入投币口。读写器会再次扫描其中的内置电路，验证并将新的信息写入其中。之后，闸机会打开闸门或转动转杆让乘客离开。单程票（Token）被回收到设备中，储值票（地铁 SVT，OCT）将扣减本次乘坐的车费。

二、设备类型及结构

1. 设备类型

根据其功能特点，AGM 设备主要分为进闸机、出闸机和双向闸机三类，根据其外观特点，分为扇门闸机和转杆闸机两大类。图 7—1 至图 7—7 所示为城市轨道交通中的一些闸机实例。

2. 设备结构与功能介绍

（1）扇门出闸机外部结构如图 7—8 所示。

图 7—1 转杆闸机

图 7—2 扇门闸机 1

图 7—3 扇门闸机 2

图 7—4 扇门宽通道闸机

图 7—5 扇门闸机 3

图 7—6 扇门出闸机

（2）扇门闸机主要模块内部结构如图 7—9 所示。

1）主控制器（MCU）负责控制各模块的运行，并负责业务数据的保存以及通过与 SC 之间的通信，进行数据处理。

2）MA 控制器是对扇门闸机中 Barrier 扇门及方向指示器、乘客传感器（乘客通过）、指示灯等进行控制。

3）电源为 AGM 内部供应稳定的 AC 及 DC 电源。

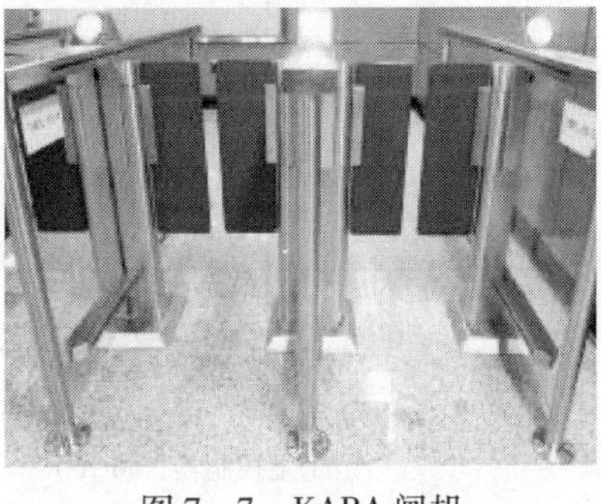

图 7—7 KABA 闸机

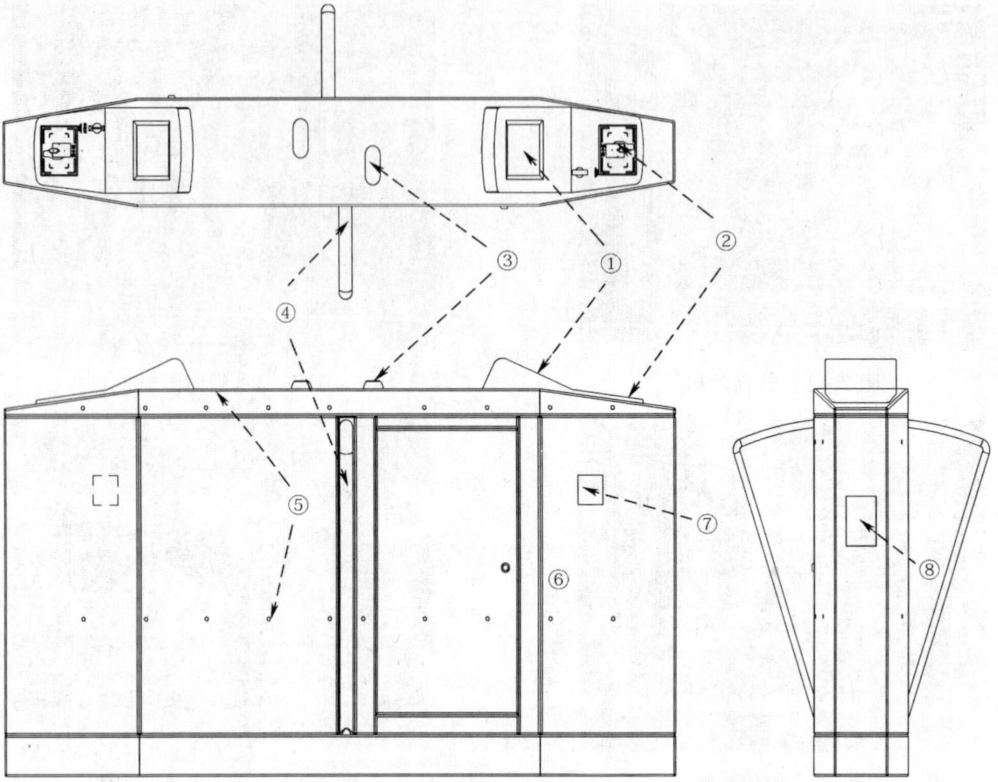

图 7—8　扇门出闸机外部结构

①乘客信息显示器　②验票区　③警示灯　④扇门（扇门闸机专有）

⑤传感器（扇门闸机专有）　⑥维修门　⑦退票杯　⑧方向指示器

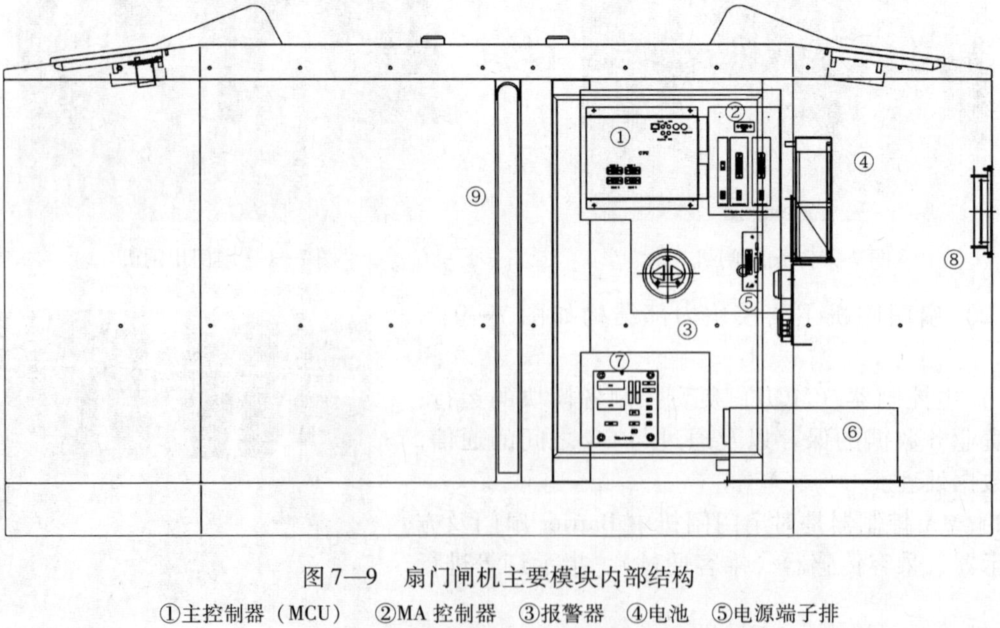

图 7—9　扇门闸机主要模块内部结构

①主控制器（MCU）　②MA 控制器　③报警器　④电池　⑤电源端子排

⑥电源　⑦主接口板　⑧方向指示器　⑨扇门

4）扇门与车票资料读取及乘客探测传感器联动，并根据电子控制装置的信号，执行扇门的开关，对乘客的进出进行控制。

转杆闸机主要模块结构如图 7—10 所示。

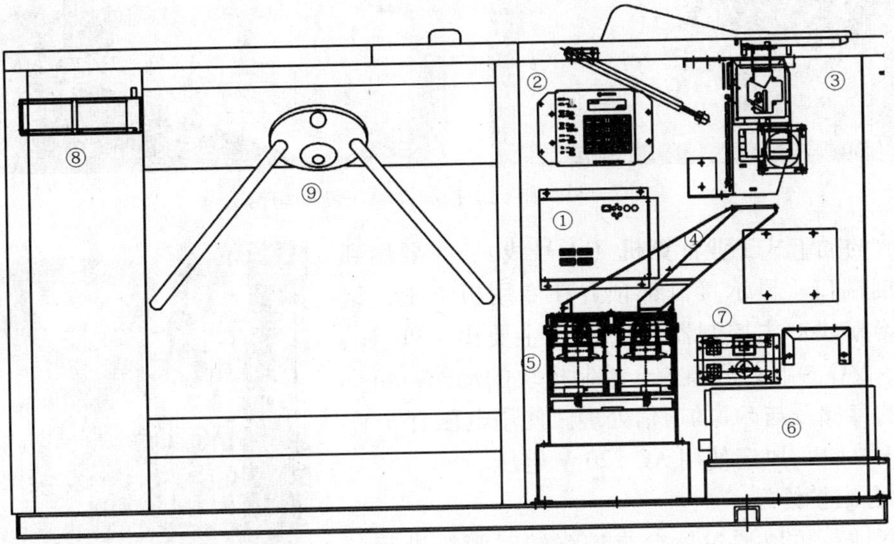

图 7—10　转杆闸机主要模块结构

①主控制器（MCU）　②维修面板　③单程票回收模块　④单程票导管
⑤单程票箱　⑥电源　⑦电源端子排　⑧电池　⑨三脚转杆（转杆闸机专有）

三、主要模块功能

1. 主控制器

主控制器模块是自动售检票设备的控制中心模块，由直流电源进行供电，主要负责闸机整机的工作流程控制。它相当于一台工业用计算机，扩展了其通信接口，从而实现与闸机其他模块的通信控制。配合专用软件，对这些受控制模块进行控制，包括接收数据与信号、发送数据与信号，从而协调各模块完成日常运营的各种操作；主控制器具有通信接口与车站 SC 进行通信，实现数据上传与参数下载的功能；主控制器模块还承担非常重要的功能，就是备份一段时间内的运营数据，为数据的安全备份与恢复提供保障。

主控制器符合工业级应用标准，具有良好的抗电磁干扰性能，确保整机 24 h 不停机的稳定运行。主要功能有：

（1）控制底层设备运行，接收处理来自底层设备的信息。

（2）控制与管理闸机整机工作流程。

（3）向客户提供交易界面。

（4）与 SC 系统主机通信。

（5）保存与运营相关的各种数据。

以小机箱装嵌的工业计算机，加上连接模块的扩展卡、增加显示功能的显卡，组成主控制器模块。其外部结构和内部结构如图 7—11 和图 7—12 所示。

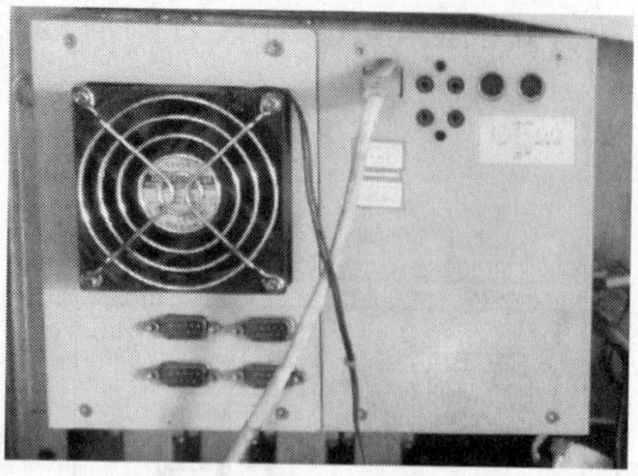
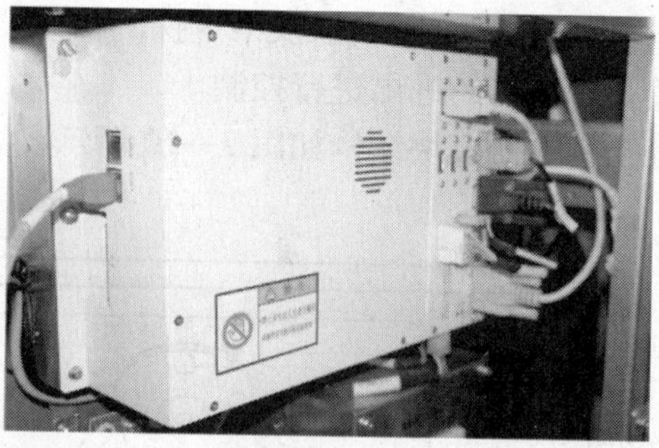

图 7—11　闸机主控制器模块外部结构

以开放的插卡式工业计算机（三号线），需要用到的扩展连接端口、显示接口都预置在专用板卡上，组成主控制器模块；主控制器（MCU）主要由 CPU 板、CPU 哑板、I/O 控制板等组成，控制模块的动作，负责业务数据的存储及与 SC 的通信处理。使用电压有 5 V、12 V、24 V，CPU 风扇使用 AC 220 V 电压。

图 7—12　闸机主控制器模块内部结构

2. 后台维护终端

设备管理员可以通过后台维护终端对闸机进行各种运营操作与维修操作，为闸机的日常管理和硬件检测提供操作界面，在日常管理中用于运营的车票回收、票箱更换等。使用后台维护终端可以对闸机各个硬件模块，如通道/转杆传感器和扇门动作等进行测试、故障诊断、系统设置等。通过对这些硬件模块的测试，可以检测硬件模块的状态。当闸机出现故障时，使用后台维护终端能够帮助维护人员快速诊断故障位置。

后台维护终端模块组成如下：

（1）LED/LCD 显示器。

（2）控制。

（3）键盘。

（4）功能键。

3. 车票处理模块

车票处理模块包括单程票处理、储值票和一卡通等非单程票处理，一般都能对 ISO 14443 A/B 等常用类型的票种进行处理，可以在系统中实现添加和屏蔽 A/B 类型票卡功能。车票处理方式主要包括接触式和非接触式两种，接触式一般使用磁卡车票，非接触式可以使用 IC 卡和代币式车票，现阶段主要使用非接触式车票居多。车票处理模块包括读卡器、天线板、SAM 卡板、回收通道、电磁阀与传感器部件等，车票处理模块主要功能如下：

（1）车票信息处理是对车票信息的读、写和校验。主要包括：进站/出站时间和地点、车票余额、进行扣费处理等。

（2）车票处理正常速度为 300 ms 以下的读、写和校验时间。

（3）出闸机一般提供单程票回收口，回收有效单程票到车票回收箱。有一些城市如新加坡，AFC系统单程票票价是含车票押金，出闸后在自动售票机上进行回收。

（4）出闸机提供无效单程票退票口，在单程票票价不足、没有进站信息等原因的单程票在退票口退回乘客。使用磁卡式车票闸机还需提供储值票的退票口。

图7—13所示为闸机读卡器控制板、传感器、电磁阀连接板，图7—14所示为出闸机单程票处理模块，图7—15所示为闸机读卡器与天线，图7—16所示为闸机乘客显示器。

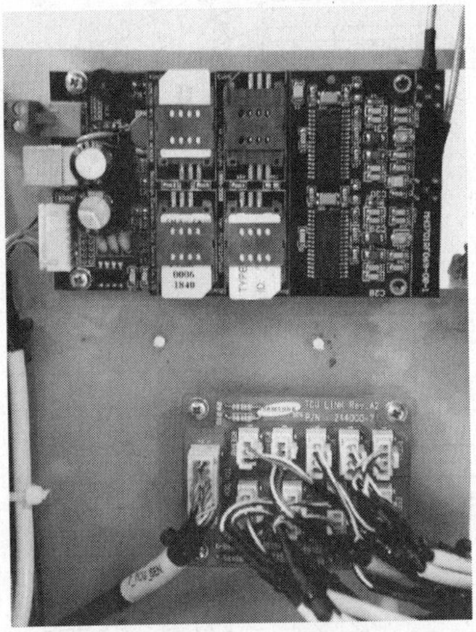

图7—13　闸机读卡器控制板（上）、传感器、电磁阀连接板（下）

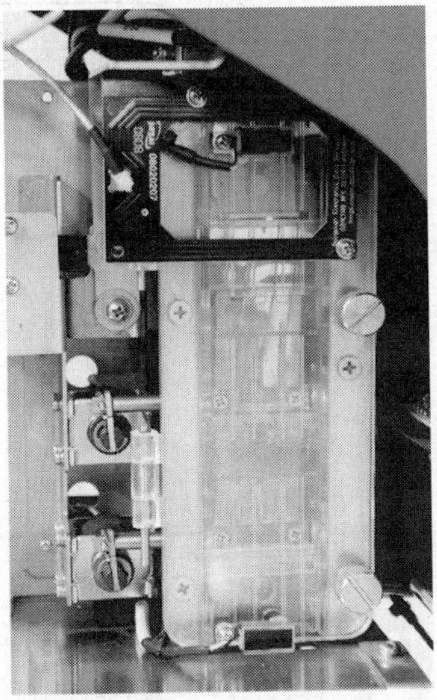

图7—14　出闸机单程票处理模块

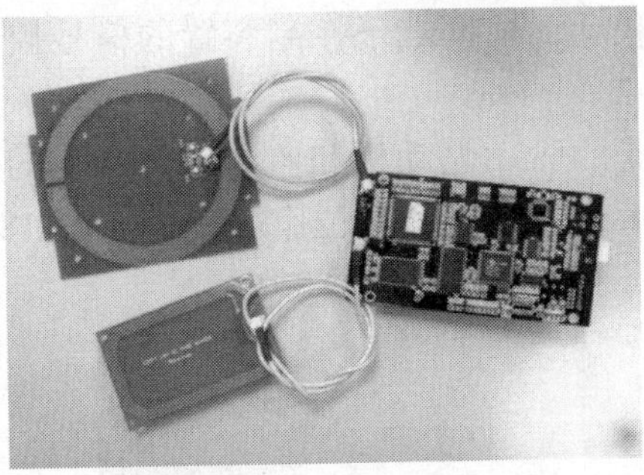

图7—15　闸机读卡器与天线

注：图中小天线负责对单程票的处理，大天线负责对储值卡单程票等车票的处理

图7—16　闸机乘客显示器

4. 通道传感器模块

门式闸机通道安装有传感器，用以监测乘客通过通道的情况。这些传感器能够判别乘客属于正常进闸还是非正常进闸。遇到非正常进闸时，闸机就会发出声音和灯光报警信号，并将信息反馈到主控制器。通道传感器模块主要功能如下：

（1）监测通乘客通过闸机通道的情况，并能够判断乘客是否携带较大行李物品。

（2）乘客和行李物品通过闸机通道安全区域后，控制器关闭闸门。

（3）实时监测是否有非正常进闸。

闸机通道传感器分布如图 7—17 所示。

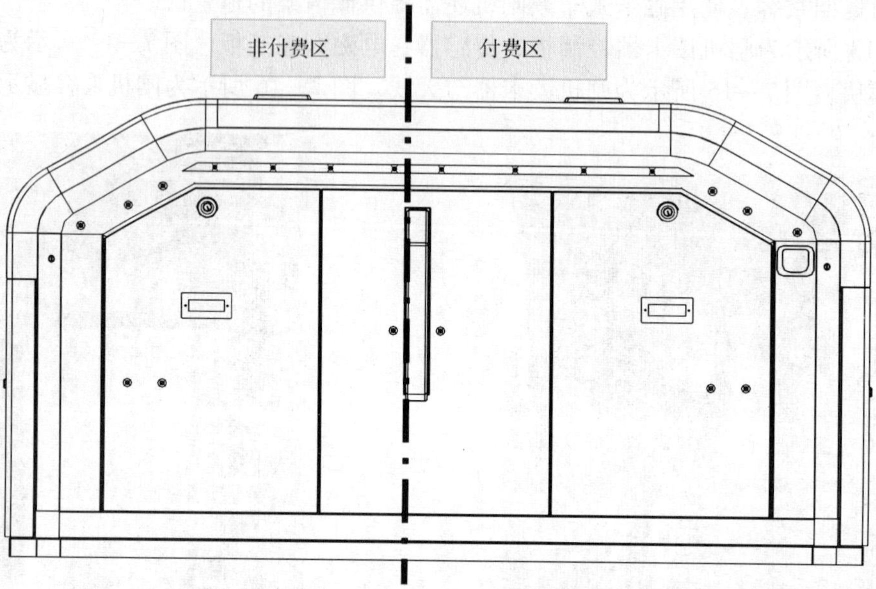

图 7—17　闸机通道传感器分布图

5．扇门/转杆模块

闸机通过扇门或转杆隔开付费区和非付费区，并控制乘客进出付费区和非付费区，完成相应且有效的车票处理程序，扇门会马上自动打开，转杆可转动，提供无障碍通行。扇门/转杆是自动控制的装置，与读卡器和检测传感器联动，根据电子控制装置的信号控制扇门/转杆开关。

（1）闸机扇门模块主要包括扇门、交流或直流的驱动电动机和监测扇门动作的传感器。驱动电动机带动扇门进行开关门动作，传感器判断扇门开关是否到位作用。如图 7—18 所示。

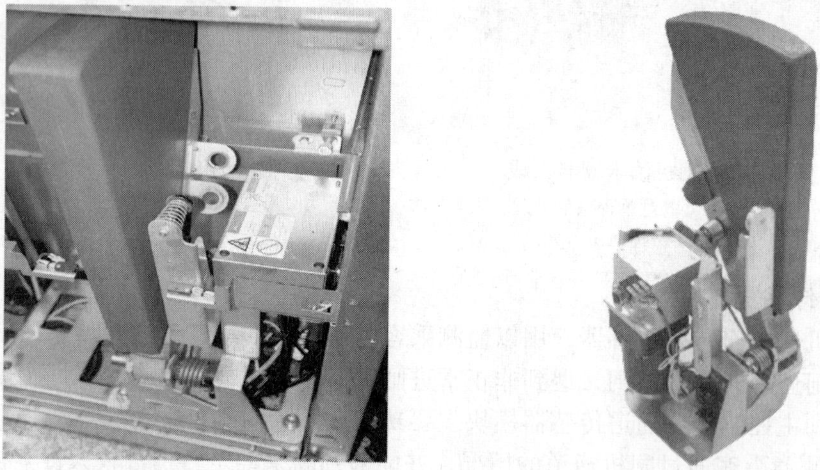

图 7—18　扇门闸机的扇门模块

（2）闸机转杆模块主要包括转杆、锁闭的机械机构和监测转杆动作的传感器。转杆在锁闭机构作用下，处于闭锁状态，只有在锁闭机构接到命令释放转杆后，转杆才能转动一定的角度，并通过传感器对转杆转动是否到位的情况进行监测。如图7—19所示。

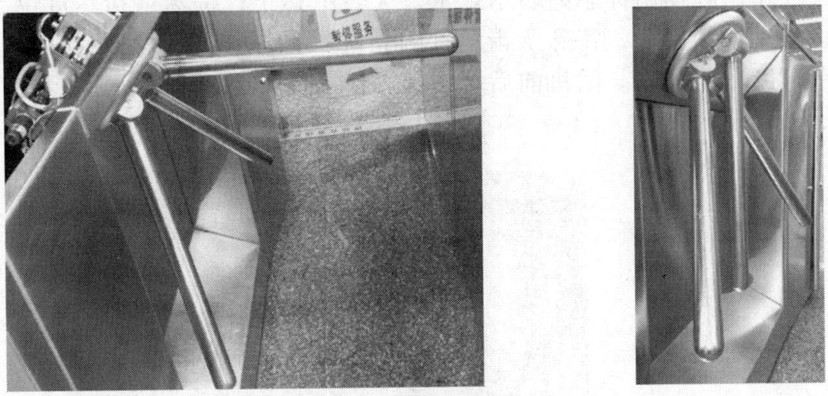

图7—19 闸机转杆模块

（3）若启动了紧急模式，闸机扇门会自动打开，转杆自由转动，此时乘客通过闸机时不受限制。

6. 乘客闸机显示屏

乘客闸机显示屏是人机对话的窗口，可以显示车票处理的信息、显示闸机设备状态和设备维护信息。主要由LCD、背光、字库和主板构成，如图7—20所示，显示信息包括：

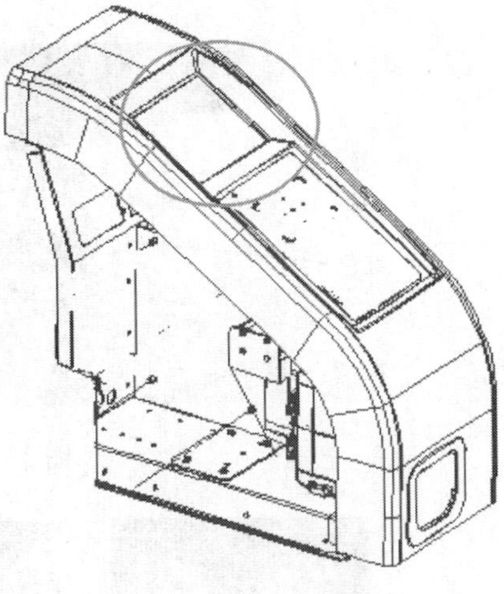

图7—20 闸机乘客显示屏

（1）正常运营状态下，没有乘客处理车票时显示该画面，单程票和储值票图示交替显示。

（2）当结束运营、设备故障或定期维护时，闸机乘客显示器上显示暂停使用画面。

（3）可以根据维护需求，显示系统版本、设备ID及闸机运行模式等内容。

（4）车票处理信息显示有车票类型、余额、扣费金额等。若车票无效，则提示到票务处处理，同时显示相应无效代码，如未初始化的车票、余额不足、进出站次序错误、超时、单程票非本站出售、票卡已处理过。

7. 电源模块

电源模块主要包括交流接线端、直流变压和输出模块、后备电源。直流变压和输出模块的作用是把输入的交流电转变成多组直流电输出，给不同的部件提供不同的电源。

输入的电压范围：AC220 V +10% −15%、50 Hz ±4%。

输出的直流电压：+5 V、+12 V、+24 V。

确保闸机整机24 h不停机的稳定运行，电源要求提供滤波和过流保护装置。

输入交流电中断，后备电源能够提供闸机完成最后一笔交易，并关闭闸机系统的电量。

8. 指示灯模块

指示灯模块包括闸机状态指示灯和特殊票指示灯（见图 7—21）。状态指示灯位于闸机的前后端，使用国际惯用标志↙表示正常，×表示禁止；特殊票指示灯位于闸机顶部，可以设定某一类车票使用时，特殊票指示灯闪亮（见图 7—22），车站检票人员能够根据正确灯光指示判断车票类别。闸机前后端的状态指示灯如图 7—23 所示。各灯对照表见表 7—1。

图 7—21　闸机状态指示灯和特殊票指示灯

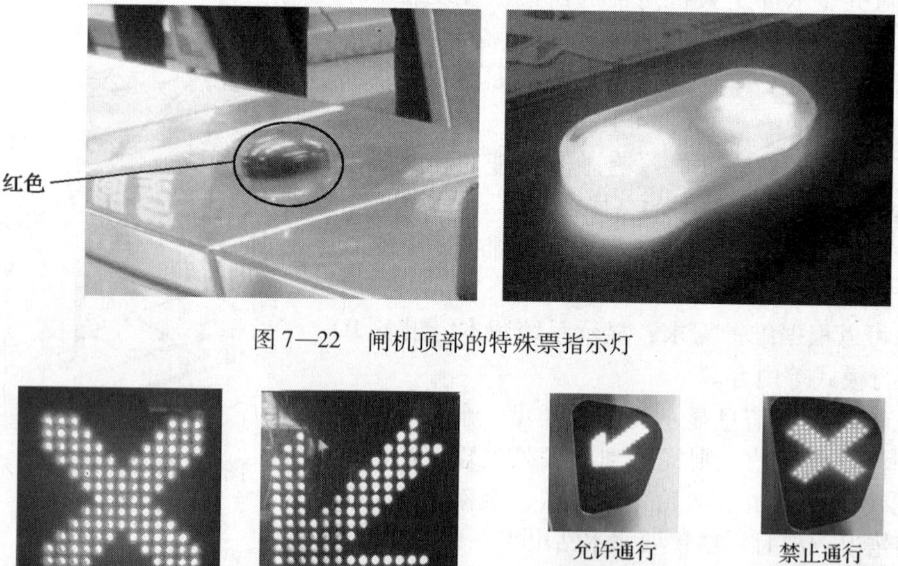

图 7—22　闸机顶部的特殊票指示灯

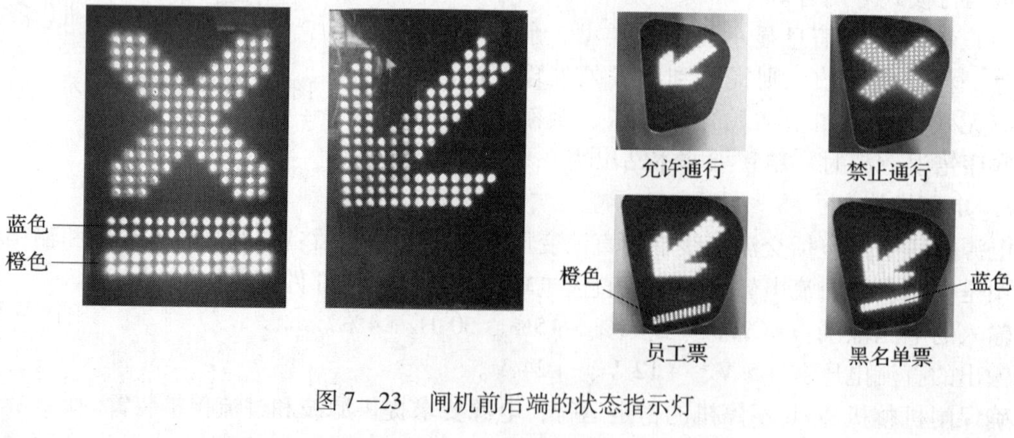

图 7—23　闸机前后端的状态指示灯

表 7—1　　状态指示灯、特殊票指示灯对照表

	特种票指示灯		状态指示灯（横条）		状态指示灯	
	黄色	红色	橙条	蓝条	箭头	交叉
普通票					亮	
优惠票	亮				亮	
老免票		亮	亮		亮	
员工票	亮		亮		亮	
黑名单		亮		亮		亮
无效票		亮				亮

第二节　软 件 结 构

一、主要软件线程

主要软件线程见表 7—2。

表 7—2　　主要软件线程

线程	说　明
主线程 根据闸机状态，控制整体线程的状态与功能	用于闸机乘客服务及运营控制、运行模式的转换点以及数据变更点等总体运营 ➢ 运营数据处理
扇门/转杆模块控制线程	扇门/转杆与控制器进行通信，负责对正常乘客、非正常乘客的流动进行控制 ➢ 乘客控制 ➢ 方向指示器，指示灯控制
乘客显示线程	根据主线程指示的各种情况，读取合适的数据值，在画面中显示 ➢ LCD 显示器
通信线程 提供与 SC 之间的上传和下载功能	主线程与 SC 之间实时传送接口所需处理的基本结构如下： ➢ SC 之间通信的公共接口 ➢ 与 SC 之间通信协议处理 ➢ 文件下载处理
数据交换线程	进行主流程与 SC 之间数据传送，对从主流程发生的各种数据定期打包，传送给 SC 线程

续表

线程	说　明
车票处理线程	主线程与车票处理模块之间接口线程。本流程的基本结构如下： ➢ 读卡器数据处理 ➢ 与车票处理模块之间通信协议处理
I/O 线程	有关 I/O 与日期的处理流程。本流程的基本结构如下： ➢ 产生有关 I/O 变化的处理事件
声音控制线程	打开维修门、声音测试等，负责各种声音的开始、结束操作
维修处理线程	进行主流程与维修面板单元之间连接所需线程。本线程的基本结构如下： ➢ 维修面板单元公共接口 ➢ 与维修面板单元之间通信协议处理

二、软件升级

升级方法大致分为 Local 方式和 Remote 方式，其特征与使用情况如表 7—3 所述。

表 7—3　　两种升级方式

方式	特　征	使用情况
Local	对一台闸机设备，可以利用 FTP 进行升级	因主板发生故障而需要个别重装或者升级时
Remote	利用车站计算机（SC）同时升级所有闸机	对一个车站，需要同时进行软件升级时

三、软件运行模式

闸机可运行在多种模式下。这些模式的设置可以是通过 SC 下达命令设置，也可以是闸机根据模块的状态而自行调整，运行模式分为以下三大类：

1. 正常服务模式

正常服务模式是指闸机运行时能提供所有设计要求的服务。

2. 降级运营模式

闸机在运行过程中如接受 SC 下达的降级运营命令，软件会自动切换到降级运营模式。

3. 停止服务模式

在运营结束、设备维护或设备监测到故障的情况下，闸机将进入停止服务模式。

四、车票处理流程

车票处理流程如图 7—24 所示。

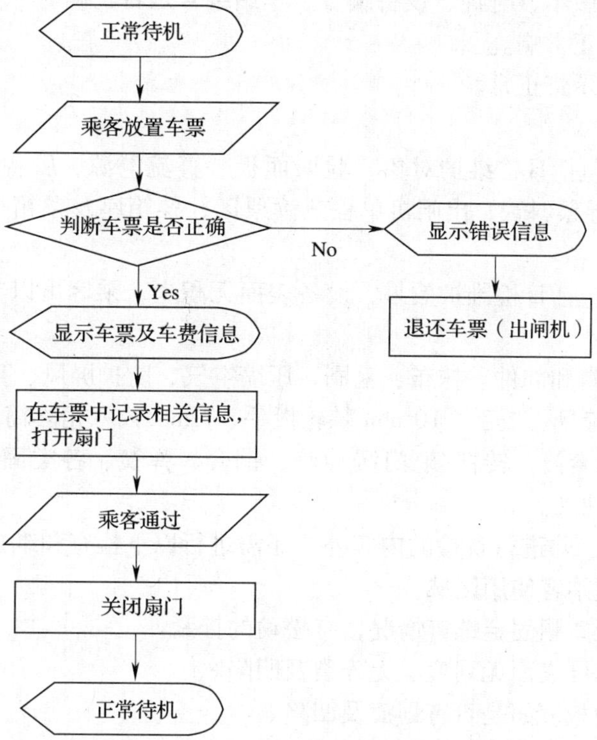

图 7—24　车票处理流程

第三节　日常性检修、计划性检修

一、日常性检修的内容

1. 日检

（1）维护对象。乘客操作区外观，设备门锁、扇门、转杆、通行指示灯、设备软件版本、乘客显示屏、验票蜂鸣器、特殊票指示灯、验票模块。

（2）达到效果。良好的直观状态，安全的锁闭防护，扇门/转杆运转稳固，运转正常，能正常检验车票及车票扣费正常、设备表面各部件工作正常。

（3）工器具、材料和部件。目测，不需要工器具和物料。

（4）日检内容

◆ 观察设备能正常检验车票（包括地铁票、羊城通票），出闸机能正常回收单程票。

◆ 目测乘客显示屏显示正常及设备服务状态等内容正确。

◆ 检查设备外观完好，门锁及上盖锁正常锁闭。

◆ 检查扇门/转杆稳固，运转正常。

◆ 观察通行指示灯能正确显示。

◆ 检查设备软件版本、时钟、设备编号、车站编号是否正确。

◆ 观察蜂鸣器能正常响。

◆ 观察特殊票指示灯正常。

2. 双周检

(1) 维护对象。包括日检维护对象，验票面板、直流电源、后备电池、扇门及扇门缓冲胶、电动机组件、导票斜管、出闸机单程票读票区、票箱座及票箱垫脚胶粒、维修键盘、转杆大架组件。

(2) 达到效果。包括日检维护效果，设备表面无积尘，乘客可以方便地进行验票、进/出闸操作。

(3) 工器具、材料和部件。抹布、毛刷、压缩空气、防护屏风、T形六角旋具、内六角螺栓扳手套装、螺钉旋具、扳手、10 mm 棘轮扳手、7 mm 内六角套筒、8 mm 快速脱落棘轮扳手、5.5 mm 内六角套筒、转杆/扇门缓冲胶、铜套、弹簧、各类固定螺钉、票箱垫脚胶粒、行程凸轮、液压油叉。

(4) 双周检内容。除进行日检的内容外，还需进行以下检查和维护：

◆ 清洁验票面板乘客使用区域。

◆ 检查验票面板 2 颗固定螺钉情况，有松动的拧紧。

◆ 检查液晶显示屏表面无划痕、无碎裂及凹陷。

◆ 检查读卡区面板表面是否有划痕及凹陷。

◆ 清洁维护对象的表面积尘。

◆ 检查转杆固定情况，有松动的拧紧。

◆ 检查转杆液压油差压力。

◆ 检查转杆缓冲胶，更换损坏的缓冲胶。

◆ 检查转杆大架电磁阀吸合情况。

◆ 检查转杆中轴铜套。

◆ 检查扇门外观良好，无磨损、破裂现象。

◆ 检查扇门缓冲胶状态，更换损坏的缓冲胶。

◆ 清洁出闸机单程票读票区。

◆ 检查票箱座安装是否牢固及票箱垫脚胶粒是否缺少。

◆ 检查扇门电动机行程开关是否正常。

◆ 检查扇门电动机弹簧是否断裂。

◆ 检查扇门电动机动作是否顺畅。

◆ 检查扇门轴承固定螺钉是否已将扇门固定。

◆ 检查主控制器 CPU 风扇、主机散热风扇的运转是否正常。

3. 季度检

(1) 维护对象。供电单元、扇门、转杆、电动机组件、转杆大架组件、扇门控制器、通道传感器组件、车票处理模块、维修键盘、控制主机、通行指示灯、主/从连接板、维修门组件、设备内部地面。

(2) 达到效果。各主要部件内部无积尘，地面无积尘；内部无散落的螺钉或零部件，全部螺钉完整地紧固；设备及零部件安装稳固，运作良好；线缆包扎良好，标志清晰；乘客可以正常、方便使用，交易数据正常，所有数据正常保存、交换。

（3）工器具、材料和部件。10 mm 棘轮扳手、7 mm 内六角套筒、8 mm 快速脱落棘轮扳手、5.5 mm 内六角套筒、10 mm 内六角套筒、十字旋具，一字旋具、数字式万用表、内六角螺栓扳手套装、T 形六角旋具、个人工器具套装、大力钳、各类部件的固定螺钉、扎线带、绝缘胶布、胶水、润滑油、压缩空气、毛刷、镜头纸、洗耳球、吸尘器、吹风机、口罩、手套。扇门缓冲胶、转杆缓冲胶、主控制器主板、出闸机分向杯、各种部件线缆、扇门电动机弹簧、扇门电动机行程凸轮、通道传感器、通道传感器线缆、设备交流保护盖、主/从连接板、闸机 TCB 板、主控 CPU 风扇、主控外壳散热风扇、CPU 散热硅胶、门锁。

（4）季度检内容。季度检不需要进行日检、双周检内容。

◆ 设备内部、零部件、地面除尘。

◆ 检查交流接线排防护挡板、电源线路的电线、电线连接点、漏电保护器、电源开关、熔断器、交流电源输出插座有无损坏，能否正常工作，地线是否接触良好、测量交流电电压值。

◆ 检查后备电池供电情况，测量负载电压输出值符合要求。

◆ 检查直流电源模块输出电压是否正常，测量输出电压值。

◆ 检查扇门与电动机的连接是否紧凑，无松动、脱落现象、扇门是否断裂、变形。

◆ 检查电动机组件中的弹簧、行程开关、凸轮等状态是否正常，有无断裂、破损现象；更换弹簧润滑油，调整行程开关至最佳状态，调整扇门至最佳运转状态。检查机体所有部件是否有破裂、松动，所有螺钉是否拧紧，有无丢失。

◆ 清洁维修键盘，检查维修键盘安装是否牢固，按键是否齐全、字体是否清晰，测试键盘控制开关功能、维修显示屏显示状态是否正常、数字键盘功能是否正常。

◆ 检查通道传感器工作状态，测试通道传感器功能正常，检测通道传感器状态显示板工作状态正常。

◆ 检查乘客液晶显示屏的电源和信号线缆接线牢固，整洁有序，没有破损，检查乘客面板无破裂现象、乘客操作液晶显示屏是否凹陷、有花屏、闪烁现象及光亮度是否正常，并调整至正常状态。

◆ 检查读票面板组件，LCD 控制板、升压板、天线、投票口电磁阀等安装正常，测试工作正常。

◆ 检查出闸机车票回收组件安装是否牢固，票箱组件是否齐全；检查投票口电磁阀、进票箱电磁阀、退票电磁阀、回收分向电磁阀是否正常；检查投票口传感器、单程票读票传感器、退票杯传感器、票箱传感器组是否正常。

◆ 检查导票斜管是否正常，内部无破损，车票导向模块弹簧是否缺。

◆ 检查票箱传感器线缆情况、票箱座是否稳固、票箱垫脚胶粒是否缺少。

◆ 测试出闸机单程票回收流程是否正常。

◆ 检查主控制器连接的各线缆及接头是否正常，安装是否稳固，做好防损及补充螺钉固定。

◆ 拆卸主控制器单元，清洁包括主板、内存条、显卡、CPU 风扇等部件的积尘；检查并确认各电路板及零部件之间的连线是否正确，无插座移位、针脚偏移、折断，连线无破损、短路、断裂等现象，固定良好。

◆ 检测主控制器 CPU 风扇、主机散热风扇的运转是否正常。

◆ 检查主控制器输入电压是否正常。

◆ 检查主控制器与各控制部件通信正常。

◆ 检查 TCB 板是否正确安装，检测 TCB 板的各个指示灯是否正常亮；检查各连接线缆及接头是否正常，做好防损及补充螺钉固定；取出 SAM 卡，清洁 SAM 卡和 SAM 卡座。

◆ 检查通行指示灯及其线缆的安装情况，检查通行指示灯管有无坏点。

◆ 检查特殊票指示灯及其线缆的安装情况，检查特殊票指示灯管有无坏点。

◆ 测试通行指示灯开关功能。

◆ 测试特殊票指示灯开关功能。

◆ 检查主/从连接板及其线缆的安装和连接情况、检查主/从连接板工作指示灯是否正常。

◆ 检查维修门及门锁安装是否牢固，调整转杆上盖。

◆ 检查门传感器的安装情况，测试维修门传感器功能是否正常。

◆ 检查杆式闸机上盖螺钉及液压油叉是否正常。

◆ 设备重启后各部件自动复位是否正常。

◆ 设备重启后检查设备软件版本、时钟、设备编号、车站编号是否正确。

◆ 清洁转杆大架，更换转杆大架润滑油。

◆ 检查转杆是否固定后。

4. 年度检

（1）维护对象。包括季度检的维护对象，交流接线盘、直流电源、液晶显示屏模块、CPU 散热组件、通行指示灯。

（2）达到效果。包括季度检的维护效果，设备接地良好，AC 电源保护部件良好，后备电源供电性能良好，液晶显示屏工作状态良好，CPU 工作状态良好。

（3）工器具、材料和部件。10 mm 棘轮扳手、7 mm 内六角套筒、8 mm 快速脱落棘轮扳手、5.5 mm 内六角套筒、10 mm 内六角套筒、十字旋具、一字旋具、数字式万用表、内六角螺栓扳手套装、T 形六角旋具、个人工器具套装、大力钳、绝缘表。各类部件的固定螺钉、扎线带、绝缘胶布、胶水、润滑油、压缩空气、毛刷、镜头纸、洗耳球、吸尘器、吹风机、口罩、手套。扇门缓冲胶、转杆缓冲胶、液压油叉、主控制器主板、出闸机分向杯、各种部件线缆、扇门电动机弹簧、扇门电动机行程凸轮、通道传感器、通道传感器线缆、设备交流保护盖、主/从连接板、闸机 TCB 板、主控 CPU 风扇、主控外壳散热风扇、CPU 散热硅胶、门锁。

（4）年度检内容。除进行日检、双周检、季度检的内容外，还需进行以下检查和维护：

◆ 检查 220 VAC 模块、直流电源模块安装情况，检查插座等组件有无破损，地线是否接触良好。

◆ 检查位于站厅两端墙壁上的交流接线盘的电源接线是否牢固、螺钉是否拧紧、电源线是否破损，做好包扎和紧固，测量火线对地的电阻值是否符合要求。

◆ 更换后备电池（2 块）。

◆ 电动机/转杆。

◆ 清洁直流电源内部，更换散热风扇。

◆ 更换主控制器的 CPU 散热风扇，清洁 CPU 散热片，更换散热硅膏。

◆ 拆卸/清洁/更换通行指示灯。

◆ 拆卸/清洁/更换特殊指示灯。

◆ 用摇表检查接地电阻，是否超出正常范围。

AGM 计划性检修内容见表 7—4。

表 7—4　　AGM 计划性检修内容

维修任务名称	一级修程（周检）	二级修程（季度检）	三级修程（年检）
供电部分			
关机步骤			√
检查 220 V 交流电源安装情况		√	√
检查 220 V 交流电源供电情况		√	√
清洁 220 V 交流电源		√	√
检查直流电源安装情况			√
检查直流电源供电情况		√	√
检查直流电源插头连接情况			√
清洁直流电源		√	√
机壳接地检查			√
检查后备电源电压供电情况		√	√
扇门模块（扇门闸机）			
检查扇门安装情况			√
检查扇门与电动机连接情况			√
检查扇门外观是否磨损		√	√
检查扇门轴承是否磨损			√
清洁扇门门体	√	√	√
检查电动机组件安装情况			√
清洁电动机组件	√	√	√
检查通道传感器		√	√
清洁通道传感器		√	√

续表

维修任务名称	一级修程（周检）	二级修程（季度检）	三级修程（年检）
检查通道传感器控制板安装情况			√
清洁通道传感器控制板			√
进入测试模式		√	√
测试扇门动作与电动机行程开关功能		√	√
测试通道传感器功能		√	√
测试通道传感状态显示板			√
车票处理模块			
读票面板组件			
检查读票面板组件安装情况			√
清洁乘客显示屏控制板、乘客显示屏			√
清洁读票面板读写器控制板		√	√
清洁读票面板天线		√	√
清洁读票面板进票口电磁阀		√	√
单程票回收模块组件			√
检查单程票模块安装情况			√
清洁单程票模块		√	√
清洁单程票回收通道			√
检查单程票进票箱电磁阀		√	√
检查单程票退票电磁阀		√	√
检查单程票回收车票分向器电磁阀		√	√
检查退票杯、退票杯传感器		√	√
清洁退票杯、退票杯传感器		√	√
导票管			
检查导票管安装情况		√	√
检查导票管传感器		√	√
清洁导票管传感器		√	√
清洁导票管		√	√
检查导票管底部传感器线缆连接情况			√

续表

维修任务名称	一级修程（周检）	二级修程（季度检）	三级修程（年检）
票箱座			
检查票箱座安装情况			√
清洁票箱座		√	√
检查票箱座传感器		√	√
清洁票箱座传感器		√	√
检查票箱座传感器线缆连接情况			√
测试			
进入测试模式		√	√
测试单程票回收流程		√	√
退出测试模式		√	√
维修键盘			
检查维修键盘安装情况		√	√
检查维修键盘各个指示灯显示是否正常	√	√	√
检查维修键盘线缆有无损坏		√	√
检查键盘按键是否齐全		√	√
控制主机			
检查控制主机安装固定情况		√	√
清洁控制主机表面、风扇、两侧通风口		√	√
检查控制主机插头线缆连接情况			√
通行灯、禁行灯、特殊票指示灯			
通行灯			
检查通行灯安装情况			√
清洁通行灯			√
检查通行灯线缆连接情况			√
检查通行灯灯管有无坏点		√	√
禁行灯			√
检查禁行灯安装情况			√
清洁禁行灯			√

续表

维修任务名称	一级修程（周检）	二级修程（季度检）	三级修程（年检）
检查禁行灯线缆连接情况			√
检查禁行灯灯管有无坏点		√	√
特殊票指示灯			
检查特殊票指示灯安装情况			√
清洁特殊票指示灯			√
检查特殊票指示灯线缆连接情况			√
检查特殊票指示灯是否显示正常		√	√
测试			
进入测试模式		√	√
测试末端指示灯显示功能		√	√
测试特殊票指示灯显示功能		√	√
退出测试模式		√	√
维修门传感器			
检查维修门传感器安装情况			√
清洁维修门传感器		√	√
检查维修门传感器线缆连接情况			√
测试维修门传感器		√	√
闸机门和锁			
主/从维修门			√
检查主/从维修门门锁开关情况		√	√
检查主/从维修门打开时是否有异响			√
检查主/从维修门上螺钉部分有无松动		√	√

二、关键模块的检修工艺

1. 闸机供电部门检修工艺

【任务描述】：按照季检流程规范开展车站闸机电源模块季检工作，对闸机电源模块进行外观检查、直交流电源电压检查、UPS 输出电压检查、电池检查、各个接线牢固、氧化程度检查、板卡的电气特性性能测试。本季检任务以 5 号线设备为例。

【任务目标】：确保车站闸机电源模块硬件正常运行、闸机能够正常开启，各指示灯指示正常。检修保养后闸机电源模块符合季检保养工艺标准。

【工器具及材料】： 十字/一字旋具、无感绝缘旋具一根、数字式万用表 、压缩空气、毛刷、棉布、手套、口罩、吹风机、暂停服务牌。

电源模块检修流程如图 7—25 所示。

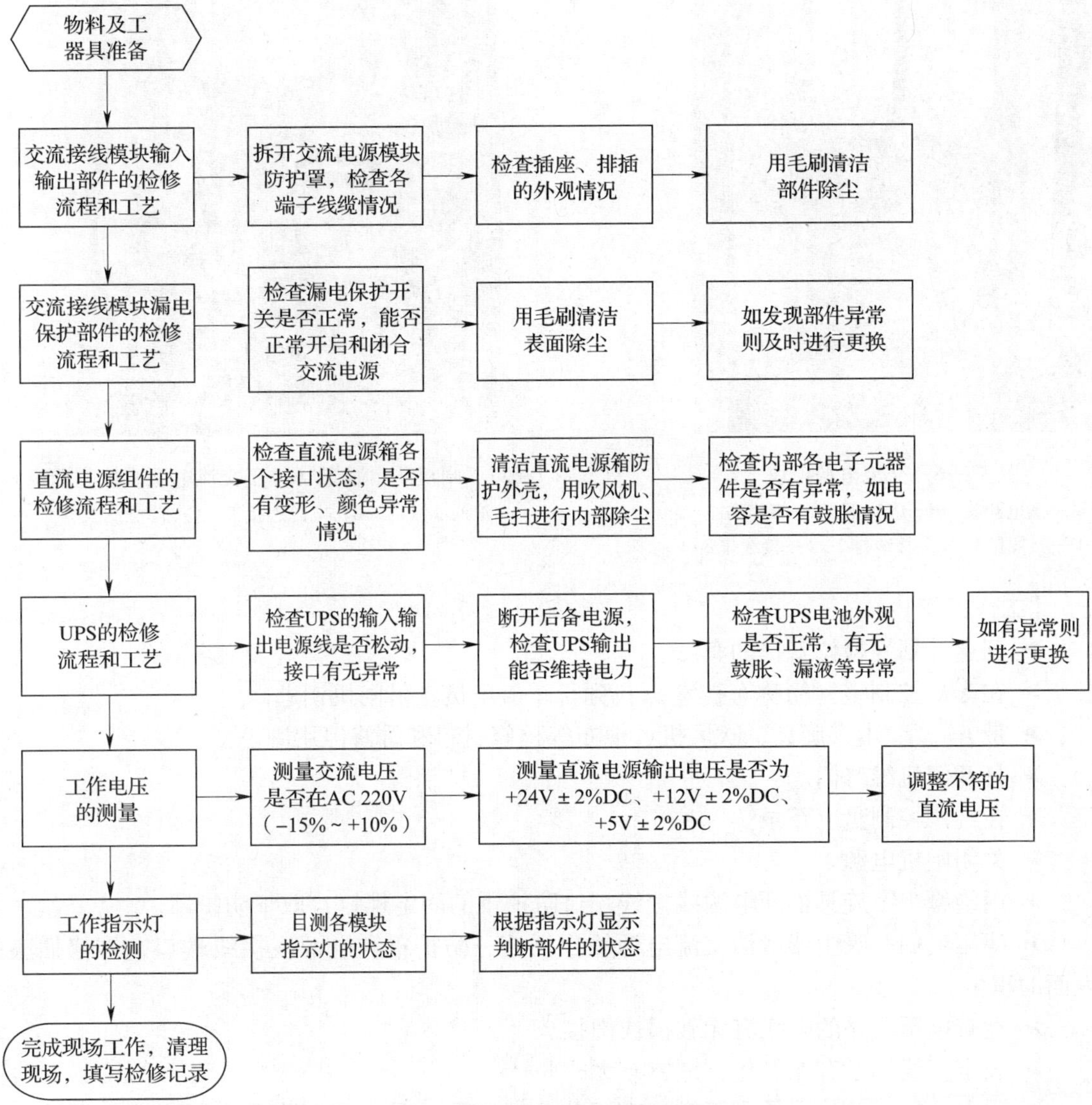

图 7—25　电源模块检修流程图

子任务 1　闸机交流接线模块输入输出部件的检修操作

【子任务描述】： 对闸机电源模块的交流接线模块进行检查，包括电源的接线情况、输入输出电压，漏电保护开关的外观、功能是否正常等检查，交流分流装置和熔丝、接线排的外观、功能是否正常。交流电源模块如图 7—26 所示。闸机防雷装置如图 7—27 所示。

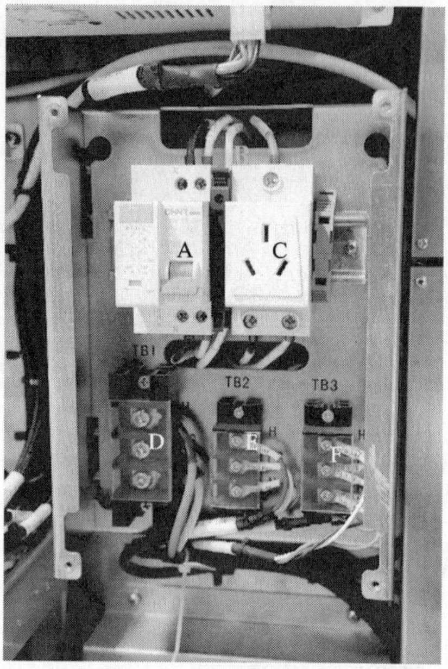

图 7—26　交流电源模块

A—漏电开关　B—熔丝座　C—维修插座

D—接线排 1　E—接线排 2　F—接线排 3

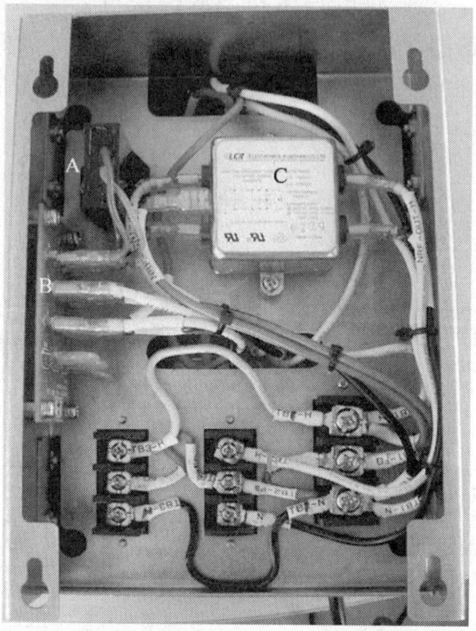

图 7—27　闸机防雷装置（位于交流电源模块与闸机）

A—浪涌滤波器　B—电源连接板　C—降噪滤波器

【工作过程】:

➢ 到达计划性检修安排的车站。

➢ 在车站控制室（简称车控室）找到行车值班员签借闸机钥匙。

➢ 带齐一字/十字旋具、吹风机、棉布等检修材料和维修停用牌。

➢ 打开闸机维修门。

➢ 在维修控制盘上登录。

➢ 关闭闸机电源。

➢ 用绝缘十字旋具松开电源线接线端口防护罩的固定螺钉，取下防护罩。

➢ 使用毛刷、吸尘器清洁交流电源输出插座，防护罩和电源线接线端口，维修插座的表面的积尘。

➢ 检查电源线路的电线有无破损或虚接。

➢ 固定接线端子有无氧化，螺钉有无松脱。

➢ 漏电保护开关外观是否正常，有无烧焦或变形，是否能正常开合；交流电源输出插座无损坏，电压是否正常［交流电压范围：AC 220 V（$-15\% \sim +10\%$）］，地线接触是否良好，有无漏电。

➢ 把防护罩安装回电源接线端口。

交流电源输出电压测试如图 7—28 所示。

【复习思考题】

1．交流接线排上 L、N、G 各代表什么？

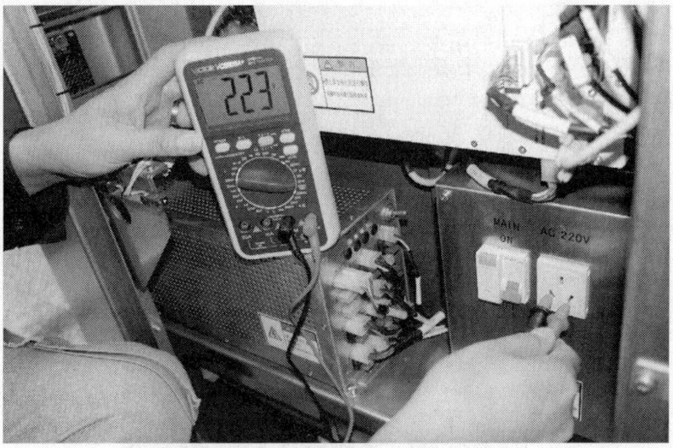

图 7—28 交流电源输出电压测试

2. 闸机电源的开关机顺序分别是什么？

子任务 2 直流电源组件的检修操作

【子任务描述】：对直流电源组件进行外观检查及表面的清洁除尘，以及对直流电源外壳的拆卸流程规范，并进行 5 V/12 V/24 V 输出电压进行检测与调校；检查内部板卡的外观、电容等电子元器件进行肉眼检查是否异常。

【工作过程】：

➢ 到达计划性检修安排的车站。

➢ 在车站控制室（简称车控室）找到行车值班员签借闸机钥匙。

➢ 带齐一字/十字旋具、吹风机、棉布等检修材料和维修停用牌。

➢ 打开闸机维修门。

➢ 在维修控制盘上登录。

➢ 关闭闸机电源。

➢ 使用棉布清洁直流供电电源表面灰尘。

➢ 使用十字旋具松开直流供电电源外壳的螺钉（共 12 颗），取出外壳，用蘸了少许水的棉布进行擦拭除尘，再用干棉布去除表面水分。

➢ 使用毛刷、压缩空气或吹风机清洁内部部件灰尘。

直流电源拆装外壳如图 7—29 所示。

1. 检查内部电子部件的外观情况有无异常：

➢ 检查直流电源变压器固定情况。

➢ 检查直流电源变压器输入、输出连接线缆是否松动。

➢ 检查直流电源散热风扇转动是否正常。

➢ 查看电源板的各个电子元器件的情况，是否有锈迹、检查电容是否有鼓胀。

➢ 用蘸了少许水的棉布将直流电源外壳尘土擦净。

2. 安装直流供电电源外壳和螺钉，放直流供电电源回原位，安装前后 4 颗固定螺钉和机壳接地线螺钉，接回直流供电电源的所有接线。

图 7—29　直流电源拆装外壳

3．打开闸机电源。

4．使用数字万用表欧姆挡测量直流供电电源接地点和机壳接地点之间的电阻，阻值应小于 0.5 Ω。

5．检查直流电源电压是否正常，用万用表检查直流电源上输入 ~220 V，输出 +5 V、+12 V、+24 V 电压调整范围在：

（1）DC　+5.20 V：设定值 ±2%。

（2）DC　+12.50 V：设定值 ±2%。

（3）DC　+24.50 V：设定值 ±2%。

调整直流电源变压器的电压时，直流电源变压器要有回路方可调整。直流输出电源接口如图 7—30 所示。

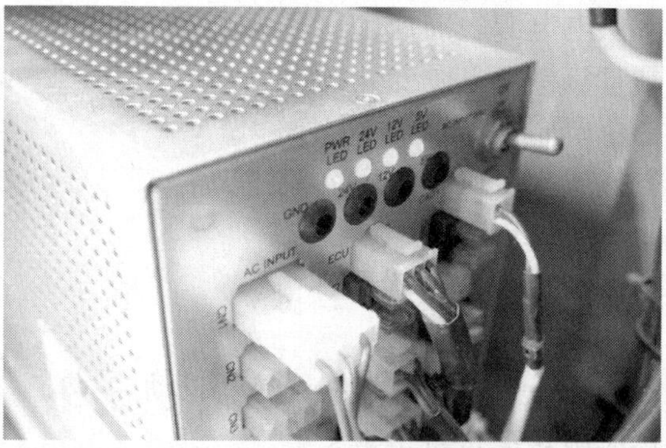

图 7—30　直流输出电源接口

6．如不正常，则可以用绝缘旋具进行相应电压的调整。用万用表测量异常电压的输出，并用绝缘旋具在直流电源的外壳所示电压进行调整（见图 7—31）。直流电源内部可调电阻位置如图 7—32 所示。

图 7—31　直流电源外壳所示的可调电压位置

图 7—32　直流电源内部可调电阻位置

A—24 V 可调电压内部位置　B—12 V 可调电压内部位置　C—5 V 可调电压内部位置

【复习思考题】

直流电源电压不稳，应如何进行调整？

子任务 3　闸机不间断电源检修操作

【子任务描述】：对不间断电源（简称 UPS）（见图 7—33）进行外观检查、清洁，测试 UPS 能否在断开后备电源后维持足够的电力，以及对电池爆浆、鼓胀情况进行更换操作。

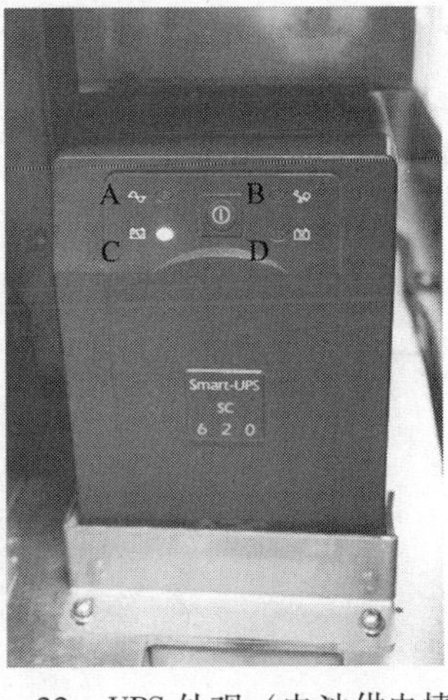

图 7—33　UPS 外观（电池供电情况）

UPS 指示灯意义：

A 在线：当 UPS 向连接的设备提供市电时，在线指示灯就会发亮。如果指示灯不亮，则 UPS 此时未上电或由电池供电。

B 过载：当发生过载情况时，UPS 发出持续的报警声且指示灯亮。

C 电池供电：当 UPS 使用电池向连接的设备供电时，电池供电指示灯就会发亮。由电池供电时，UPS 每隔 30 s 发出 4 声【哔】声的警报。

D 更换电池：如果电池未能通过自检，则 UPS 发出短的【哔】声，持续 1 min，同时更换电池指示灯亮。

D 电池断开：电池断开时，更换电池指示灯闪亮，且每 2 s 发出一声短的【哔】声。

【工作过程】：

1. 打开闸机维修门前门。

2. 目测 UPS 电源指示灯是否正常显示，有无报警，如有则按提示进行相应检查。

3. 测量 UPS 输入输出端的电压是否在正常范围内。

4. 断开后备电源输入，只留 UPS 供电，检查其电池电力是否能够维持 15 min 以上；使用后台测试，进入“电池自测试”，输入测试 15 min。如图 7—34 所示。

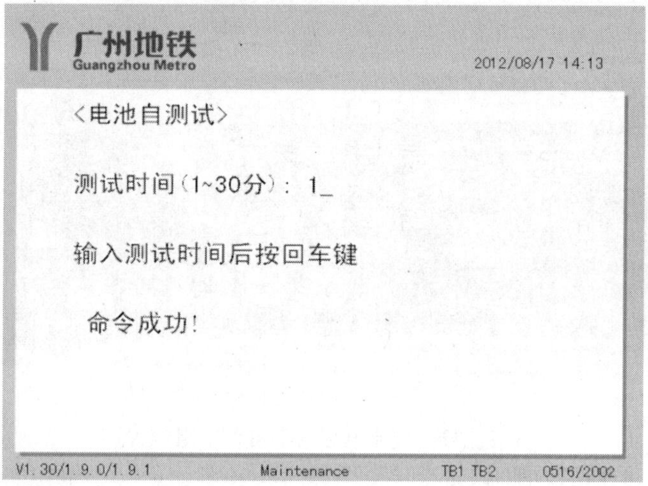

图 7—34　UPS 电池后台自测试界面

5. 断开 UPS 输入输出电源线。

6. 进行 UPS 内部电池外观检查：

➢ 进行电池拆除，先拆除 UPS 底板，取出电池（注意：拆卸时应先拆除电池，防止电池的电线与外壳、电路板相碰，造成电路板短路）。UPS 电池位置如图 7—35 所示，UPS 拆除外壳和电池后如图 7—36 所示。

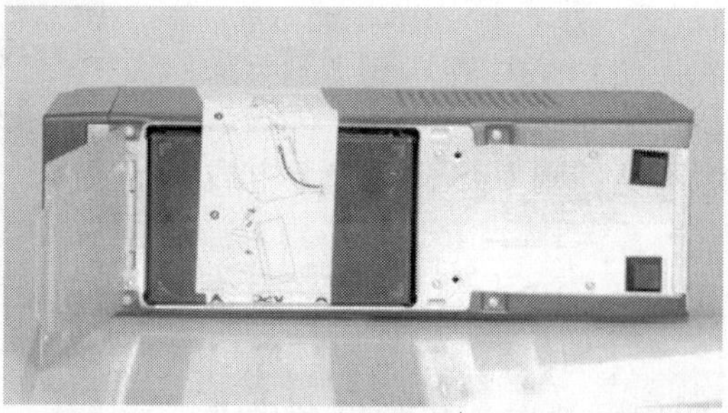

图 7—35　UPS 电池位置

图 7—36　UPS 拆除外壳和电池后

➢ 用吹风机、毛刷清洁不间断电源内积尘。

➢ 检查电池是否有鼓胀、爆浆等异常，如有则进行更换。鼓胀的电池与正常的电池对比如图 7—37 所示。

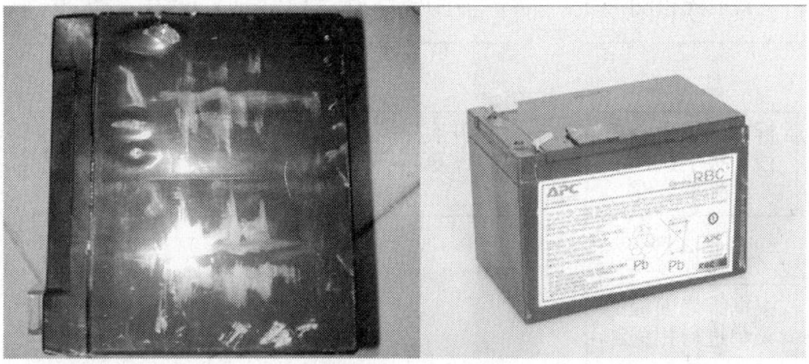

图 7—37　鼓胀的 UPS 电池（左）与正常的电池（右）对比

7．安装 UPS 外壳，放回原位，接回所有接线。

【复习思考题】

1．UPS 指示灯的意义是什么?

2．当 UPS 在断开后备电源后不能维持 15 min 的电量且电池存在鼓胀或爆浆现象时，应如何对其进行更换?

【注意事项】

➢ 电源箱的各个输出接口外观上都很相似，但电压是不同的，所以切忌乱接线而烧坏部件。

➢ 直流电源散热风扇的寿命约为两年，对状态不良的散热风扇要及时更换。

➢ UPS 内的蓄电池使用寿命约为两年，建议定期更换。

2．闸机扇门/转杆部门检修工艺

工作任务 1：扇门模块季检及扇门位置调整

【任务描述】：对扇门模块进行季检，包括扇门模块外观检查、扇门模块安装检查、扇门控制板检查、扇门动作测试。

【工具及材料】：十字旋具、一字旋具、内六角螺钉扳手、吸尘器/吹风机、扎线带、压缩空气、毛刷、棉布、口罩、手套。

扇门模块检修流程如图 7—38 所示。

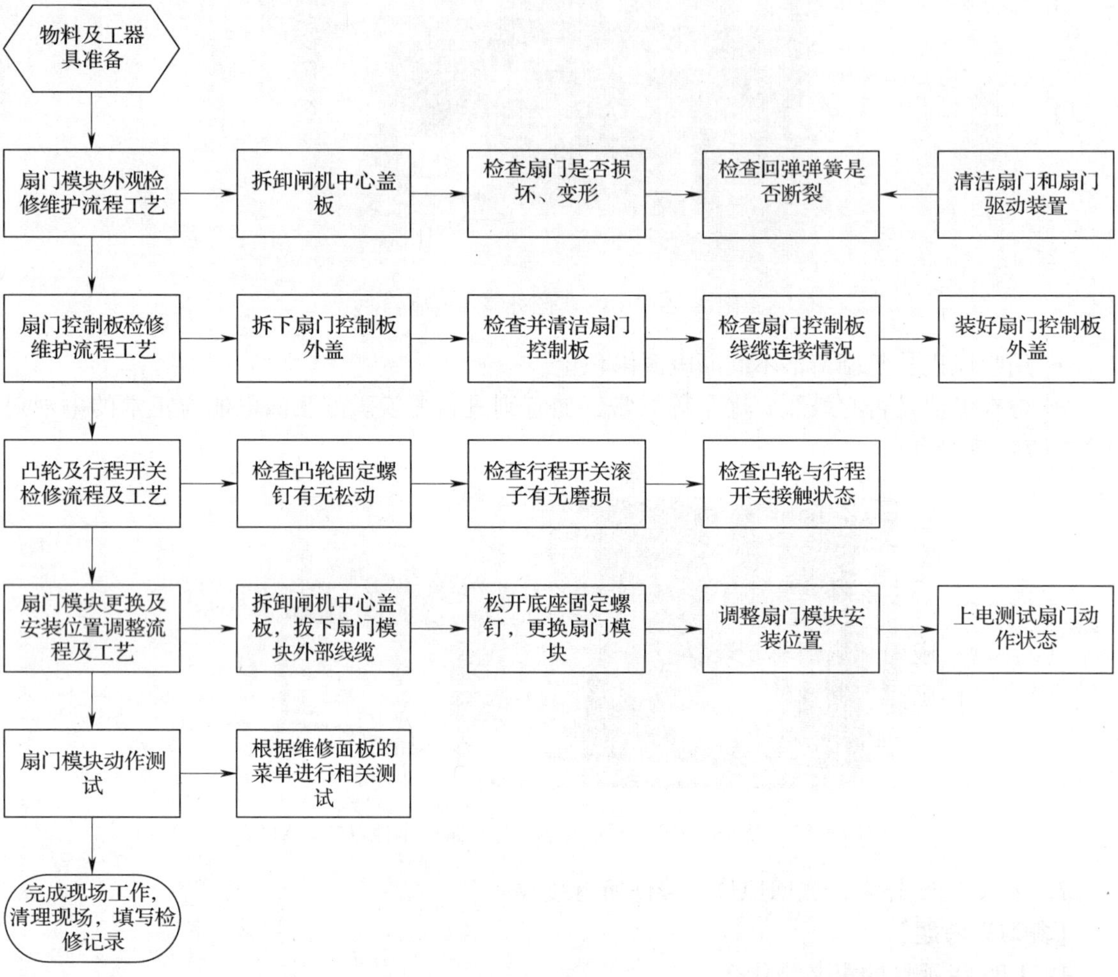

图 7—38　扇门模块检修流程

子任务 1　扇门模块季检

【子任务描述】：对扇门模块进行外观检查及清洁、扇门模块安装情况检查、扇门控制板检查、扇门动作测试。

【工作过程】：

（1）断开 AGM 电源。

（2）松开闸机中心盖板的固定螺钉，拆卸闸机中心盖板（见图 7—39）。

图 7—39　拆卸闸机中心盖板

（3）检查扇门模块（见图 7—40）底座的固定螺栓有无松动，确定螺栓紧固无松动。

（4）检查扇门门体有无开裂、缺角、变形等损坏情况，如有损坏更换扇门。

（5）检查扇门回弹弹簧有无损坏断裂，如有损坏更换弹簧。

图 7—40　扇门模块外观图（A：扇门模块安装螺钉，B：回弹弹簧）

（6）清洁扇门和扇门驱动装置。

（7）拆下扇门控制板外盖螺钉，取下外盖。

（8）检查扇门控制板是否安装牢固。

（9）检查扇门控制板线缆连接有无松动，如有松动马上接好。

（10）检查扇门控制板上电子元器件有无电容漏液等老化现象。

（11）清洁扇门控制板表面积尘。

（12）装上扇门控制板外盖。

（13）检查凸轮上的六角固定螺钉有无松动，如有松动拧紧螺钉。

（14）检查行程开关滚子磨损情况，必要时进行调整或更换（见图 7—41）。

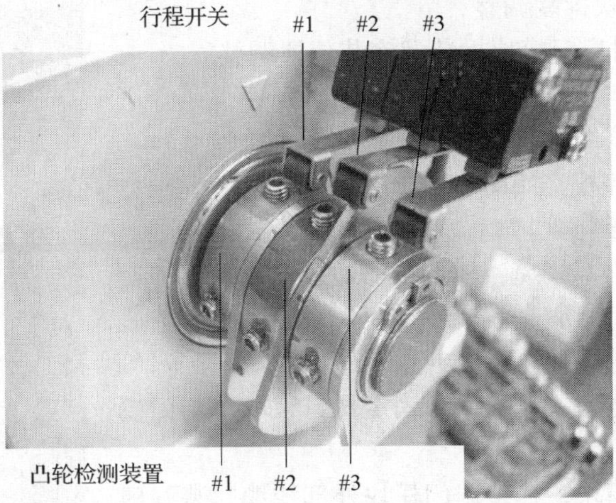

图 7—41　凸轮及行程开关

凸轮检测装置#1　扇门动作时可检测电动机速度信号

凸轮检测装置#2　检测扇门开启动作停止信号

凸轮检测装置#3　检测扇门关闭动作停止信号

行程开关 #1　检测凸轮#1 动作

行程开关 #2　检测凸轮#2 动作

行程开关 #3　检测凸轮#3 动作

（15）装上闸机中心盖板。

（16）闸机上电，正常启动后用维修键盘输入用户名和密码登录，通过测试菜单测试扇门动作，观察扇门动作情况，要求扇门按指令进行动作，开、关动作过程无抖动，扇门动作时与中心盖板无摩擦。

I/O 测试菜单下选择“2”进入扇门测试菜单如图 7—42 所示。

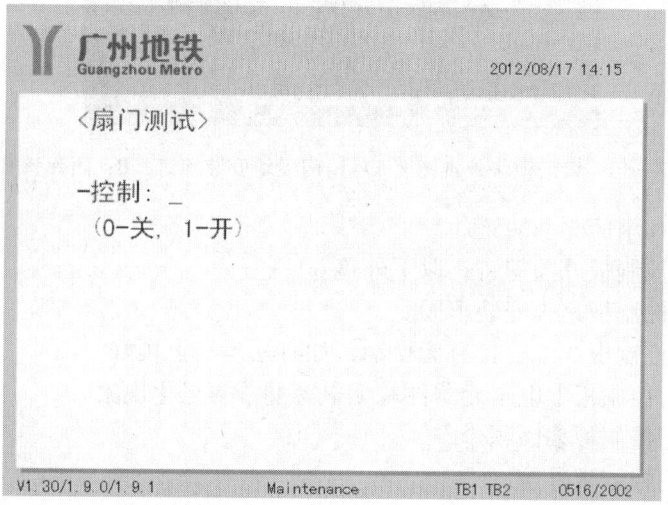

图 7—42　I/O 测试菜单下选择“2”进入扇门测试菜单

子任务 2　扇门模块拆装调整

【子任务描述】：对扇门模块拆装及安装位置调整。

【工作过程】：

1．断开 AGM 电源。

2．拆卸闸机中心盖板，如图 7—43 所示。

3．拆卸扇门控制板外盖。

4．拔下扇门模块外部线缆，注意拔下的线缆要放好，避免旁边通道扇门动作时夹到。

5．拆卸扇门模块移动路径上的通道传感器。

6．拆卸扇门模块底座 4 颗内六角固定螺钉，取出扇门模块。

7．安装新的扇门模块，连接扇门模块外部线缆，装好扇门控制板外盖，注意底座固定螺钉先不要拧紧，放上中心盖

图 7—43　拆卸闸机中心盖板

板，对扇门模块安装位置进行调整，使扇门模块动作时与中心盖板无摩擦，位置调整正确后再拧紧固定螺钉。

8．安装闸机中心盖板。

9．闸机上电，对扇门模块进行动作测试，要求扇门开关过程无抖动，扇门开关停止位置正确，扇门与中心盖板无摩擦。

【相关知识】：学习本节内容前应完成相关课程（AFC设备系统工作原理、闸机工作原理、闸机操作手册等知识点的学习）。

【复习思考题】

1．扇门模块安装位置如何调整？

2．怎样对扇门模块进行测试？

3．如何拆卸扇门门体？

工作任务1：转杆模块季检

【任务描述】：对闸机转杆模块进行：安装固定检查、转杆单元组件功能检查、清洁润滑、通行测试检查。

【任务目标】：检修保养后闸机转杆模块符合季检保养工艺标准。

【工具、材料】：

十字旋具、一字旋具、T字形扳手、六角旋具、活动扳手、固定螺钉、扎线带、毛刷、棉布、润滑油、手套。

【工作过程】：转杆闸机的检修流程如图7—44所示。

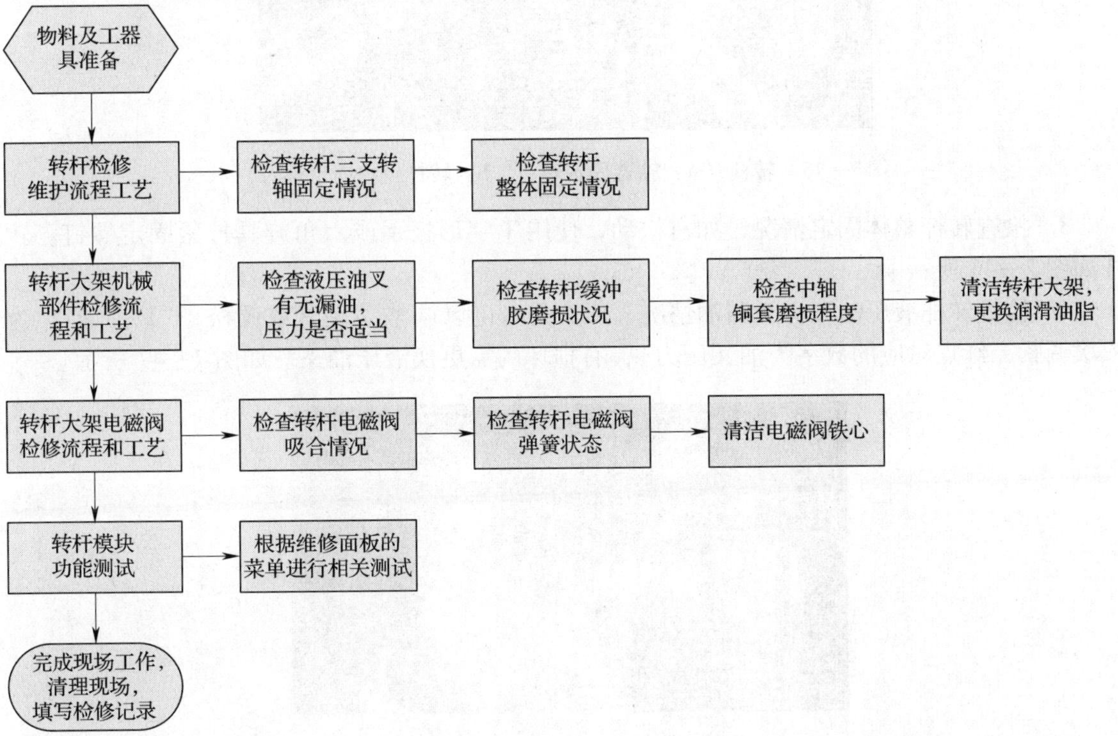

图7—44　转杆闸机的检修流程

1. 关闭 AGM 电源。

2. 用手转动转杆（三支轴臂），检查固定情况，如有松动，使用 T 形扳手或六角旋具将其拧紧，补充缺失的螺钉。转杆模块如图 7—45 所示。

图 7—45　转杆模块

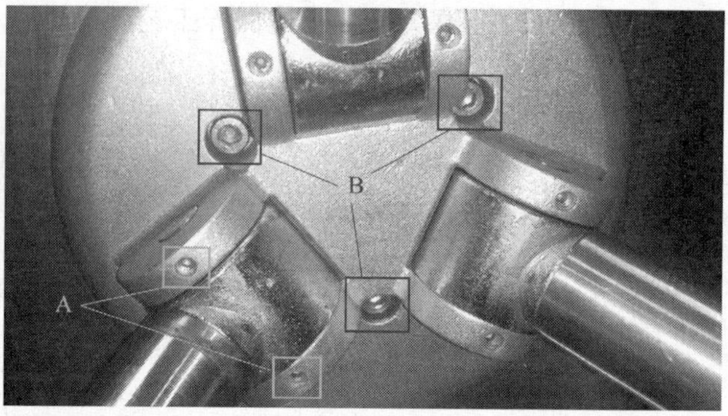

图 7—46　转杆（A：轴臂固定螺钉，B：转杆模块固定螺钉）

3. 检查转杆整体固定情况，如有松动，使用 T 字形扳手或六角旋具拧紧固定螺钉。转杆如图 7—46 所示。

4. 检查转杆液压油叉有无漏油情况、压力是否可以调整（调紧或调松，“1～7 挡”为依次调紧，红点对应的数字为油叉压力），有损坏的需更换液压油叉。如图 7—47 所示。

图 7—47　转杆液压油叉

5. 检查转杆缓冲胶状态，是否有缺角或爆裂损坏情况，有损坏的需更换。

6. 检查转杆中轴铜套磨损程度，磨损严重的需更换。

7. 用干棉布清洁转杆大架，更换转杆大架润滑油。转杆大架如图 7—48 所示。

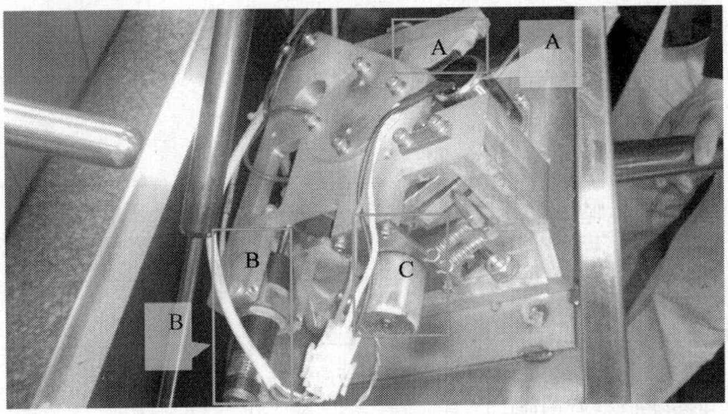

图 7—48 转杆大架（A：缓冲胶，B：油叉，C：电磁阀）

8. 打开 AGM 电源。

9. 在维修键盘上登录。

10. 检查转杆大架电磁阀吸合情况，观察电磁阀在动作过程中动作是否顺畅，力度是否足够吸合、释放。

11. 检查转杆电磁阀弹簧的状态，是否能正常连接弹簧杆和电磁阀，且无松动情况，有损坏的弹簧需更换。

12. 清洁电磁阀铁心。

13. 对设备进行测试，检查断电情况下转杆能否下落。如图 7—49 所示。

14. 退出登录。

15. 关闭维修门，清理现场。

【复习思考题】

1. 紧急模式下转杆模块状态是怎样的？

2. 如何调整转杆油叉压力？

3. 如何紧固松动的转杆轴臂？

图 7—49 下落状态下的转杆

闸机主控模块检修工艺

【任务描述】：对闸机主控进行：安装固定检查、线缆连接检查、散热风扇运转检查。

【任务目标】：检修保养后闸机主控符合季检保养工艺标准。

【工具、材料】：

十字旋具、一字旋具、吸尘器/吹风机、固定螺钉、扎线带、压缩空气、毛刷、棉布、口罩、手套。

【工作过程】：主控检修流程如图 7—50 所示。

子任务 1 主控模块硬件检查流程及工艺

【子任务描述】：对主控模块硬件进行外观检查，包括散热风扇、电池等检查。

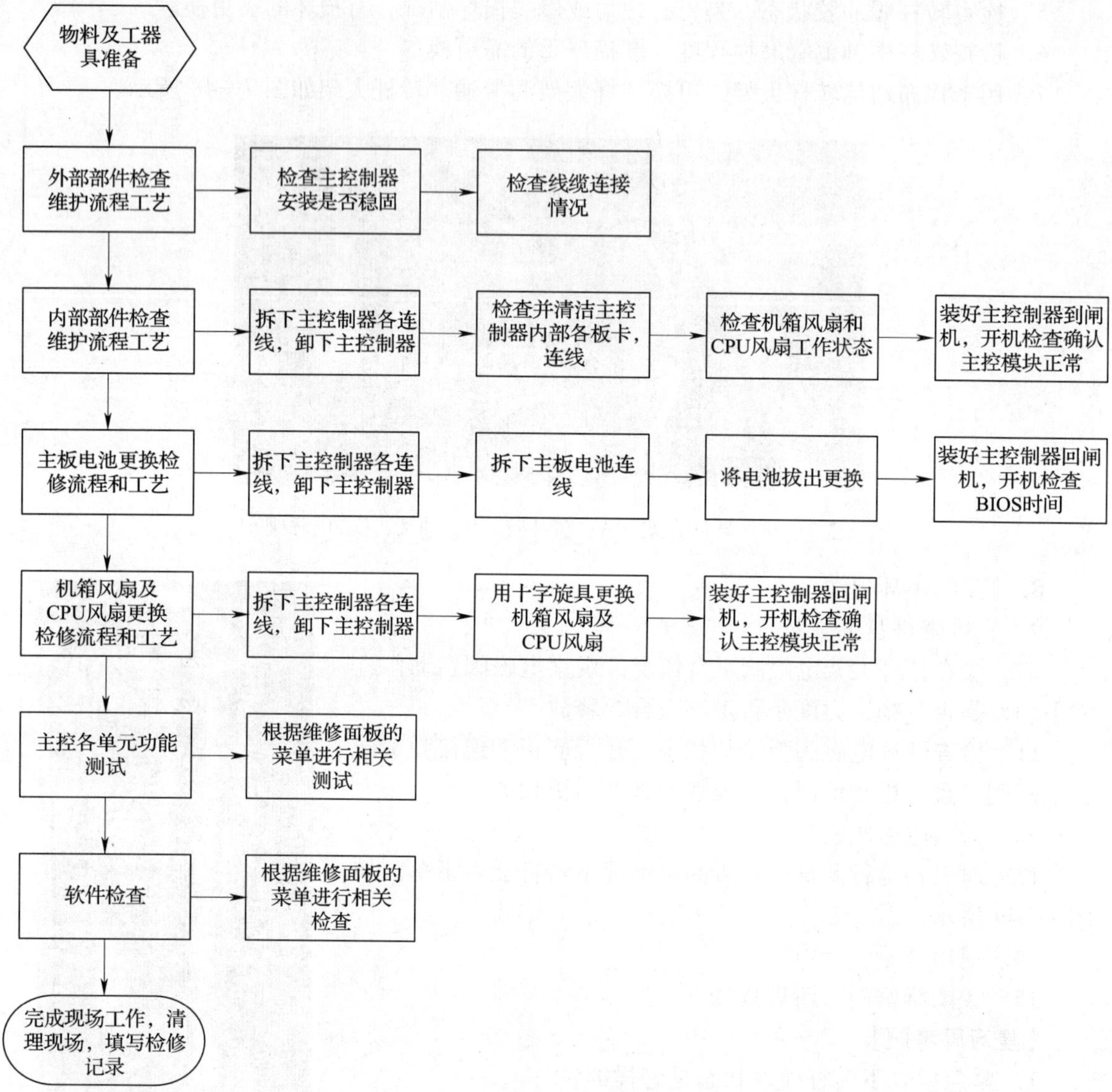

图 7—50　主控检修流程

【工作过程】:

- 断开 AGM 电源。
- 拔下连接在主控模块上的线缆。主控模块外观如图 7—51 所示。
- 松开主控模块的固定螺钉，取出主控模块。
- 松开主控模块外壳螺钉，打开外壳。
- 清洁主控模块内部板卡积尘（见图 7—52）。
- 清洁主控模块机箱散热风扇和 CPU 散热风扇。
- 检查主控模块内部线缆连接情况，确认线缆连接紧固无松动。
- 装上主控模块外壳。

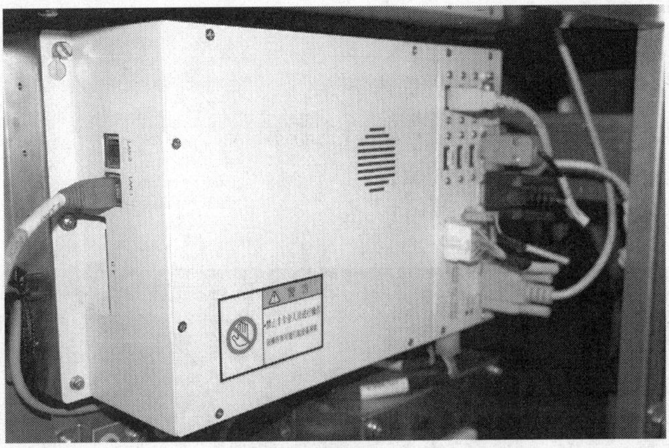

图 7—51 主控模块外观

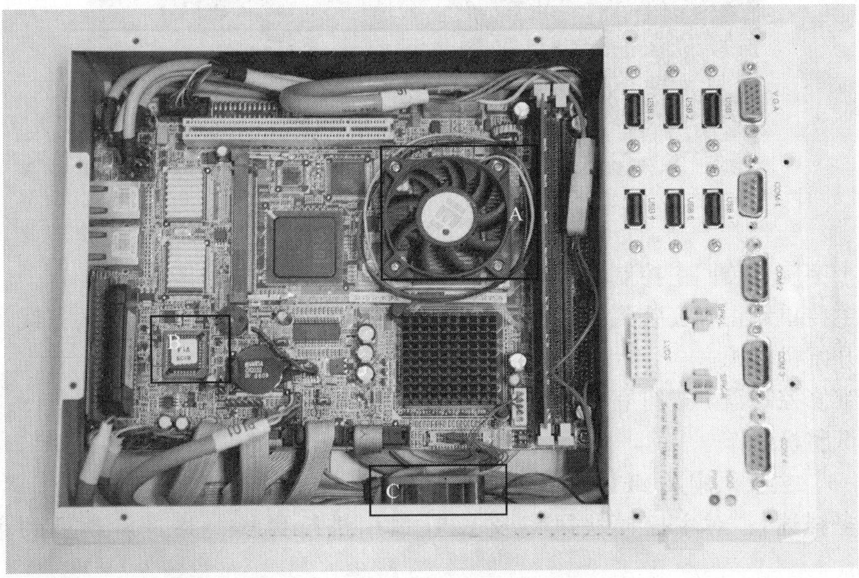

图 7—52 主控模块内部（A：CPU 风扇，B：机箱风扇，C：BIOS 芯片）

- 将主控模块安装到闸机上，要求其固定无松动。
- 将主控模块与外部模块的所有线缆接上，所有连接线缆应牢固无松动。
- 闸机上电后检查主控模块散热风扇是否正常运转，如风扇有异响或不能转动，应更换散热风扇。
- 闸机上电后检查主控模块能否正常启动闸机主程序。

子任务 2 主板电池更换流程及工艺

【子任务描述】：对主控模块主板电池进行更换，并对启动后的主控模块进行检查。

【工作过程】：

- 打开闸机维修门。

- 在维修键盘上登录。
- 关闭闸机电源。
- 将主控单元的外部连接接口线缆卸下。
- 卸下主控单元底座固定螺钉，并取出主控模块。
- 用十字旋具卸下主控制器外壳螺钉。
- 拔下主板电池连线，将电池取出更换。

图 7—53　主板电池

- 用十字旋具装回主控制器外壳螺钉。
- 将主控单元正确安装到闸机上，拧紧固定螺钉，正确连接各接口的连线。
- 打开闸机电源。
- 在维修控制盘上进行登录
- 测试整机运作

子任务 3　主板风扇及 CPU 风扇更换流程及工艺

【子任务描述】：对主控模块风扇及 CPU 风扇进行更换，并对启动后的主控进行检查。

【工作过程】：

- 打开闸机维修门。
- 在维修键盘上登录。
- 关闭闸机电源。
- 将主控模块的外部连接接口线缆卸下。
- 卸下主控单元底座固定螺钉，取出主控模块。
- 用十字旋具卸下主控制器外壳螺钉。

● 用十字旋具卸下主控制器的 CPU 散热风扇，拔下 CPU 散热风扇电源线对其更换。CPU 散热风扇如图 7—54 所示。

● 用十字旋具卸下主控器的机箱散热风扇，拔开机箱散热风扇电源线对其更换。机箱散热风扇如图 7—55 所示。

图 7—54　CPU 散热风扇

图 7—55　机箱散热风扇

- 用十字旋具拧紧主控制器外壳螺钉。
- 将主控制器单元正确安装到闸机上，拧紧固定螺钉，正确连接各接口的连线。
- 打开闸机电源。
- 测试整机运作。

【复习思考题】

1. 主控模块季检检修要点有哪些？
2. 如何确认主控模块是否正常？
3. 如何更换机箱散热风扇？

闸机车票处理模块检修工艺

车票处理模块由读卡器、天线板、SAM 卡板、回收通道、电磁阀与传感器部件等组成。如图 7—56 和图 7—57 所示。

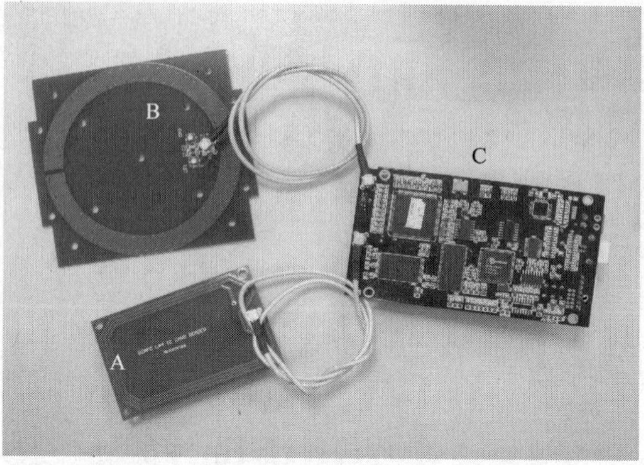

图 7—56　出闸模块读卡器与天线

A—小天线：负责对单程票的处理　B—大天线：负责对羊城通等车票的处理　C—读卡器

图 7—57　出闸模块 SAM 卡板、电磁阀和传感器连接板

A—SAM 卡板　B—电磁阀和传感器连接板

【任务描述】：按照季检流程规范开展车站闸机车票处理模块季检工作，对闸机车票处理模块进行外观检查、电磁阀、传感器检查、票箱外观检查、IBUTTON 针检查、导票管检查、各个板卡接线情况检查。本季检任务以五号线设备为例。

【工具材料】：

十字旋具一根、一字旋具一根、棉布、口罩、WD40 润滑油、压缩空气、毛刷、暂停服务牌工具、手套、橡胶垫备件。

【工作过程】：

根据闸机车票处理模块的检修顺序，制定出检修流程，如图 7—58 所示。

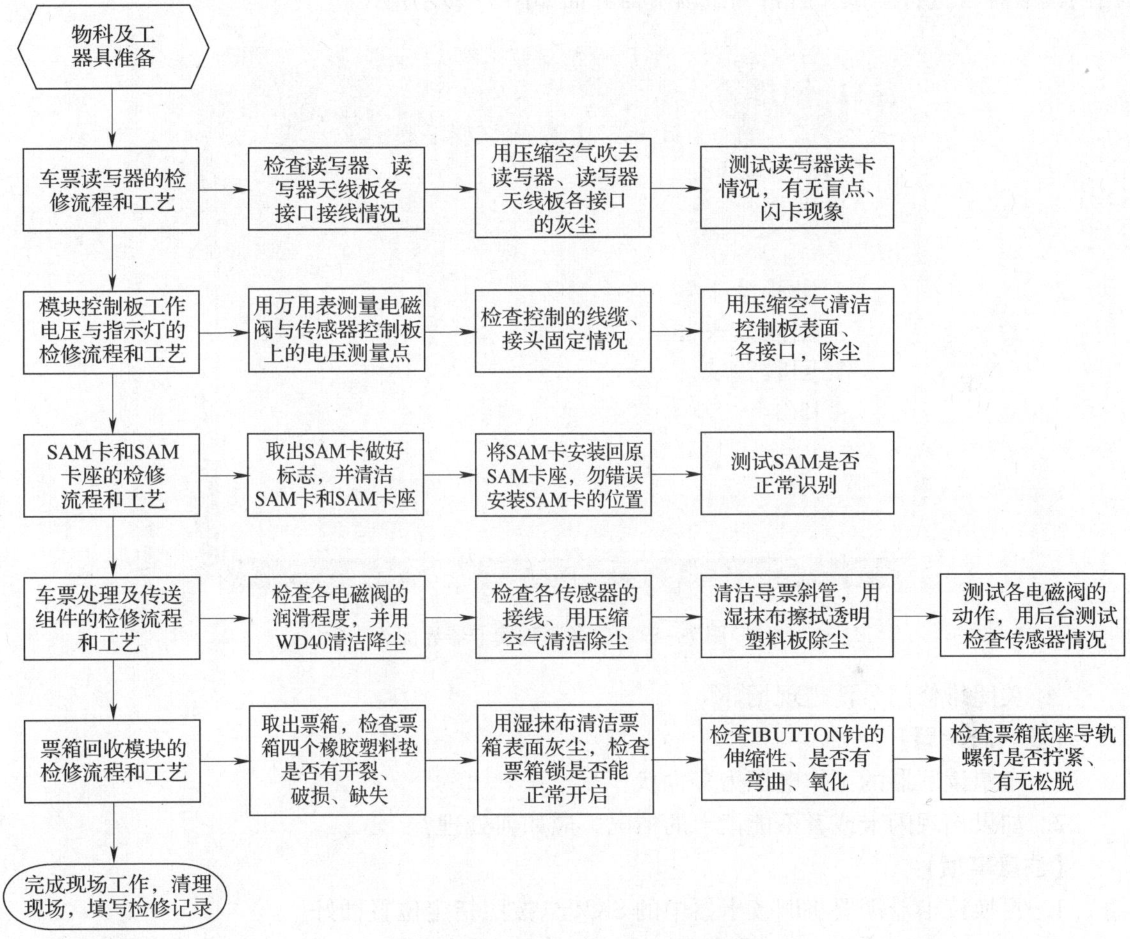

图 7—58 闸机车票处理模块的检修流程

子任务 1 闸机读写器外观方正检查

【子任务描述】：对闸机读写器进行外观检查，各接线是否紧固，检查 SAM 卡板各 SAM 卡安装是否到位。

【工作过程】：

- 到达计划性检修安排的车站。
- 在车站控制室（简称车控室）找到行车值班员签借闸机钥匙。
- 断开闸机电源。
- 检查各接线口是否紧固、接口有无变形等。
- 拆卸读写器天线板，用压缩空气进行清洁除尘。
- 拆卸 SAM 卡板，取出 SAM 卡后用压缩空气进行除尘，SAM 卡要与 SAM 卡槽一一对应，避免安装错误。

• 安装读写器天线，上电测试车票信息能否正常读取，测试有无闪卡与盲点；如有则进行调整，或更换故障部件。从后台“I/O 测试主菜单”分别选择“1. 进闸读卡器”“2. 出闸读卡器”进行测试。后台测试读卡器界面如图 7—59 所示。

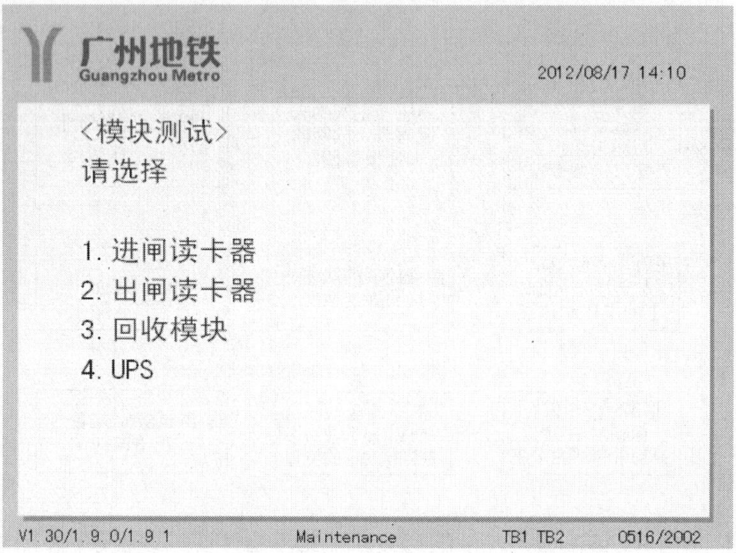

图 7—59　后台测试读卡器界面

• 关闭维修门，清理现场。

【复习思考题】

1. 车票读写器的工作电压为多少伏？

2. 如果出现闪卡或者不能读卡的情况，应如何处理？

【注意事项】

1. 更换读卡器需要将旧读卡器中的 SAM 卡按照指定位置插好。

2. 对于四号线读写器，打开盖板时，必须用手持住盖板至稳定位置，确保支撑结构安全锁锁好。当安全锁到达锁定位置时会听到“咔嗒”的声响。

子任务 2　单程票回收机构的季检操作

【子任务描述】：对闸机回收机构进行外观检查，各接线是否紧固，检查清洁透明挡板，对不同位置的电磁阀、传感器进行检查与清洁。

【工作过程】：

• 到达计划性检修安排的车站。

• 在车站控制室（简称车控室）找到行车值班员签借闸机钥匙。

• 带齐一字/十字旋具、吹风机、棉布等检修材料和维修停用牌。

• 打开闸机维修门。

• 登录后台测试电磁阀动作是否顺畅。

• 检查各接线端接线是否紧固，接口有无破损、变形等异常情况。

● 检查投票口、回收通道是否顺畅，无异物。

● 检查电磁阀动作和回收通道是否能容得下一张单程票进出，如果通道太大，容易造成卡票，需对其进行调整。

● 关闭闸机电源。

● 使用压缩空气清洁传感器灰尘。

● 拆卸电磁阀，用 WD40 对电磁阀进行清洁、去锈。

● 用湿棉布擦拭回收透明挡板，再用干棉布擦拭一次，用压缩空气除尘。

● 安装拆卸部件后，打开闸机电源，对回收机构进行后台测试；从后台“I/O 测试主菜单”选择“3. 回收模块”进行该项目所有测试，也可以放入一张单程票进行测试。如图 7—60 所示。

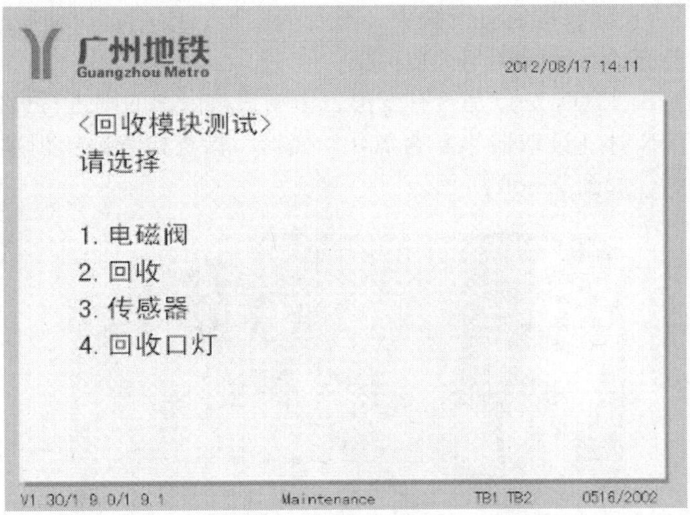

图 7—60 后台测试回收模块各部件界面

【复习思考题】

1. 回收模块电磁阀的工作电压为多少伏？

2. 闸机卡票后的检查要点是什么？

子任务 3 票箱及其附属部件的季检操作

【子任务描述】：对闸机票箱进行外观检查，是否橡胶垫破损、丢失，检查 IBUTTON 针是否表面氧化、变形，检查导轨安装是否紧固、有无变形等。

【工作过程】：

● 到达计划性检修安排的车站。

● 在车站控制室（简称车控室）找到行车值班员签借闸机钥匙。

● 带齐一字/十字旋具、吹风机、棉布等检修材料和维修停用牌。

● 打开维修门后，取出票箱，检查票箱外观是否完好，有无变形、黑色橡胶垫有无缺失、破损，白色的塑料条是否有断裂，若有则更换。如图 7—61 和图 7—62 所示。

● 清洁票箱表面。

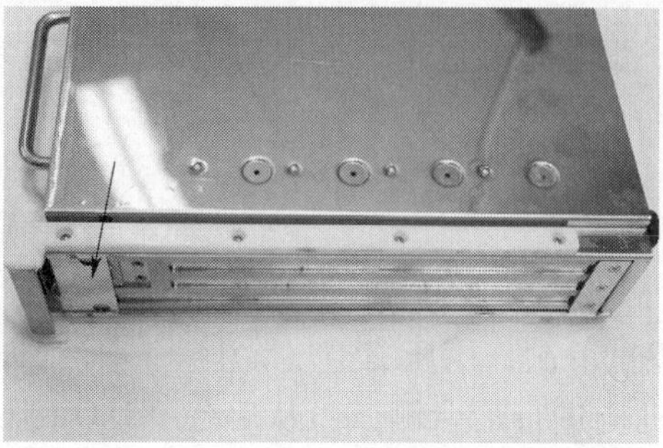

图 7—61　票箱底部的白色塑胶条容易经撞击后断裂

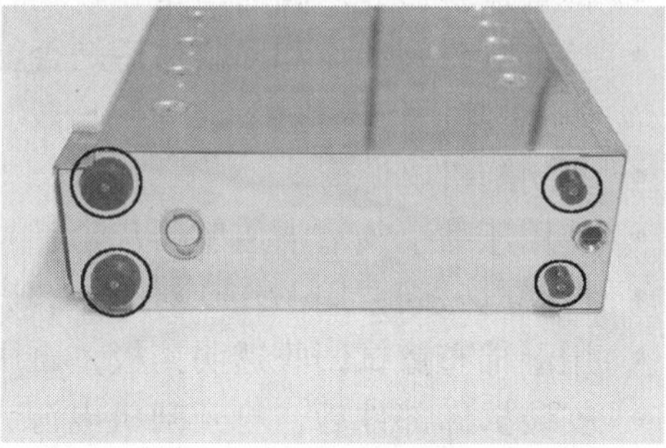

图 7—62　票箱底部的黑色橡胶垫容易缺失

- 检查导轨是否松动，螺钉有无缺失，是否有变形、毁坏，拉动后动作是否顺畅。若螺钉有缺失则进行补充，导轨毁坏则进行更换。
- 检查票箱的 IBUTTON 触点是否有变形，影响票箱识别的则进行更换。
- 检查 IBUTTON 针（读取器）是否氧化、变形，检查检查票箱识别触点是否有弹性，在按压之后能够弹回。如图 7—63 所示。

图 7—63　检查测试 IBUTTON 针弹性情况

- 票箱读取器（I－BUTTON）连接线是否牢固。
- 票箱接口板上指示灯是否正常，正常情况下两个 LED 显示灯会闪亮。

【注意事项】

因票箱比较笨重，搬动票箱时要轻拿轻放。

第四节　主要故障及处理方法

当闸机显示“暂停服务”状态时，SC 会显示闸机故障状态和闸机有相应故障代码，并可通过维修面板，确认设备状态，进行系统测试，确认设备的详细故障内容。确认故障后，可通过硬件操作和软件操作排除，如果现场无法排除故障时，应通过更换模块或者部件解决故障问题。

一、一般的故障解决流程

检查测试 IBUTTON 针弹性情况流程如图 7—64 所示。

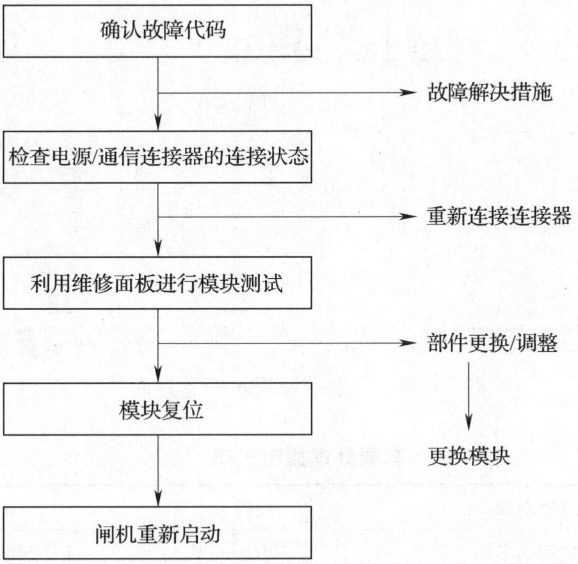

图 7—64　检查测试 IBUTTON 针弹性情况的流程

二、维修指令

1. 闸机维修面板登录维修模式之后，通过维修面板输入指令执行以下操作

对主要模块的状态进行检查、测试：【查询数据】、【进行系统设置】、【故障状态查询】。

2. 维修指令基本内容

【系统重启指令】、【通信测试指令】、【指示灯测试指令】、【扬声器测试指令】、【通行传感器测试指令】、【单程票回收模块测试指令】、【系统日期/时间设置指令】、【设备 ID 设置指令】、【软件版本查询指令】、【审计数据查询指令】、【单程票箱操作指令】。

三、各故障代码及其相应解决方案

在 AGM 中故障代码可以分为车票处理故障代码、模块故障代码、设备故障代码三种，为了确保乘客、票务员以及维修人员便于识别所发生的故障，在乘客信息显示器或者维修面板上显示相应故障代码。票务员和维修人员在看到相应故障代码之后，针对相应的故障代码，采取相应的故障措施，恢复 AGM 的正常化。

1. 车票处理故障代码

例：在 AGM 中进行进站或者出站车票处理时，对于无法进行正常处理的车票，如图 7—65 所示，在乘客信息显示器上显示“请到票务处”的提示信息，同时，在下端显示相应的故障代码。此时，不打开扇门，同时，闪亮警示灯。票务员或者维修人员确认相应故障代码，将乘客带到票务处，通过 BOM 进行车票分析之后，采取妥善措施。车票处理故障代码对照见表 7—5。

图 7—65　车票故障提示信息界面

表 7—5　　**车票处理故障代码**

代码	故障现象	代码	故障现象
01	未发售的车票	02	未初始化的车票
04	车票停止使用	05	SAM 卡响应错误
06	票卡验证错误	08	读卡器和车票之间的通信错误
09	单程票出闸时放在验票区	20	密钥错误
21	黑名单	22	车票类型未定义
24	其他站更新，本站不能出	25	余额不足
26	列车故障模式紧急出站	31	物理有效期到期
32	进出站次序错误	33	进站码在系统中没有定义
34	超时	38	车票正本未写完
82	票卡超出逻辑起始日期	83	票卡超出逻辑截止日期
91	票卡已处理	92	读卡器和主控制器之间的通信错误
93	只允许同站进出	94	非本站使用的车票（员工票）
95	单程票非本站发售		

2. 模块故障代码

当主要模块发生了故障，AGM 立即切换为“暂停服务”模式，并在乘客信息显示器右下端显示如图 7—66 所示的故障代码。

票务员或者维修人员在发现该情况之后，应检查相应模块是否存在异常情况，找出问题，并采取必要的维修（排除 Jam、重置、更换模块等）措施。模块故障原因及措施方法见表 7—6。

图 7—66 模块故障提示信息界面

表 7—6 模块故障代码

目标模块	故障原因	措施方法
扇门	行程开关不良/MA 故障	调整行程开关 更换 MA 控制器
进站模块	TCB 板通信不良	重置 TCB 板 更换 TCB 板
出站模块	TCB 板通信不良 卡票	重置/更换 TCB 板 排除卡票

* AGM 乘客信息显示器可以同时显示多个状态代码。在这种情况下，状态代码显示为 Bit Or 值。

3. 设备故障代码

通过维修面板，可以进行如下 AGM 设备故障情况查询。

如果属于 AGM 中部分模块故障，通过维修面板完成用户登录之后，立即显示相应的故障代码。

如果需要按顺序查询以前发生过的所有故障代码，可以按“F6”键进行确认。

完成所有故障代码查询之后，如果需要执行其他操作，按“F2”键，面板上显示“P”，继续输入其他维修命令。

故障代码形式为“ABCD - E”，将“ABCD”部分称为故障代码。

✓ AB：主代码（Main Code）或者 ID 代码。

✓ CD：子代码（Sub Code）或者数值代码（Value Code）。

四、利用维修面板进行模块测试

识别故障代码，排除相应故障时候，为了测试相应模块的异常情况。

1. 维修面板结构

维修面板由“数字/文字显示管”和“键盘”构成。如图 7—67 所示。

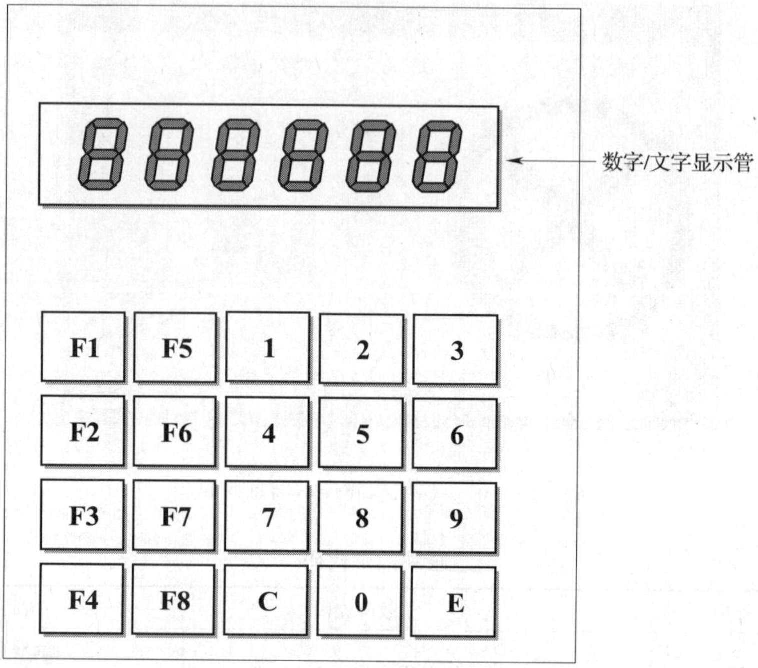

图 7—67　维修面板

（1）数字/文字显示管。可以显示 6 位的数字与文字，用于显示与维修功能相关的信息和故障信息。

（2）键盘。键盘由功能键和数字键组成。表 7—7 为键盘中各键说明。

表 7—7　　**各键说明**

	键名称	说　明
功能键	F1	开始进行维修面板操作 登录系统之前，显示等候输入用户 ID 的画面，该画面即为“Ud”功能画面 登录系统之后，显示等候输入命令的画面，该画面即为“P”功能画面
	F2	停止目前正在执行中的功能（执行命令） 停止当前执行中命令的“Command”
	F3	重复进行前一个功能 重复键
	F4	结束并退出维修模式 退出指令，弹出“SE”密码输入画面
	F5	继续查询余下信息（由于面板最多可以显示 6 位，当某些信息多于 6 位时，一个屏幕无法全部显示，需要按该键显示后面的部分） “下一页”功能
	F6	查询故障代码

续表

	键名称	说　明
功能键	F7	继续执行下一个相关功能，只有在维修模式下起作用，该键主要用于审计数据查询和通行传感器检测 “下一个命令”
	F8	（预留）
	C	清除面板上显示的数字和信息
	E	“回车”键，确认输入的指令 发送指令以及向主机输入数值
数字键		0～9，指示操作人员输入值以及所选择的功能

*以上功能键与数字键只有在操作人员进入维修模式的状态下，才能使用。

2. 维修指令

维修员可以利用维修面板登录维修模式之后，执行如下操作。

（1）对主要模块的状态进行检查、测试。

（2）查询各种数据。

（3）进行各种设置。

（4）故障状态查询。

（5）其他。

1）系统重启。维修员在完成维修后，如果需要重新启动系统，则可以输入指令。此时，面板切换为停止服务画面，然后重新启动系统，整个重启过程约需 2 min。

2）通信测试。在通信测试中，主要测试系统各个部件是否能够正常通信，包括：主控单元与车站计算机之间的网络通信测试、主控单元与 SJT 模块之间的串口通信测试、主控单元与闸机控制器之间的串口通信测试等。

3）警示灯、方向指示器、扇门、扬声器测试。进行方向指示器测试时，如果发生故障，不会进行另外响应。因此，需要操作员用肉眼观察指示器的状态是否发生了变化，或确认所发生的变化是否符合所执行的指令，来判定其是否存在故障。

*单向闸机对有些指令不会有任何响应!

*为了执行同一个模块内的下一个命令，可以利用［F7］键。

4）通行传感器测试。通行传感器用来监测乘客通过闸机。对于一对传感器的测试，主要在打开或者关闭扇门的状态下，通过观察顶部红色指示灯是否变化来判断其工作是否正常。关闭扇门，红色指示灯亮；打开扇门，红色指示灯灭，此时说明传感器正常；否则，如果红色指示灯没有发生任何变化，说明传感器存在故障。

5）单程票回收模块测试。对单程票模块中的各种传感器、电磁阀、单程票回收等进行测试。执行有关出站模块中电磁阀测试。根据发出指令，确认指定电磁阀是否在正常工作。

6）维修面板显示管测试。维修面板由 6 个 7 段的数码显示管组成，通过该测试确认每段数码显示管是否正常工作。为此，设计了两个测试指令，即设计为“所有数码显示全部亮”和“所有数码显示管全部灭”。

测试操作如下：

操作人员输入“全亮指令”并执行回车操作，此时，如果维修面板显示“888888”，说明正常，否则，说明存在故障；当操作员继续输入“全灭指令”并执行回车操作时，如果维修面板没有任何显示，说明正常，否则，说明存在故障。

7）单程票箱操作。通过维修面板也可以执行更换单程票箱、查询单程票箱数据等功能。

登录后，如果需要更换单程票箱，则必须先输入更换命令的指令，然后再按回车键。

①单程票回收。当车站工作人员需要回收已被单程票箱回收的单程票时，必须先对“单程票箱的车票数量”执行清零操作之后，再进行单程票回收操作。

＊如果目前所回收的单程票超过700张，向SC发送单程票箱更换警告信息，如果超过800张，被识别为“单程票箱已满”，自动切换到“Card Only”模式。

＊注意：在以上操作中，如果没有将单程票数量设置为‘0’，而直接执行单程票回收操作时，因为AGM内部数据仍然为原来记录的单程票数（判断为没有回收单程票），因此无法进行单程票回收处理。

②单程票数量查询。

③输入新单程票箱ID。

8）I/O传感器测试。通过维修面板可以测试由I/O板控制的传感器的工作状态。其操作如下：操作人员输入指令，按回车键之后，手动遮挡或接触相应传感器。如果面板随着操作人员的动作在“P0”和“P1”之间切换显示，说明该传感器正常。如果显示没有任何变化，说明该传感器出现故障。

9）本地控制开关测试。通过维修面板可以测试由I/O板控制的LCS工作是否正常。相关操作如下：操作人员输入指令，并按回车键，搬动相应的控制开关，如果面板随着操作人员的动作而在“P0”“P1”或“P2”之间切换显示，说明该开关正常，而如果面板显示没有任何变化，说明该开关出现故障。

10）系统日期/时间设置。通过维修面板可以设置系统日期与时间。

①日期设置。操作人员输入“指令”，并按回车键时，维修面板显示系统当前日期（例如，如果当前日期为2002年9月6日，面板将显示“020906”）。

如果操作人员需要查看日期，按“F2”键停止即可，面板显示“P”。

如果需要变更日期，应输入新的日期。输入的日期应符合规定的日期格式，长度为6位（如果需要变更为2002年9月7日，则必须输入为“020907”），完成输入之后再按回车键。如果设置成功，维修面板显示相应正确代码；否则显示“错误代码”（格式有误或长度不符合规定时，出现此类错误信息）。如果需要重新设置，按“F2”键后，重新输入“指令”，并按回车键。

②时间设置。操作人员输入“指令”，并按回车键时，维修面板显示系统当前时间（例如，如果当前时间为13：20：05，将显示为“132005”）。

如果操作人员只是查看时间，按“F2”键停止即可，面板显示“P”。

如果需要改变时间，应输入新的时间，输入值必须符合时间格式要求，长度为6位

（如要需要变更为13：25：30，输入值必须为“132530”），输入完毕，再按回车键。如果设置成功，维修面板显示相应的正确代码；否则显示“错误代码”（格式有误或长度不符合规定时，出现此类错误信息），如果需要重新设置，按“F2”键后，重新输入“指令”，并按回车键。

③设备启动/停止运营，设备 Cut Off 时间设置。

11）设备设置

①设备 ID、设备区 ID、测试票使用设置。通过维修面板可以修改设备属性配置。

②车站 ID、设备逻辑 ID、设备 IP 地址、设备网关、SC IP 地址设置。

12）软件版本设置。利用该功能，操作人员可以查看当前运行中设备的软件版本。

①AGM 软件版本。操作人员输入“指令”，并按回车键时，面板显示当前运行中的应用软件版本。例如，当前软件版本是 V1. 06，面板将显示“1 06”。

②TCB 板软件版本。操作人员输入“指令”，再按回车键，面板显示当前运行中的 SJT 控制软件版本。例如，当前软件版本为 V1. 06，面板将显示“1 06”。

③MA 控制器软件版本。操作人员输入“指令”，再按回车键，面板将显示当前运行中 MA 控制器软件版本。例如，当前软件版本为 V1. 06，面板将显示“1 06”。该命令只适用于闸门式闸机，对旋转杆式闸机则为无效命令。

13）审计数据查询。通过维修面板可以查看设备审计数据。

操作人员输入指令，按回车键，维修面板上显示相应的审计数据显示在乘客显示器上。但是，对于单向闸机，可能无法查到部分数据，例如，对于进闸机的来讲，就无法查询到出闸机数据。

第五节　典型维修案例

1. AGM 卡票

维修流程：

（1）在接报故障后，30 min 内到达相应的车站，复核故障是否真实。

（2）到车站控制室向行值借 AGM 钥匙并在《票务钥匙登记本》做好登记（使用内容栏填写“维修”）。开始维修前，放“暂停服务”牌在 AGM 前端，打开 AGM 维修门后在 20 s 内输入自己的员工号和密码。

（3）拉出出闸模块，检查回收票通道是否卡票，如果有车票卡在通道内，则要旋开通道门的 2 颗固定螺钉，打开通道门后取出车票。

（4）取出车票如果严重变形，应该上交客值并记录车票 ID 在维修日志上，由客值盖章确认；如果车票分析正常则重新投入闸机回收箱内，如果分析异常则投入意见箱。

（5）清出车票后，按读卡器控制板的复位按钮让出闸机复位。

（6）在故障处理结束后，维修人员必须在确保设备状态恢复正常后方可由客值关闭维修门并把“暂停服务”牌拿走，离开现场。维修日志上应填写相关的检查、维修情况，由当站工作人员盖章确认。

（7）归还 AGM 钥匙，同时填写钥匙使用记录簿。

2. 扇门动作异常

维修流程：

（1）在接报故障后，30 min 内到达相应的车站，复核故障是否真实。

（2）到车站控制室向行值借 AGM 钥匙并在《票务钥匙登记本》做好登记（使用内容栏填写“维修”）。开始维修前，放“暂停服务”牌在 AGM 前端，打开 AGM 维修门后在 20 s 内输入自己的员工号和密码。

（3）正确登录后查找故障原因：

1）检查扇门电动机是否发热量很大。

2）检查行程开关的接触式开关与接触片的位置是否正常。如位置不当，要用六角扳手进行调整。

3）检查接触式开关的连线是否磨损或者折断。如连线故障，要更换连线。

4）检查接触式开关的通断是否正常。如开关故障，要更换开关。

5）检查扇门控制主板是否工作正常。可以通过观察板上的通信指示灯是否一闪一灭来判断控制主板是否正常，如控制主板的电源指示灯不亮或者通信指示灯闪烁不正常，则需更换控制主板。

6）检查电动机是否工作正常。如果扇门中途停止动作，电动机不能转动，则要检查电动机内部齿轮是否卡住。检查方法为：先关闭设备电源，打开电动机顶部盖板，用工具推动齿轮使其恢复动作，上电后再测试电动机是否动作。

（4）行程开关的调整步骤具体如下：

1）调整行程开关前关闭闸机电源。

2）检查判断。行程开关的接触式开关总共有 3 个，从靠近电动机往外数，分别对应开关信号线 SW3、SW2、SW1，其中 SW1 开关是控制扇门关到位的，SW2 开关是控制扇门开到位的，SW3 开关是控制扇门开关过程中缓存的信号。

3）松开行程开关椭圆形部件上的 2 颗六角螺钉，以便调整行程开关接触片的位置。

4）拉动扇门，分别在开门和关门的状态下，调整 SW1 接触片和 SW2 接触片；然后，在即将开到位和关到位时，调制 SW3 接触片。

5）调整好接触片位置后，固定六角螺钉，开电测试。

（5）在故障处理结束后，维修人员必须在确保设备状态恢复正常后方可由客值关闭维修门并把“暂停服务”牌拿走，离开现场。维修日志上应填写相关的检查、维修情况（包括故障的流水号、车站名、设备编号、发生时间、故障代码、故障的简要描述、维修内容、响应时间、修复人员、修复时间等）并将故障录入“AFC 管理系统”。

注意事项：

若需到维修间拿取工具则要先到车控室找行值借 AFC 维修间钥匙并在《钥匙借用登记表》上签字。

更换控制主板时要注意确保更换后控制板上的跳线正确。

第八章

票房售票机（BOM）

第一节　硬 件 组 成

一、概述

票房售票机，简称 BOM（Booking Office Machine），又称半自动售票机，是安装在车站的票务处及售票处的车站设备，由车站工作人员操作，能对允许使用的所有票卡进行分析处理，为有需要的乘客提供人工服务。BOM 在 AFC 系统的位置如图 8—1 所示。

票房售票机是通过工作人员的操作为乘客提供人工服务的设备，车站工作人员可通过票房售票机对车票进行分析、无效票更新、储值卡充值、替换、退款、交易查询及收款记录等乘客事务处理。票房售票机在完成车票处理及操作员班次结束后，能打印出相应的收据及班次报告。其主要功能有：

（1）能按设定的票务规则处理车票。

（2）对票卡进行分析、发售、充值、更新、激活、延期、退款、交易查询、解锁等处理，可选择打印单据。

（3）向乘客发售单程票和储值票。

（4）处理即时退款/非即时退款业务。

（5）处理车站乘客事务，对行政处理进行记录。

（6）操作人员显示器和乘客显示器能提供用户界面和提示信息，显示信息可以分别选择中英文。

（7）能记录设备处理的所有交易的数据，在操作人员班次结束时，自动生成并打印班次报告。

（8）为车站运营部门提供相关信息服务，BOM 将自动按照系统设置要求定时将相关资料上传到车站计算机，以便车站管理部门进行分析、统计，提高地铁运营的整体服务品质和效率。

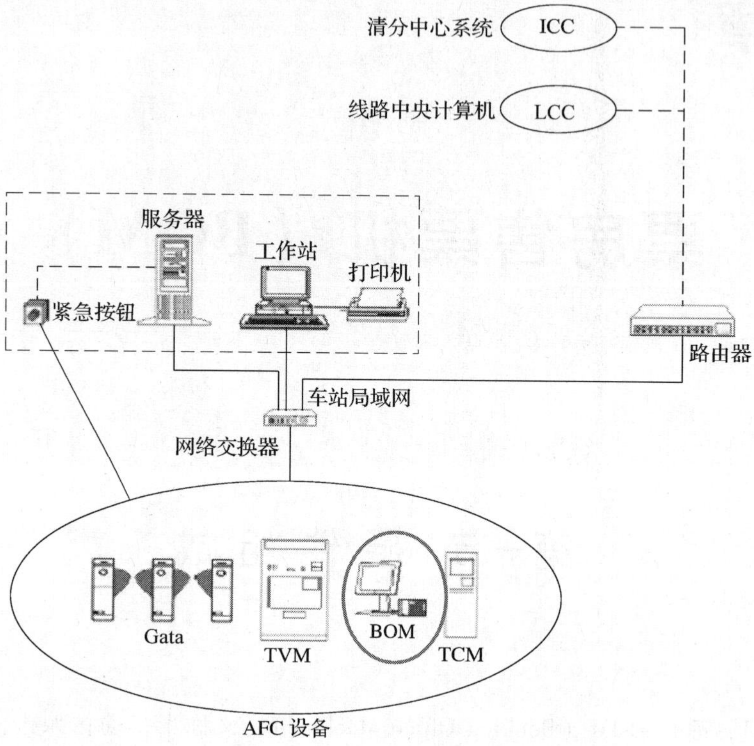

图 8—1　BOM 在 AFC 系统架构中的位置

（9）接受系统设定的操作员权限管理，记录操作人员的操作信息。

（10）对维修人员提供部件检测功能。

二、硬件组成

1．票房售票机设备的组成

（1）主控制器。

（2）操作人员显示器。

（3）乘客显示器（两个）。

（4）键盘/鼠标。

（5）票据打印机。

（6）读写器。

（7）不间断电源。

BOM 组成部件如图 8—2 所示。

2．各模块功能介绍

（1）BOM 主控制器与操作显示器。BOM 主控制器通常采用功能可靠的专业级工控机，是整个票房售票机的核心部件，负责运行 BOM 控制软件，完成相应 BOM 的功能，控制 BOM 运行，负责各种命令的解释与完成工作，并负责本机与外部网络的通信任务。

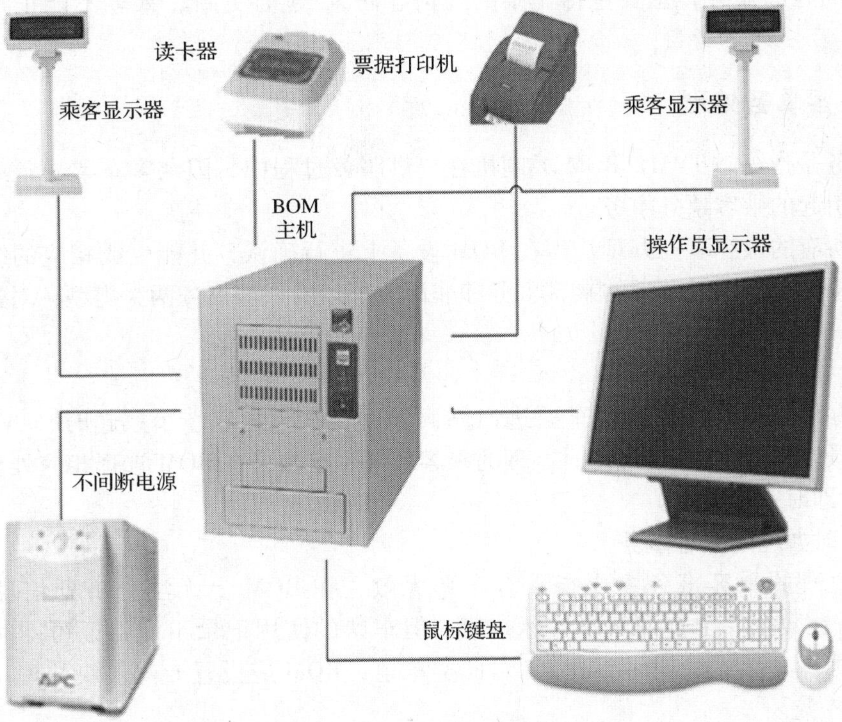

图 8—2 BOM 组成部件

操作显示器是操作人员与主机之间的重要人机接口，通过操作显示器上的操作界面和显示出的 BOM 主机反馈信息，显示车票分析及编码信息、现金处理、操作指示、当前操作员、系统模式及设备运行状态信息，操作人员才可以完成车票的发售和分析、储值票加值等操作。

（2）乘客显示器。在对应的付费区及非付费区分别安装乘客显示器供乘客查看有关车票的分析结果。乘客显示器接收主控单元的控制，乘客显示器可以显示中、英文及数字，是向乘客传导信息的重要部件，乘客通过它可以了解到所购买的车票信息，例如车票金额，车票类型等。

（3）读写器。完成车票内信息的读写任务。

（4）票据打印机。为乘客提供打印票据。打印内容包括：相关交易的单据、班次报告、行政处理单据。根据需要完成打印收据与报表任务。

（5）不间断电源。为 BOM 提供稳定的电源供应。

三、付费区模式和非负费区模式

正常情况下，票房售票机设计有两种工作模式：付费区模式和非付费区模式。顾名思义，非付费区模式是面向未进站的乘客，处理乘客在进站前和进站过程中有问题的业务，主要包括车票（包括单程票和储值票）的发售、车票延期、充值、车票进站错误更新、TVM 卡币/卡票等乘客事务的处理等业务；付费区模式是面向未出站的乘客，处理乘客出站过程中有问题的业务，主要包括车票的充值、超乘/超时更新、乘客不能正常出站等乘客事务。

四、乘客事务处理

乘客事务是指车站 TVM、BOM 或闸机在提供服务过程中，因乘客车票异常或单个 AFC 设备故障而引起的乘客票务事务。

原则上所有的乘客事务办理均需在 BOM 设备上进行确认，并能生成相应的统计或汇总报表。乘客事务分为即时办理的乘客事务和非即时办理的乘客事务两大类型，对这两类事务的处理要求分别如下：

1. 即时办理的乘客事务

可即时办理的乘客事务包括车票进出站码错误、车票超程、车票超时、TVM 卡币/卡票/少找零、过期票延期等，对即时办理的乘客事务，车站可在 BOM 选择相应处理方式，根据 BOM 提示即时完成办理。

2. 非即时办理的乘客事务

非即时办理的乘客事务主要指乘客车票无效，在 BOM 上无法分析到信息时的处理（此类车票需在数据库上查询车票实际余值，但车票的使用记录不能保证可即时上传到中央计算机数据库，故无法即时办理）。对此类车票，BOM 应设置专门模块处理。处理流程如下：

（1）售票员输入该车票卡号，提交对车票的处理申请，并给该车票卡号做标志，防止车票再次使用或再次申请。

（2）根据系统数据传输必要的时间，在确保车票使用记录完全传输并处理完毕后，按此时间需求通知乘客在规定时间后（如次日）到车站办理。要求对此类车票可由乘客选择地铁的某个车站办理，但系统要确保该车票办理后即时产生信息，确保该车票不能再次办理。

第二节　软件结构

一、与 BOM 系统业务有关的网络接口

BOM 设备功能的实现除了依靠本身的设备和软件之外，还需要和其他一些设备连接通信，根据其功能要求，和 BOM 具有通信的设备主要有以下几个（见图 8—3）：

- SC 服务器：BOM 和 SC 进行交易数据传送，参数下载，命令控制，软件更新等。
- ICCS 服务器：BOM 需要通过与 ICCS 通信，才能查询到非即时退款申请的结果。
- MPS 服务器：BOM 需要通过与主钱包服务器通信，才能对 BOM 的 LSAM 主钱包充值。
- OCT 认证服务器：BOM 需要通过与羊城通认证服务器才能对 OCT 的储值票卡进行充值。

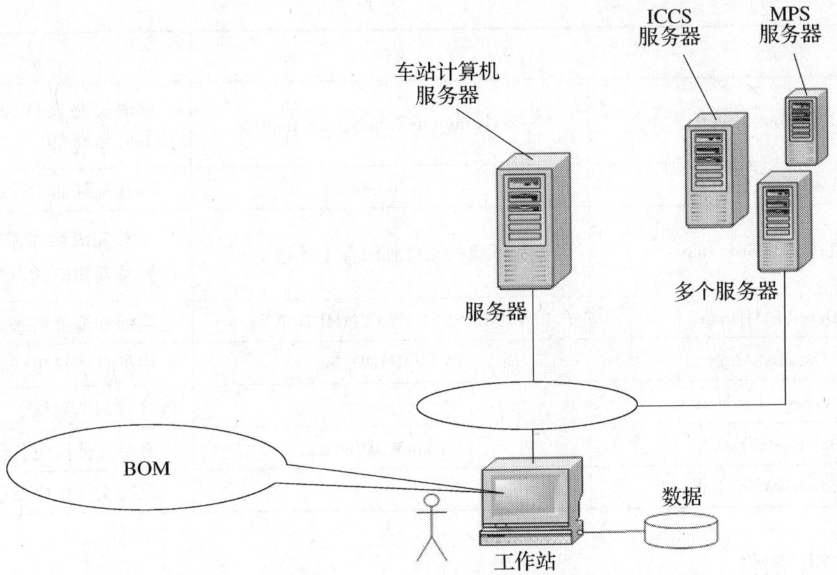

图 8—3 BOM 相关的网络服务器

二、应用软件

本段主要以三号线和四号线的 BOM 应用软件为例进行介绍。

三号线应用软件

设置：应用软件安装完成后，需要配置程序目录下的 config. xml 文件，见表 8—1。

表 8—1 **三号线应用软件项目**

项目	值
Device ID	BOM 的设备序号，比如 0001
Station IP	SC 服务器的 IP 地址
Station ID	车站编号，比如 0302
IccsSocket IP	ICCS 通信服务器的 IP 地址

更新：新版本的软件会如同参数一样，通过 SC 下载到 BOM，到达生效日期时，系统自动更新到新版本的软件。软件目录结构见表 8—2。

表 8—2 **软件目录结构**

目录	文件	备注
C:\Program Files\Samsung SDS\BOM	BOM. exe, config. xml, commlib. dll	应用程序目录
D:\DataRoot\Trx	YYYYMMDDID. trx	交易文件
D:\DataRoot\Shift	YYYYMMDDID. sft	班次文件

续表

目录	文件	备注
D:\DataRoot\Temp	trx1. tmp,trx2. tmp,trx3. tmp	临时交易文件,每个文件保存10 000 条交易
D:\DataRoot\Doubt	trx. doubt	存在疑问的交易,一直保留
D:\DataRoot\Down. tmp	下载的文件临时存于此地	下载完成后在需要的时候把文件转移到相应的目录下
D:\DataRoot\Param	PRM. PPPP. YYYYMMDD. NN	当前和最近将来版本
D:\DataRoot\Log	YYYYMMDD. log	根据自然日生成日志文件
D:\DataRoot\TestMode		存放测试数据
D:\DataRoot\TrxBak	YYYYMMDDID. trx	交易文件历史备份目录
D:\DataRoot\ShiftBak		班次文件历史备份目录

四号线应用软件

四号线 BOM 应用软件安装完后，可以看到在 C:\ GZL4BOM 的目录和文件结构。如图 8—4 所示。

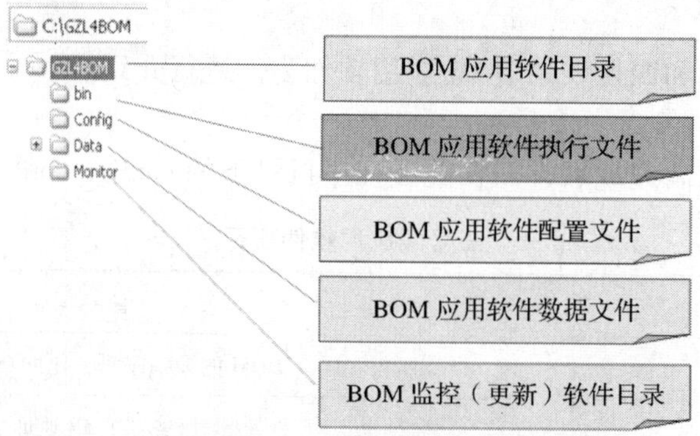

图 8—4　四号线 BOM 应用软件目录和结构

四号线 BOM 应用软件包含四个文件，分别是执行文件、配置文件、数据文件和监控（更新）软件目录。其中，执行文件中存放的文件如图 8—5 所示。

三、系统软件的安装与设置

1. 操作系统的安装与设置

操作系统采用 Windows XP，安装请参考 Windows 安装手册，安装完成后需要做如下工作：

（1）安装各个部件的驱动程序，包括 Microsoft. Net Framework 2. 0。

（2）设置 IP 地址为分配给该 BOM 的地址。

2. 应用软件的安装与设置

应用软件的安装很简单，只要将 BOM 的可执行程序、配置文件、参数文件等拷贝到 BOM 的目录下就可以了。

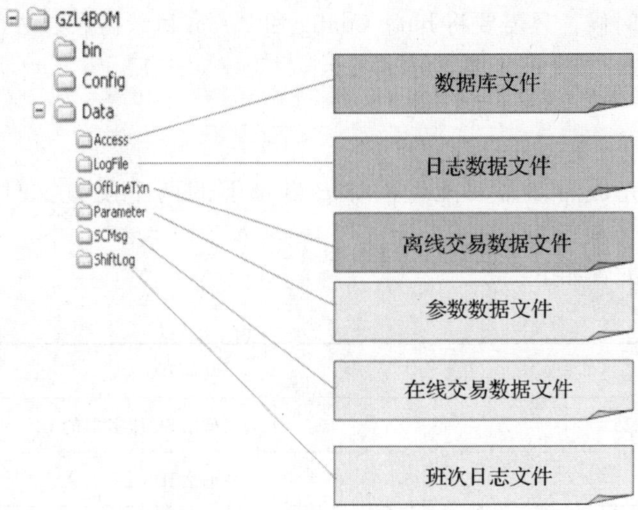

图 8—5　四号线 BOM 应用数据库文件

四、软件目录结构

目录	文件	备注
bin	BOM.exe, commlib.dll, SNTPClient.exe, TaskKeyHook.dll	应用程序目录
Config	BOMLocal.ini, BOMPublic.ini, ErrorList.ini, PrintOption.ini	配置文件
Trx	YYYYMMDDID.trx	交易文件
Shift	YYYYMMDDID.sft YYYYMMDDID.sft.rcp	班次文件
Param	PRM.PPPP.YYYYMMDD.NN	历史版本，当前和最近将来版本
Log	yyyymmdd.log, bomcom_yyyymmdd.log, DF_yyyymmdd.log, FirmDownLoad_yyyymmdd.log, MasterPurseReload_yyyymmdd.log, Reader_yyyymmdd.log	根据自然日生成日志文件

在 BOM 安装的时候，只需要将 bin、Config 和 Param 目录拷贝过去就可以了，其他目录 BOM 程序会自动建立。

五、配置文件

应用软件安装完成后，需要配置 Config 目录下的两个配置文件，BOMLocal. ini 和 BOMPublic. ini，具体配置如下：

BOMLocal. ini 配置如下：

[bom]

Device_ ID = 0001	设备 ID
Station_ IP = 109. 104. 13. 253	车站 SC 服务器的 IP
Station_ ID = 0303	车站 ID
Server_ Port = 5001	SC 服务器提供服务的端口
FTP_ Port = 21	SC 服务器的 FTP 端口
FTP_ User = SLE	SC 服务器的 FTP 用户名
FTP_ Pwd = sc1234	SC 服务器的 FTP 密码
CommLogLevel = 2	BOM 记日志的详细程度

BOMPublic. ini 配置如下：

ICCSSocket_ IP = 109. 52. 18. 52	ICCS Socket 通信服务器
MPS_ Server_ IP = 109. 104. 13. 58	MPS 充值服务器 IP
MPS_ Server_ Port = 5034	MPS 充值服务器端口
MPS_ Tmp_ IP = 109. 104. 13. 58	MPS 临时充值服务器 IP
MPS_ Tmp_ Port = 5034	MPS 临时充值服务器端口
SJT_ TimeOut = 20	单程票有进站码免费更新时间
SVT_ TimeOut = 20	储值票有进站码免费更新时间
SeniorFree_ TimeOut = 30	老人免费票激活后有效时间
CutOff_ Time = 2：30	运营日切换时间
Transaction_ Remain_ Days = 360	交易数据保留天数
Shift_ Remain_ Days = 360	班次数据保留天数
Log_ Remain_ Days = 360	日志数据保留天数

第三节 日常性检修、计划性检修

1. 日检

（1）维护对象。BOM乘客显示屏、液晶显示屏、BOM读卡器。

（2）达到效果。良好的显示状态，良好的读卡性能。

（3）工器具、材料和部件。目测，不需要工器具和物料。

（4）日检内容

1）检查BOM乘客状态显示屏是否正常显示。

2）检查液晶显示屏是否正常显示。

3）观察BOM读卡器电源指示灯是否正常（正常显示绿色，故障显示红色），读卡性能是否正常。

4）检查通信情况。

2. 双周检

（1）维护对象。BOM乘客显示屏、BOM读卡器、液晶显示屏、键盘、鼠标。

（2）达到效果。包括日检维护效果，设备表面无积尘，各外设性能良好。

（3）工器具、材料和部件。棉布、毛扫、压缩空气。

（4）双周检内容：除进行日检的内容外，还需进行以下检查和维护：

1）用毛扫、棉布清洁键盘、鼠标、显示器积尘。

2）检查键盘、鼠标、显示器的操作性能。

3. 季度检

（1）维护对象。供电模块、主控机、BOM乘客显示屏、BOM读卡器、液晶显示屏、光纤交换机、键盘、鼠标、机箱。

（2）达到效果。各主要部件内部无积尘，地面无积尘；内部无散落的螺钉或零部件，全部螺钉完整紧固；零部件安装稳固，运作良好；线缆包扎良好，标志清晰；数据可以正常进行保存、交换。

（3）工器具、材料和部件。除双周检需使用的工器具和材料外，还需要十字旋具、吹风机/吸尘机。

（4）季度检内容

1）各部件的表面灰尘及内部灰尘，所有线缆包扎和紧固。

2）检查不间断电源UPS充电指示灯是否常亮，线缆是否松脱，是否发出报警声；测试UPS电池在离线模式下能否支持BOM正常动作20～30 min，有需要及时更换后备电池。

3）检查主控机连接的各线缆及接头是否正常，安装是否稳固，做好防损及补充螺钉固定。

4）拆卸主控机侧板，清洁包括主板、内存条、CPU风扇、硬盘、主机电源等部件的积尘；检查并确认各电路板及零部件之间的连线是否正确，无插座移位、针脚偏移、折断，连线无破损、短路、断裂等现象，固定良好。清洁完主控机重新安装好主控机侧面板；将主控机放回原位；连接好背后所有线缆。

5）检查主控机磁盘整理及 IP

①首先退出主控机 BOM 操作界面→正确输入员工号和密码返回系统桌面→在开始菜单→控制面板→管理工具→计算机管理→事件查看→应用程序和系统→查看日志文件属性是否硬盘出现故障，若有需要及时更换。

②在开始菜单→控制面板→管理工具→计算机管理→存储→磁盘碎片分析和整理 C 盘、D 盘。

③检查磁盘剩余空间，磁盘最少空间不少于 1 G，运行磁盘整理。

④在系统界面→网上邻居→属性→本地连接→属性→Internet 协议（TCP/IP）查看 IP 是否正确或者直接在液晶显示屏上查看 BOM IP 是否正确；在开始菜单→动行→输入："ping 10. 车站线路. 车站编号 .9 －t"，检查 BOM 与 SC 之间的通信是否正常。

6）检查 BOM 乘客显示屏、液晶显示屏是否有花屏、闪烁现象及光亮度是否正常，并调整至正常状态。

7）检查 BOM 乘客显示屏、液晶显示屏的线缆是否正确连接、有无破损，做好包扎和紧固；测试 BOM 乘客显示屏功能，确认能正常显示正确的内容。

8）检查 BOM 读卡器三个指示灯是否正常亮，电源开关、电源线和信号线是否正常，外表有无磨损、爆裂。SAM 卡安装是否牢固（第一座为 METRO SAM，第三座位 OCT SAM)，通信是否正常：正常显示绿色；故障显示红色，分析车票是否正常。在 BOM 设备维护菜单查看基本信息里 MTT SAM ID 及 OCT SAM ID 是否与读卡器 SAM 编号一致；检查当前余额内的现金余额是否为零，或现金余额将为零或已为零，通知轮值报故障。

9）用吹风机/吸尘机对交换机柜进行除尘作业。检查光纤交换机各连接光纤线和网线是否有松动，如有松动及时插紧，各网线接口指示灯是否正常亮（绿色)，网线和光纤是否有正确标志，风扇是否转动正常，在 BOM 操作界面可以查看 SC 通信是否正常（正常显示绿色，故障显示红色)。

4. 年度检

（1）维护对象。供电模块、主控机、BOM 乘客显示屏、BOM 读卡器、液晶显示屏、光纤交换机、键盘、鼠标、机箱。

（2）达到效果。包括季度检的维护效果，设备接地良好。

（3）工器具、材料和部件。包括双周检、季度检使用的工器具、材料和部件、摇表。

（4）年度检内容。除进行日检、双周检、季度检的内容外，还需进行以下检查和维护：

1）用摇表检查接地电阻，是否超出正常范围。

2）数据维护部分，磁盘最小空间不小于 2 G。

3）更换 UPS 电池；检测 UPS 供电性能是否达标。

第四节　主要故障及处理方法

故障现象及处理方法见表 8—3。

表 8—3 故障现象及处理方法

故障现象	处 理 方 法
读卡器故障	1. 检查读卡器是否开启 2. 检查读卡器的串口线是否接在设定串口上，并检查连接是否松开
打印机不能打印票据	1. 检查打印机是否开启 2. 检查打印机是否缺纸、卡纸，色带是否用完 3. 检查打印机的串口线是否接在设定的串口上，并检查连接是否松开
乘客显示器不能正常显示内容	1. 检查乘客显示器的电源是否接好 2. 检查付费区乘客显示器、非付费区乘客显示器的串口线是否分别接在设定的串口上，并检查连接是否松开

第五节 典型维修案例

案例一：BOM 乘客显示屏无显示

一、个案描述

BOM 付费区和非付费区两个乘客显示屏无显示。检查直流电源没有 12 V 输出。进一步检查发现乘客显示屏电源线外层损破，线内铜芯外露。短路导致直流电源没有 12 V 电压输出。更换显示屏电源线后修复。

二、原因分析

1. 直流电源本身有过载保护功能，所以能停止直流电源 12 V 输出，令设备仍能使用。

2. 票亭内布局设计上的缺陷。导致单程票模块摆放位置不好。线路不能做好摆放，在站务对 BOM 进行补票时，将单程票模块拉出。用来摆放单程票模块的机柜底下的滚轮将乘客显示屏电源线压伤，导致内断铜芯外露。新改造设备后将取消单程票模块。

三、判断要点

1. 相关线缆是否松脱。

2. 是否有电源输入。

四、处理建议

1. 检查相关线缆是否有松脱、内断或者短路现象。根据实际情况做相应处理。

2. 检查发现直流电源输出异常时，可以使用空载的形式检查直流电源是否正常。

3. 检查发现乘客显示屏电源线异常时，就地修复，必要时更换电源线。

五、注意事项

1. 在维护工作中，对相关线缆应做好布局，整齐摆放，并做好线缆保护。

2. 拆卸和安装部件时要将连接线缆摆放整齐。如果因现场布局影响设备摆放的，尽可能将设备按最佳位置摆放，避免经常移动导致线缆损坏或者内断。

案例二：BOM不能分析羊城通

一、个案描述

该故障表现为，不能分析羊城通，无法读取羊城通数据。检查发现SVT读卡器内CAD有一个可调电阻脱落，导致读卡器不能读取羊城通数据。重新焊接后设备恢复正常。

二、原因分析

检查发现SVT读卡器内有异响；拆开读卡器，原因为SVT读卡器内CAD有一个可调电阻脱落，导致读卡器不能读取羊城通数据。

三、判断要点

1. 网络故障。
2. 读卡器故障。
3. 羊城通SAM故障。

四、故障处理

1. 检查设备网络是否异常。
2. 检查读卡器是否故障。
3. 检查羊城通SAM是否接触不良。

五、注意事项

很小的一个部件，可直接或间接影响一整台设备的正常运行，因此处理故障时要认真检查设备的每一个部件是否正常。

第九章

自动验票机（TCM）

第一节　硬件组成

一、概述

自动验票机（TCM）安装在非付费区，供乘客对车票进行查询，能够识别广州公交“羊城通”票卡和地铁专用车票（含单程票、储值票）。

当乘客把车票放在验卡区，验票机的显示屏上会自动显示车票的类型、余额、交易历史记录。

1. 外部结构

TCM 外观如图 9—1 所示。

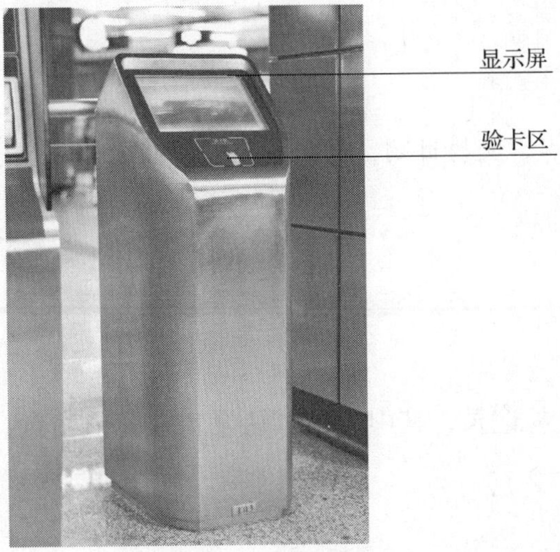

图 9—1　TCM 外观图

验卡区——乘客把票卡放在验卡区上面将自动读取票卡信息。

显示屏——用于显示验票结果的屏幕。

2．内部结构

SJT B/D——与 SAM 卡进行通信。

读卡器——读取票卡的信息。

主控制器——负责控制和协调其他各模块的工作，同时与车站计算机通信，上传状态信息、接收参数等。

Power Supply——给 TCM 供电。

蜂鸣器——提示验卡结果。

电源开关——控制 TCM 的电源供电。

第二节　软件结构

TCM 能够对车票进行有效性分析，对有效车票，按种类所规定的规则，将车票的数据显示在乘客显示器中。

乘客将车票读写器上出示后 1 s 内，能显示车票保存的历史交易数据（包括车票类型、交易记录、剩余票额等信息），并保持至少 10 s，并可以立即处理新的车票。相邻的验票操作界面颜色可以不同，TCM 不修改车票的任何数据。

TCM 能够区分不同票种，并根据票种自动选择与之匹配的使用范围和检查项目并显示。TCM 在对地铁专用车票（MTT）及羊城通（OCT）有效性分析检查中发现票卡有问题时，相应票卡将分类为无效票卡。对无效票卡不再进行后续检查。

单程票显示内容：

- 车票类型。
- 余额。
- 有效期至。
- 状态。
- 显示车票发售站点，交易日期，时间，类型和金额。

储值票显示内容：

- 车票类型。
- 余额。
- 有效期至。
- 状态。
- 显示最近 10 条交易记录，其中包括车票发售或充值站点，设备与设备号，交易日期，时间，类型和金额。

第三节 日常性检修、计划性检修

1. 日检

（1）维护对象。液晶显示屏、读卡器。

（2）达到效果。良好的显示状态，良好的读卡性能。

（3）工器具、材料和部件。目测，不需要工器具和物料。

（4）日检内容

1）检查液晶显示屏是否正常显示。

2）用员工票进行读卡，检查验票机能否正常验票。

2. 双周检

（1）维护对象。液晶显示屏、读卡器。

（2）达到效果。包括日检维护效果。

（3）工器具、材料和部件。目测，不需要工器具和物料。

（4）双周检内容。除进行日检的内容外，还需进行以下检查和维护：

检查验票机左下角的版本是否正常。

3. 季度检

（1）维护对象。交流接线盘、直流电源模块、主控板、读卡器、TCB 板、液晶显示屏。

（2）达到效果。各主要部件内部无积尘，地面无积尘；内部无散落的螺钉或零部件，全部螺钉完整地紧固；零部件安装稳固，运作良好；线缆包扎良好，标志清晰；液晶显示屏显示信息完整。

（3）工器具、材料和部件。十字旋具、棉布、毛扫、压缩空气。

（4）季度检内容。季度检不需要进行日检、双周检内容。

1）各部件的表面灰尘及内部灰尘，所有线缆包扎和紧固。

2）测试交流接线盘内的漏电保护开关能否正常动作。

3）检查主控板连接的各线缆及接头是否正常，安装是否稳固，做好防损及补充螺钉固定；清洁包括主控板、内存条、CPU 散热器、TCB 板、主机电源等部件的积尘；检查并确认各电路板及零部件之间的连线是否正确，无插座移位、针脚偏移、折断，连线无破损、短路、断裂等现象，固定良好。

4）检查验票机左下角的版本是否正常。

5）检查液晶显示屏的线缆是否正确连接、有无破损，做好包扎和紧固。

6）检查液晶显示屏是否有花屏、闪烁现象及光亮度是否正常，确认能正常显示正确的内容。

7）检查 TCB 板是否正确安装，检测 TCB 板的各个指示灯是否正常亮；检查各连接线缆及接头是否正常，做好防损及补充螺钉固定；取出 SAM 卡，清洁 SAM 卡和 SAM 卡座。

4. 年度检

（1）维护对象。交流接线盘、直流电源模块、主控板、读卡器、TCB 板、液晶显示屏。

（2）达到效果。包括季度检的维护效果，设备接地良好。

（3）工器具、材料和部件。包括双周检、季度检使用的工器具、材料和部件，摇表。

（4）年度检内容。除进行日检、双周检、季度检的内容外，还需进行以下检查和维护：用摇表检查接地电阻，是否超出正常范围。

第四节　故障模式和关闭模式下显示信息

在验票机发生故障时，TCM 自动进入故障模式，根据其故障等级将设备关闭或继续服务。

TCM 若因故障而暂停服务时，乘客显示器显示“暂停服务”等信息。

操作人员应通知维修人员进行维修。

在维修模式下，TCM 拒绝接收车票，但可以使用测试票。在维修模式下乘客显示器上显示“暂停服务”标志。

通过车站计算机、中央计算机及本地控制，可将验票机设置为关闭模式。在关闭模式下，验票机不能处理车票，并在乘客显示器上显示“暂停服务”标志。

第五节　典型维修案例

案例一：TCM 不能正常启动

1. 个案描述

因 TCM 不能正常启动，需要更换电源。但更换电源后，设备回复正常。

2. 原因分析

电源故障导致设备无法正常启动。

3. 判断要点

（1）使用万用表测试，交流电源是否有电输入。

（2）使用万用表测试，直流电源是否有电输出。

（3）检查低压断路器是否跳闸，检查墙边交流接线盘是否跳闸。

（4）（因 TCM 直流电源与其他电源制式不同）检查 TCM 直流电源是否需要启动信号激活。

4. 处理建议

（1）检查低压断路器是否跳闸，如跳闸检查是否设备内有部件短路。

（2）检查交流接线盘是否跳闸，如跳闸检查是否其他设备引起。

（3）检查 TCM 直流电源是否需要启动信号，如需要信号激活，就要在直流电源的信号线插头把绿色信号线和黑色地线进行短接，短接后就可以给 TCM 直流电源启动信号。

5. 注意事项

在处理此类型故障时，需要了解部件的型号，再进行故障的分析和处理。

案例二：TCM 不能正常验票

1. 案例描述

TCM 在不验票的时候界面显示正常，验票时 TCM 不能正常验票，出现故障码，无法查询票卡信息。检查电压，发现电压偏低，更换 TCM 电源后故障修复。

2. 原因分析

TCM 电源供电电压偏低，导致设备不能正常工作，影响正常的读卡过程。

3. 判断要点

（1）检查 TCM 电源电压是否正常。

（2）检查 TCM 读卡模块与主控板之间的接线是否正确。

（3）检查读卡模块、RC531、天线是否正常。

（4）检查 SAM 卡是否正常。

（5）检查系统、软件配置等文件是否损坏。

4. 处理建议

（1）检查 TCM 电源电压是否正常，电压不正常 TCM 不能正常工作。若电压不正常，更换 TCM 电压。

（2）检查 TCM 读卡模块与主控板之间的接线是否正常，包括电源线、数据线等，若不正常，必须更换故障线缆。

（3）检查读卡模块、RC531、天线是否故障，可以对调旁边正常设备的读卡模块、RC531、天线测试，但注意 SAM 卡不能调乱，SAM 卡要跟设备一起。

（4）检查 SAM 卡是否正常，若不正常，应马上更换。

（5）检查设备运行软件，若软件故障，根据实际情况对软件进行修复。

5. 注意事项

先要了解设备如何运作，了解故障成因，根据故障表现，逐步排查故障。

案例三：TCM 暂停服务

1. 案例描述

TCM 暂停服务，无法验卡，检查 TCM 电压正常，检查 SAM 卡正常，测试读卡器正常，重做 FILEMAP 后设备恢复正常。

2. 原因分析

FILEMAP 文件夹内的配置文件是配置了 TCM 工作所需要的配置信息与系统参数，FILEMAP 损坏后导致设备无法正常执行应用程序，因此 TCM 暂停服务。

3. 判断要点

（1）检查 TCM 电源电压是否正常。

（2）检查 TCM 读卡模块与主控板之间的接线是否正确。

（3）检查读卡模块、RC531、天线是否正常。

（4）检查 SAM 卡是否正常。

（5）检查系统、软件配置等文件是否损坏。

4. 处理建议

（1）检查 TCM 电源电压是否正常，电压不正常 TCM 不能正常工作。若电压不正常，更换 TCM 有关元器件。

（2）检查 TCM 读卡模块与主控板之间的接线是否正常，包括电源线、数据线等，若不正常，必须更换故障线缆。

（3）检查读卡模块、RC531、天线是否故障，可以对调旁边正常设备的读卡模块、RC531、天线测试，但注意 SAM 卡不能调乱，SAM 卡要跟设备一起。

（4）检查 SAM 卡是否正常，若不正常，应马上更换。

（5）检查设备运行软件，若软件故障，跟进实际情况对软件进行修复。

5. 注意事项

先要了解设备如何运作，了解故障成因，根据故障表现，逐步排查故障。